UTB FÜR WISSEN SCHAFT

UTB **2159 S.**

Eine Arbeitsgemeinschaft der Verlage

Wilhelm Fink Verlag München
A. Francke Verlag Tübingen und Basel
Paul Haupt Verlag Bern · Stuttgart · Wien
Hüthig Fachverlage Heidelberg
Verlag Leske + Budrich GmbH Opladen
Lucius & Lucius Verlagsgesellschaft Stuttgart
Mohr Siebeck Tübingen
Quelle & Meyer Verlag Wiebelsheim
Ernst Reinhardt Verlag München und Basel
Ferdinand Schöningh Verlag Paderborn · München · Wien · Zürich
Eugen Ulmer Verlag Stuttgart
Vandenhoeck & Ruprecht Göttingen und Zürich
WUV Wien

Dem wilden Bären,
der sich sträubt,
beim Namen genannt zu werden

Hans Georg Coenen

Die Gattung Fabel

Infrastrukturen einer
Kommunikationsform

Vandenhoeck & Ruprecht

Hans Georg Coenen lehrte bis 1996 am Romanischen Seminar der Universität Münster. Er veröffentlichte Arbeiten zur Rhetorik und zur französischen Literaturwissenschaft, zuletzt eine »Französische Verslehre« (Darmstadt, 1998).

Die Deutsche Bibliothek – CIP-Einheitsaufnahme

Coenen, Hans Georg:
Die Gattung Fabel: Infrastrukturen einer Kommunikationsform /
Hans Georg Coenen. –
Göttingen: Vandenhoeck und Ruprecht, 2000
(UTB für Wissenschaft: Uni-Taschenbücher; 2159 S.)
ISBN 3-8252-2159-8 (UTB)
ISBN 3-525-03215-3 (Vandenhoeck & Ruprecht)

Einbandgestaltung: Atelier Reichert, Stuttgart
Satz: Text & Form, Pohle
Druck und Bindung: Hubert & Co., Göttingen

Inhalt

Einleitung

Beim gewöhnlichen Sprachgebrauch reagiert der Hörer auf den Reiz, den die Äußerung des Sprechers aussendet, mit einer Verständnisleistung. Was der Hörer als wörtlichen Sinn der Rede begreifen wird, wenn er die benutzte Sprache beherrscht, ist bei Kenntnis der Äußerung vorhersehbar: Die von beiden Gesprächspartnern befolgte Grammatik erklärt, welchen Sinn der Hörer den artikulierten Lauten beilegt. Die vorliegende Arbeit geht von der Annahme aus, dass ein erklärbarer Zusammenhang zwischen Reiz und Reaktion nicht nur besteht, wenn der Adressat eine Äußerung dank derselben grammatischen Kompetenz entschlüsselt, die schon ihrer Herstellung zugrunde lag, sondern auch, wenn außer grammatischen Regeln rhetorische und poetische Strategien ins Spiel kommen, die ebenfalls Verständnisleistungen provozieren.

Im Falle des Metapherngebrauchs ist der Zusammenhang von Reiz und Reaktion gründlicher untersucht worden als im – durchaus ähnlichen – Fall des Fabelgebrauchs. Deshalb soll eine grob skizzierte Metaphernanalyse eine Ahnung dessen vermitteln, was die vorliegende Arbeit für die Fabel zu leisten hofft. Angenommen, jemand behaupte: »Die Ehe ist ein Nullsummenspiel.« (Max Black, in: Haverkamp, 394ff.) Die Verständnisleistung, die der Hörer als Reaktion auf den Reiz der ungewohnten Metapher erbringt, erklärt sich zum Teil aus grammatischer Kompetenz: Sein inneres Lexikon sagt ihm, welche Bedeutung das Wort ›Nullsummenspiel‹ hat, und den Regeln der Syntax entnimmt er, dass dieses Wort im vorliegenden Fall die Ehe beschreibt. Aber die eingeübten Regeln der semantischen Kombinatorik weigern sich, die Bedeutung des Wortes ›Nullsummenspiel‹ als Beschreibungsmittel eines Gegenstandes anzuerkennen, der mit dem Wort ›Ehe‹ benannt wird. Der spezifische Reiz der metaphorischen Beschreibung liegt im Verstoß gegen die Beschränkungen, denen die Zusammenfügung von Bedeutungsmerkmalen beim gewöhnlichen Sprachgebrauch unterliegt. Die ›transgrammatische‹ Reaktion des Hörers besteht nun in dem Versuch, der sprachwidrigen Zuordnung von Beschreibungsmittel und beschriebenem Gegenstand dennoch Sinn abzugewinnen. Er verändert die Bedeutung des

Wortes ›Nullsummenspiel‹ so, dass sie nach wie vor auf ein echtes Nullsummenspiel, darüber hinaus aber auch auf die Institution der Ehe passt (Coenen 1997). Er löscht die Bedeutungsmerkmale, die bei Anwendung auf die Ehe einen Widerspruch erzeugen würden, und fügt Merkmale hinzu, die im Assoziationsfeld sowohl der Ehe wie auch des Nullsummenspiels vorkommen, aber in die eigentliche Bedeutung des Wortes ›Nullsummenspiel‹ nicht eingegangen sind. Das nicht genau vorhersehbare Ergebnis dieser – sehr wohl vorhersehbaren – Reaktionsart könnte die Ehe als Wettstreit zweier Parteien erscheinen lassen, bei dem die Gewinne der einen die Verluste der anderen erhöhen. Natürlich braucht der Hörer diese Sicht der Ehe nicht zu übernehmen. Einen solchen Zauber übt der Metapherngebrauch nicht aus. Er bestimmt nicht das Verhalten des Hörers gegenüber dem Ergebnis seiner Metapherndeutung. Der Hörer kann die – nunmehr entschlüsselte – Metapher als einen bloßen Scherz abtun; er kann das entworfene Ehebild aber auch ernsthaft prüfen, ablehnen oder gutheißen. Die Verständnisleistung, die auf den Reiz der Metapher antwortet, provoziert eine – wenn auch oft unreflektierte – Verhaltensentscheidung, ohne sie festzulegen.

Wie die Metapher ruft auch die Fabel eine Verständnisleistung hervor, die nicht auf bloßer grammatischer Kompetenz beruht. Die erzählte Geschichte sendet einen Reiz aus, auf den der Adressat – im Erfolgsfall – mit einer Erkenntnis reagiert, die wiederum Verhaltensalternativen erzeugt. Auch hier ist der Zusammenhang zwischen Reiz und Reaktion einer Analyse zugänglich. Die Fabel ist – als Redestrategie und literarische Gattung – vielfach untersucht worden (Briegel-Florig, Lindner 1975). Man kennt auf der einen Seite ihre Geschichte, ihre Bauformen, ihre wiederkehrenden Motive und auf der anderen die Vielfalt ihrer Funktionen. Man weiß jedoch nicht mit wünschenswerter Genauigkeit, auf welchen Leistungen des Adressaten die Funktionserfüllung beruht und wie der Fabeltext die zum Gelingen der Kommunikation erforderlichen Leistungen auslöst. Diesen Fragen geht der zentrale Teil 2 der vorliegenden Untersuchung nach.

Die Problemstellung forderte eine Trennung der ›rhetorischen‹ von der ›belehrenden‹ Fabel. Die rhetorische Fabel ist einem konkreten Streitfall zugeordnet, zu dessen Entscheidung sie beitragen soll. Kapitel 2.1 zeigt, wie dieser Beitrag erbracht wird. Die belehrende Fabel dagegen dient nicht – oder wenigstens nicht unmittelbar – zur Durchleuchtung eines konkreten Streitfalles, sondern zur Vermittlung einer allgemeinen Lebensweisheit, die erst langfristig, wenn überhaupt, Entscheidungen beeinflusst. Die Lehre der Fabel wird in einer erzählten Geschichte versinnbildlicht, manchmal darüber hinaus in einem erklärenden Zusatz, der so genannten Moral, unbildlich erläutert. Die Fabeln, die in Sammlungen veröffentlicht, von Literaturfreunden gelesen und von Literaturwissenschaftlern analysiert werden, sind in aller Regel belehrend, nicht rhetorisch. Das längste Kapitel dieser Arbeit (vgl. 2.3) behandelt die Schritte, die der Fabelleser – meist intuitiv – vollzieht, wenn er der erzählten Geschichte eine Lehre abgewinnt – oder eine mitgelieferte Moral als zur Geschichte passend begreift.

Die Rekonstruktion der Leserleistung verwendet gelegentlich eine Symbolsprache, die niemanden abzuschrecken braucht. Die symbolischen Formeln enthalten nichts, was nicht vorher in natürlicher Sprache erläutert worden wäre. Sie dienen als handliche und einprägsame Zusammenfassungen. Wer mit ihnen nichts anzufangen weiß, mag getrost über sie hinweglesen.

Obwohl die belehrende Fabel eine andere Verständnisleistung auslöst als die rhetorische, sind beide Fabelarten genetisch und systematisch miteinander verwandt, wie das Überleitungskapitel 2.2 darlegt. Dem zentralen Teil 2 der Arbeit geht ein ›Gattungsüberblick‹ (Teil 1) voraus, der einige Probleme der Fabeltheorie erläutert und einige Fakten der Fabelgeschichte zusammenstellt. So lernt der Leser die Gattung gewissermaßen im Ruhezustand kennen, bevor ihm zugemutet wird, den Kommunikationsakt zu zerpflücken, zu dessen Vollzug sie dient. Ein viergliedriger Anhang, der die Arbeit abschließt, vergleicht belehrende Fabeln, denen derselbe Stoff zugrunde liegt. Nachdem der Hauptteil die Infrastruktur des Fabelgebrauchs aufgedeckt hat, soll der Anhang Einblicke in das reiche literarische Leben gewähren, das über dieser Infrastruktur erblüht.

Die deutschen Übersetzungen fremdsprachiger Texte – wie z.B. der Fabeln Äsops – stammen, falls nichts anderes angegeben, vom Verfasser dieser Untersuchung.

1 Kleiner Gattungsüberblick

Die Gattung ›Fabel‹, deren Exemplare mit erfundenen Geschichten Auskunft über das wirkliche Leben erteilen, entstand in grauer Vorzeit und irrlichtert seither durch die Literaturen östlicher und westlicher Sprachräume. Fabeln werden auch heute noch geschrieben, wenn sie auch nicht gerade den Vordergrund der literarischen Bühne beherrschen. Die heute zugänglichen Fabeln, die in verschiedenen Jahrtausenden und an weit auseinander liegenden Orten entstanden sind, zeigen ein Bündel erhebenswerter gemeinsamer Merkmale. Zunächst sollen diese Merkmale, die den gemeinsamen Gattungsnamen rechtfertigen, erörtert werden (1.1). Anschließend richtet sich der Blick auf die Verbreitung der Merkmalträger in der Geschichte (1.2).

1.1 Gattungsmerkmale

Wer über Fabeln sprechen will, fühlt sich gedrängt, den Begriff der Fabel zu definieren, auch wenn er die Gefahr von Willkür und Dezisionismus kennt, die allen Gattungsdefinitionen innewohnt. Das Wort ›Fabel‹ wird, wie man weiß, mit recht unterschiedlichen Bedeutungen gebraucht (Briegel-Florig, 3ff.): Unter der ›Fabel‹ der Hamlettragödie oder des Rolandsliedes versteht man das – von episodenhaftem Rankenwerk befreite – Handlungsgerüst. Das lateinische Wort *fabula* war (u.a.) die geläufige Bezeichnung für ein Theaterstück. Mit dem deutschen Wort ›Fabel‹ kann man Nachrichten, Erzählungen und Meinungsinhalte als unwahr, realitätsfern und fantastisch abwerten: »Voltaire verweist Geistererscheinungen in das Reich der Fabel.« Schließlich bezeichnet ›Fabel‹ auch eine bestimmte Textgattung, zu der z. B. die Erzählung vom Fuchs und den sauren Trauben gehört (vgl. 2.3.2.4). Wer deutlich machen will, dass er diese Textgattung meint – und nicht etwa das Handlungsgerüst einer epischen oder dramatischen Dichtung –, kann das Wort ›Fabel‹ mit dem Zusatz ›äsopisch‹ versehen. Die vorliegende Untersuchung handelt von der so genannten äsopischen Fabel. Das Beiwort ›äsopisch‹ erinnert an die – längst widerlegte – Annahme, dass ein orientalischer Sklave namens Äsop die so bezeichnete Gattung im 6. Jh. v. Chr. begründet habe. Der Literaturforscher, der die äsopische Fabel definieren will, steht vor einer unübersehbaren Menge von Einzeltexten verschiedener Sprachen und verschiedener Zeiten, die – aus welchen Gründen auch immer und von wem auch immer – als Fabeln bezeichnet werden oder wurden. Eine Definition, die diesem Bezeichnungsgebrauch folgen wollte, dürfte nur Merkmale aufführen, die wirklich allen zugänglichen Texten gemeinsam sind, die je unter dem Etikett ›Fabel‹ in Umlauf waren. Nun lassen sich zwar interessante Merkmale finden, die für große Teilmengen dieses Korpus gelten; die Merkmale jedoch, die auf alle Texte zutreffen, sind wegen der Heterogenität des – historisch gewachsenen und nicht systematisch entworfenen – Korpus nichtssagend. Eine Definition, die einerseits die Gattung ›Fabel‹ durch literaturtheoretisch interessante Merkmale von anderen Textgattungen abheben und andererseits den vorfindlichen Bezeichnungsgebrauch nicht gänzlich vernachlässigen will, muss innerhalb der buntscheckigen Menge aller Texte, die als Fabeln kursieren, eine möglichst große Teilmenge mit möglichst aufschlussreichen gemeinsamen Merkmalen festlegen. Auf diese Weise wird das Wort ›Fabel‹ – unter behutsamer Korrektur seiner Verwendungstradition – zu einem brauchbaren Fachausdruck. Lindner (1978, 23ff.) hat sich dieser Aufgabe gestellt. Im Folgenden werden die Lindnerschen Definitionsmerkmale einzeln erörtert. Anschließend kommen zusätzliche Merkmale zur Sprache, die man, wenn schon nicht als gattungsnotwendig, so doch als gattungstypisch bezeichnen kann. Zur Veranschaulichung der Gattungsmerkmale, von denen die Rede sein wird, sei eine Fabel Äsops abgedruckt (Chambry 81).

Der Hund, der ein Stück Fleisch im Maul trägt

Ein Hund, der ein Stück Fleisch im Maul hielt, durchquerte einen Fluss. Da sah er seinen Schatten im Wasser und glaubte, es sei ein anderer Hund mit einem noch größeren Stück Fleisch im Maul. Deshalb ließ er seines fallen und schoss los, um das des anderen zu erjagen. Er musste jedoch erleben, dass ihm beide Fleischstücke versagt blieben: das eine, weil es gar nicht existierte, das andere, weil es von der Strömung fortgetrieben wurde.

Diese Fabel passt auf einen Menschen, der immer mehr haben will, als er schon hat.

Die Fabel besteht, wenn man von der Überschrift absieht, aus zwei Textteilen: der erzählten Geschichte einerseits und einem kurzen, nachgestellten Kommentar andererseits, der über den Anwendungsbereich der Geschichte Auskunft gibt. Manche Fabelforscher bezeichnen die erzählte Geschichte als ›Mythos‹ und den nachgestellten Kommentar als ›Epimythion‹. Geht der Kommentar dem Mythos voraus, was ab und zu der Fall ist, heißt er ›Promythion‹. Für den eingeschobenen Kommentar, den es auch gibt, hat sich kein Fachausdruck durchgesetzt. Im Deutschen bezeichnet man den Kommentar als ›Moral‹, im Französischen als *moralité*. Die beiden Wörter sind zweideutig, weil sie außer dem mitgelieferten Kommentar auch noch die ›Lehre‹ bezeichnen, die der Zuhörer oder Leser aus der Geschichte ziehen soll und auf die der kommentierende Textteil üblicherweise Bezug nimmt. Dass der erzählten Geschichte eine Lehre zu entnehmen ist, gehört zu den notwendigen Merkmalen der belehrenden Fabel; dass diese Lehre in einem vorangestellten, eingeschobenen oder nachgestellten Textteil zur Sprache kommt, jedoch nicht. Fabeln schlagen nicht aus der Art, wenn sie ihre Geschichte unkommentiert erzählen, wohl aber, wenn die erzählte Geschichte gar keine Lehre anbietet. Die Lehre ist nicht – wie das Pro- oder Epimythion – ein abgrenzbarer Teil des Fabeltextes, sondern eine Botschaft, die der Mythos vermittelt – gleichgültig, ob ein beigegebener Kommentar auf diese Botschaft eingeht. Die – häufig, aber keineswegs immer anzutreffende – Gliederung des Fabeltextes in Geschichte und Kommentar wird in Lindners Gattungsdefinition nicht berücksichtigt. Für Lindner ist der Mythos der eigentliche Fabeltext, dem die Definition fünf notwendige Merkmale zuschreibt:

- Die Fabel ist ein Erzähltext.
- Die Fabel gehört zu den literarischen Kurzformen.
- Die Fabel befolgt amimetisch-typisierende Vertextungsprinzipien.

- Die Fabel ist eine transparente und zugleich mehrdeutige Allegorie.
- Durch eine interpretative Zuordnung dieser allegorisch-mehrdeutigen Erzählung auf ein weltanschaulich-ideologisches Wertsystem veranschaulicht die Fabel eine oder mehrere Einsichten oder Ansichten.

Die ersten vier Definitionsmerkmale werden im Folgenden diskutiert. Das fünfte Merkmal bleibt vorläufig unerläutert, weil die Ableitung der Lehre aus dem Mythos im zweiten Hauptteil dieser Untersuchung behandelt wird. Außerdem ist das fünfte Merkmal bei Licht besehen nur eine nähere Kennzeichnung des vierten: Die erzählte Geschichte ist insofern allegorisch, als sie – bei entsprechender Interpretation – eine oder mehrere Einsichten oder Ansichten verdeutlicht.

Von den Eigenschaften, die das Merkmal ›Erzähltext‹ voraussetzt, seien drei hervorgehoben:

1. Der Text beschreibt einen Einzelfall, nicht etwa – oder allenfalls mittelbar – einen Falltyp. Unser Beispiel beschreibt, wenn man es wörtlich nimmt, was einem bestimmten Hund bei einer bestimmten Gelegenheit widerfuhr, nicht etwa, was Hunden oder wem auch immer unter bestimmten Umständen zu widerfahren pflegt.
2. Der beschriebene Einzelfall enthält einen zeitlichen Ablauf mit Situationsveränderungen. Es handelt sich um einen Hergang, nicht um einen Zustand oder um einen zeitlosen Zusammenhang von Sachverhalten: Die Fabel erzählt eine Geschichte. Auch unser Beispieltext schildert einen Ablauf mit einer Folge von Situationsveränderungen: Zunächst watet oder schwimmt der Hund im Wasser des Flusses, ohne auf seinen Schatten zu achten; *dann* aber bemerkt er ihn und hält ihn für einen anderen Hund mit größerer Beute; *daraufhin* lässt er sein Fleischstück fallen, um nach der Beute des glücklicheren Artgenossen zu schnappen, und *dann* hat er plötzlich gar nichts mehr.
3. Der Text lässt sich in Teile zerlegen, die verschiedene Phasen des dargestellten Hergangs einzeln beschreiben. In unserem Beispieltext beschreibt jedes der vier Satzgefüge des Mythos eine andere zeitliche Phase der Geschichte. Das Merkmal ›Erzähltext‹ unter-

scheidet die Fabel von einer psychologischen oder ethologischen Betrachtung, die statt des Einzelfalles eine Gesamtheit gleichartiger Fälle in den Blick nähme, ebenso von der Darstellung eines ablauflosen Sachverhalts, wie sie etwa in einer Bildbeschreibung vorläge, und schließlich auch von der zusammenfassenden Darstellung eines zeitlichen Ablaufs, die auf eine getrennte Darstellung einzelner Phasen verzichtet. Der Satz ›Ein Zusammenspiel von optischer Täuschung und Habgier brachte einen Hund um seine sichere Beute‹ wäre kein Erzähltext im hier erläuterten Sinn.

Innerhalb der Erzähltexte grenzt das Merkmal ›Kurzform‹ die Fabel etwa vom Roman oder vom Tierepos ab, die eindeutig zu den Langformen gehören. In der Regel ist eine Fabel sogar kürzer als viele andere epische Kurzformen – wie Novelle, Erzählung, Sage, Legende oder Märchen. Äsops Fabeln bestehen nur ausnahmsweise aus mehr als 150 Wörtern; der Mythos-Teil unserer Beispielfabel kommt mit weniger als 80 Wörtern aus. Ein Roman dagegen muss nach E. M. Forster über 50 000 Wörter enthalten. Mit der Kürze geht die Einfachheit sowohl der erzählten Geschichte wie auch ihrer Darbietung einher: geringer Verbrauch an erzählter Zeit, reduziertes Personal, Verzicht auf Vorgeschichte, Figurenporträts, Schauplatzausmalung, Hintergrundinformationen. Die Geschichte vom Hund, der ein Stück Fleisch durch den Fluss trägt, spielt sich in Sekunden ab und kommt mit einer einzigen handelnden Figur aus. Der Erzähler teilt nicht mit, wie der Hund an seine Beute gelangt ist, noch weshalb er sie durch einen Fluss trägt, anstatt sie sofort zu verzehren. Der Text enthält auch weder eine ausführliche Beschreibung der handelnden Figur noch ein genaues Bild des Schauplatzes. Trotz Kürze und Einfachheit ist die erzählte Geschichte in der Regel ein wohlstrukturiertes Ganzes, das Spannung aufbaut und in einer Schlusspointe löst: Der glückliche Besitzer einer Beute erliegt der trügerischen Versuchung, nach mehr zu streben – und hat am Ende gar nichts.

Das Merkmal der ›amimetisch-typisierenden‹ Erzählweise bedarf eingehenderer Diskussion: Nach Lindner ›typisiert‹ der Fabelerzähler, indem er den Bestandteilen der Geschichte (Figuren, Schauplatz, Handlungsumstände...) weniger individualisierende und situierende Merkmale beigibt, als man aus anderen Erzählgattungen – vor allem natürlich aus dem realistischen Roman – gewohnt ist. Die handelnde Figur unseres Beispieltextes wird nur als ›ein Hund‹ beschrieben. Name, Rasse, Alter, Geschlecht und Lebensumstände des Hundes bleiben ungenannt. Der Gang der Handlung kennzeichnet den Hund als dumm (weil er seinen Schatten nicht erkennt), vor allem aber als habgierig. Nach Lindner gehört es auch zur Typisierung, dass Fabelfiguren kein differenziertes Seelenleben offenbaren; sie sind als Träger eines einzigen Charakterzuges konzipiert, den der Handlungsgang enthüllt und zur Übernahme in die Lehre bereitstellt. Der Schauplatz der Handlung wird im Allgemeinen weder ausgemalt noch geographisch situiert. Unsere Geschichte spielt in ›einem Fluss‹. Welche Landschaft der Fluss durchquert, ob er breit oder schmal ist, reißend oder träge und was sich sonst zur Anreicherung des Bühnenbildes anböte, bleibt ungesagt. Man erfährt nicht einmal, zu welchem Land der Fluss gehört. Auch nicht, zu welcher Zeit die Handlung spielt. Tageszeit, Jahreszeit und erst recht die historische Epoche des Geschehens werden nicht festgelegt. Nach Lindner unterstreicht der Verzicht auf individualisierende und situierende Beschreibung (eines gleichwohl als individuell aufzufassenden Geschehens), dass der Fabelerzähler keinen Anspruch auf Wirklichkeitsdarstellung (›Mimesis‹) erhebt. Die Fabel erzählt ›a-mimetisch‹. In der Terminologie der französischen Klassik könnte man sagen, der Fabelerzähler verzichte auf *vraisemblance* in der doppelten Bedeutung dieser Forderung: Weder achtet er darauf, dass der erzählte Hergang den Vorstellungen seines Publikums über den Lauf der Welt entspricht, noch versucht er, die einmal gewählte Geschichte, sei sie nun realistisch oder nicht, so zu erzählen, dass wenigstens eine Illusion von Wirklichkeit aufkommt. Zu den erzählerischen Mitteln der ›Suggestion des Realen‹ (Adorno) gehört zweifellos die detailreiche Individualisierung möglichst vieler Bestandteile der Geschichte wie auch die Verknüpfung des frei Erfundenen mit bekannten Fakten und Lokalitäten. Das letztere Verfahren schließt eine möglichst präzise Verortung des erzählten Geschehens im geographischen und historischen Weltbild des Publikums ein. Die Fabel treibt einen solchen Aufwand nicht. Trotzdem bleibt fraglich, ob diese Enthaltsamkeit dem Publikum, wie Lindner meint, signalisieren soll, dass Realismus nicht beabsichtigt ist und dass die Übereinstimmung der erzählten Geschichte mit einem realen Geschehen nicht nur zufällig, sondern geradezu unmöglich wäre. Die Unwahrscheinlichkeit des erzählten Hergangs ist nämlich kein unverzichtbares Merkmal der Fabel; eher schon ist Wahrscheinlichkeit ein durchaus willkommener, wenn auch sparsam verwendeter Schmuck. Der Leser einer Tierfabel vermerkt die Verstöße gegen sein zoologisches Wissen nicht als Fehler, wohl aber die Übereinstimmungen als Vorzüge der Fabel. Es sind auch nicht alle Fabelinhalte gleichermaßen wirklichkeitsfern. Lessing (116ff.) unterscheidet – nach dem Vorgang des Rhetors Aphthonios (4.–5. Jh. n. Chr.) und des Philosophen Christian Wolff (1679–1754) – verschiedene Fabelarten unter dem Gesichtspunkt der Möglichkeit des erzählten Hergangs: Es gibt ›vernünftige‹ Fabeln, deren erzählter Hergang ›schlechterdings möglich‹ ist, und ›sittliche‹ Fabeln, deren erzählter Hergang nur unter irrealen Voraussetzungen möglich wäre. Eine der irrealen Voraussetzungen, die ein Dichter seinem Publikum in den so genannten hyperphysischen Fabeln zumutet, ist die Erhöhung der natürlichen Fähigkeiten einer Figur, jedoch unter Beibehaltung ihres natürlichen (oder als natürlich angenommenen) Charakters: Es tritt ein Wolf auf, der im Gegensatz zu seinen real existierenden Artgenossen sprechen kann, jedoch wie diese grausam und gefräßig ist. Man braucht Lessings Einteilung nicht für der Weisheit letzten Schluss zu halten; es lässt sich jedoch nicht leugnen, dass es neben Fabeln, die irreale Voraussetzungen in Anspruch nehmen, auch ›vernünftige‹ Fabeln von makelloser Wahrscheinlichkeit gibt – wie etwa unseren Beispieltext: Das Verhalten des gierigen Hundes (der kein Wort spricht) lässt sich mit der Weltkenntnis des antiken wie auch des modernen zoologischen Laien durchaus vereinbaren. Wenn irreale Voraussetzungen in Anspruch genommen werden, was auf die Mehrheit der Fabeln zweifellos zutrifft, sollte man fragen, ob das Handlungsgerüst der erzählten Geschichte auf diesen Voraussetzungen ruht oder ob die Geschichte ohne ihre Inanspruchnahme ähnlich verlaufen könnte – wie in folgendem Beispiel, in dem ein Storch mit einem Bauern spricht (Babrios, Übersetzung Irmscher, 250).

Der gefangene Storch

Auf seinem Acker hatt' ein Bauer Netze aufgestellt
Und Kraniche darin gefangen, die Zerstörer seiner Saaten.
Zugleich mit diesen war ein Storch ins Netz gegangen;

Der hinkte, fleht' den Bauern an:
»Ich bin kein Kranich, deiner Saat tu ich nichts an.
Ich bin ein Storch, das zeigt schon meine Farbe.
Von allen Vögeln übe ich am meisten Pietät;
Ich pfleg' und füttre meinen Vater, wenn er krank ist.«
Doch jener sprach: »Mein lieber Storch,
Ich weiß nicht, wie du lebst; doch dieses weiß ich,
Daß ich dich fing mit jenen, die die Saaten mir verderben.
So wirst du auch mit jenen sterben, mit denen du gefangen wardst.«

Wer mit den Bösen umgeht, wird den Haß mit ihnen ernten,
Auch wenn er seinem Nächsten keinen Schaden tat.

Das Handlungsgerüst ist auf die Sprachfähigkeit des Storches nicht angewiesen. Die Geschichte, aus der die Lehre ›mit gefangen, mit gehangen‹ abgeleitet werden soll, könnte unter Verzicht auf die Sprachfähigkeit des Storches auch realistisch erzählt werden: Ein Storch, der bekanntlich keine Saatkörner frisst und auch sonst nicht als Schädling gilt, verfängt sich in einem Netz, das für saatvertilgende Kraniche ausgelegt wurde. Der Bauer, der die Netze inspiziert, bemerkt vielleicht einen geringen äußeren Unterschied zwischen dem gefangenen Storch und den gefangenen Kranichen, vielleicht erkennt er ihn sogar als Vogel anderer Art. Dieser Unterschied gegenüber den Mitgefangenen fällt jedoch als Unschuldsbeweis nicht ins Gewicht: Wer unter Schuldigen gefunden wird, gilt als schuldig. Der Storch wird mit den Kranichen getötet. Das Gespräch zwischen Storch und Bauer (das irreale Voraussetzungen in Anspruch nimmt) verdeutlicht nur die innere Logik des realistischen Hergangs: Die tatsächliche Unschuld des Storches kann sich gegen den erdrückenden Anschein der Schuld nicht zur Geltung bringen. Unwahrscheinlichkeit, das sollten die vorangehenden Bemerkungen zeigen, ist kein unbedingtes Erfordernis und gilt auch nicht als besondere Tugend der Fabel. Nun kennzeichnet aber die typisierende Erzählweise die wahrscheinlichen Fabeln nicht weniger als die unwahrscheinlichen. Es liegt deshalb nicht nahe, die Typisierung als augenzwinkernden Hinweis auf die Unwahrscheinlichkeit, gewissermaßen als Bekenntnis zur fehlenden Mimesis aufzufassen. Sie erklärt sich leichter aus der

Kürze und aus der allegorischen Funktion der Fabel. Der besseren Deutbarkeit zuliebe neigt eine Fabel dazu, sich auf die Informationen zu beschränken, die zur Ableitung der Lehre und zum Verständnis der Handlungslogik notwendig sind. Es sollte auch nicht vergessen werden, dass die Fabeltexte, die im Okzident als Muster ihrer Gattung gelten, nämlich die ›Äsop'schen‹ Prosafassungen, vermutlich auf Repertorien zurückgehen, in denen Fabelstoffe, auf das Nötigste komprimiert, zur literarischen Weiterverarbeitung durch Redner, Dichter oder Philosophen zusammengetragen waren (Perry 1959; Perry 1984). Die Redaktoren solcher Kompendien, die nur die Grundidee der aufgenommenen Fabeln festhalten, nicht jedoch einen literarischen Text liefern wollten, sahen keine Veranlassung, literarisch vielleicht erwünschte, aber zur Markierung des Fabelstoffes unnötige Informationen einzufügen.

In Lindners Kennzeichnung der Fabel als ›transparenter und mehrdeutiger Allegorie‹ verlangen sowohl das Substantiv ›Allegorie‹ wie auch die Adjektive ›transparent‹ und ›mehrdeutig‹ eine genauere Prüfung. Wer die Fabeln zu den Allegorien zählt, stützt sich auf die unstrittige Voraussetzung, dass die erzählte Geschichte über sich hinaus auf einen ›tieferen‹ Zweitsinn verweist. Dieser Zweitsinn bezieht sich nach allgemeiner Erwartung auf die wirkliche Welt des Fabelpublikums, während die erzählte Geschichte in einer fiktiven, oft geradezu fantastischen Welt spielt, in der Tiere wie Menschen sprechen. Der Zweitsinn beansprucht Wahrheit, der wörtliche Sinn dagegen nicht. Theon, ein Rhetoriklehrer des 1. Jh. n. Chr., bezeichnet die Fabel deshalb als ›eine unwahre Geschichte, die jedoch Wahrheit abbildet‹ (Progymnasmata 3). Der auf die Fabel angewandte Fachausdruck ›Allegorie‹ verlangt, dass zwischen dem wörtlichen Sinn der erzählten Geschichte und ihrem Zweitsinn ein Vergleichsverhältnis (Lausberg 1990, § 895) besteht, das oft auch als ›Ähnlichkeit‹ oder als ›Analogie‹ bezeichnet wird. Aus gerade diesem Grund lehnt Lessing (70ff.) die Einordnung der Fabeln unter die Allegorien ab: Ähnlichkeit bestehe nicht zwischen der erzählten Geschichte und ihrem Zweitsinn (den Lessing als ›moralischen Lehrsatz‹ bezeichnet), sondern nur zwischen der erzählten Geschichte und einem realen Anwendungsfall des Zweitsinns. Zwischen der erzählten Geschichte und dem Zweitsinn selbst bestehe stattdessen die Beziehung des Besonderen zum Allgemeinen; in Bezug auf den ›Lehrsatz‹ sei die erzählte Geschichte deshalb ein Beispiel, jedoch keine Allegorie. Lessing kann sich mit dieser Benennung der erzählten Geschichte auf eine lange Tradition berufen: Schon Aristoteles zählt die Fabeln zu den ›Beispielargumenten‹ (*paradeígmata*; Rhetorik II,24). Allerdings denkt er dabei nicht an die belehrende Fabel, die eine allgemeine Wahrheit vermitteln, sondern an die rhetorische, die einen kontroversen Einzelfall klären soll. Für Phaedrus besteht die äsopische Gattung aus Beispielen: »Exemplis continetur Aesopi genus« (Prolog zu Buch II). Die auf den ersten Blick scholastisch anmutende Frage, ob die erzählte Geschichte nach Art eines Beispiels oder nach Art einer Allegorie auf die zugeordnete Lehre verweist, führt wider Erwarten zu interessanten Aufschlüssen. Es gibt, wie sich zeigen wird, gute Gründe für beide Antworten. Die schon angeführte Fabel vom Hund, der ein Stück Fleisch verliert, scheint Lessing Recht zu geben, wenn er im erzählten Hergang ein Anwendungsbeispiel der Lehre sieht. Nehmen wir an, die Lehre laute: ›Verblendete Habgier führt leicht zum Güterverlust statt zum Gütergewinn.‹ Dann ist die erzählte Geschichte ein Beispiel dessen, was der Zweitsinn meint. Der in der Fabel vorgeführte seelische Zustand des Hundes ist verblendeter Habgier nicht nur ähnlich, analog oder vergleichbar, sondern er ist ein echter Fall verblendeter Habgier. Das von der Strömung fortgetriebene Stück Fleisch ist einem verlorenen Gut nicht nur ähnlich, sondern ein echtes, wiewohl nur erdachtes Beispiel für ein verlorenes Gut. Stellen wir nun dem Zweitsinn folgenden realen Anwendungsfall zur Seite: Ein Mensch verliert sein Kapital, weil er es aus Gier nach höherem Gewinn in ein unsolides Geschäft investiert hat. In Bezug auf den Zweitsinn der Fabel ist der reale Anwendungsfall ein Beispiel: Der Seelenzustand des unvorsichtigen Investors ist – wie der des Hundes – ein echtes Beispiel verblendeter Habgier; ebenso ist das fehlinvestierte Kapital – wie das fortgeschwemmte Stück Fleisch – ein echtes Beispiel eines verlorenen Gutes. Zwischen dem Anwendungsfall und der Geschichte, die in der Fabel erzählt wird, besteht dagegen nicht das Verhältnis des Besonderen zum Allgemeinen, sondern ein bloßes Vergleichsverhältnis: Der Hund ist kein eigentlicher Geldanleger, sondern einem Geldanleger nur – in bestimmter Hinsicht – vergleichbar. Das verlorene Stück Fleisch ist im eigentlichen Sinne kein fehlinvestiertes Kapital, wohl aber dem fehlinvestierten

Kapital in gewisser Weise ähnlich. Auch anhand der Fabel vom gefangenen Storch ließe sich Lessings These plausibel machen, dass die erzählte Geschichte in Bezug auf die vermittelte Lehre ein Beispiel und keine Allegorie, in Bezug auf einen realen Anwendungsfall der vermittelten Lehre jedoch eine Allegorie und kein Beispiel sei. Bei genauerer Prüfung zeigt der erste Teil dieser These jedoch seine Achillesferse. Die erzählte Geschichte kann nämlich nur dann ein Beispiel für die vermittelte Lehre sein, wenn die Lehre das Milieu, in dem die erzählte Geschichte spielt, nicht grundsätzlich aus ihrem Anwendungsbereich ausschließt. Wenn die Lehre der Fabel vom habgierigen Hund sich ausschließlich auf Menschen bezöge – etwa mit dem Wortlaut ›Ein *Mensch* läuft durch verblendete Habgier Gefahr, Güter zu verlieren statt zu gewinnen‹ –, wäre die erzählte Geschichte aus dem Anwendungsbereich der Lehre ausgeschlossen. Der *Hund*, der ein Stück Fleisch verliert, ist nicht das Beispiel, sondern nur die Allegorie eines *Menschen*, der aus verblendeter Habgier Güter verliert. Die meisten Epimythien des Äsop bieten tatsächlich eine Lehre an, die den wörtlichen Sinn der Fabel aus ihrem Anwendungsbereich verbannt. Das Epimythion der Fabel vom habgierigen Hund lautet: ›Diese Fabel passt auf einen *Menschen*, der immer mehr haben will, als er schon hat.‹ Für die Habgier des Menschen jedoch taugt der Hund nicht als Beispiel, sondern nur als Allegorie. Ob die erzählte Geschichte als Beispiel oder als Allegorie anzusehen ist, hängt von der Abstraktionshöhe der Lehre ab. Wenn die Lehre das Konkretisationsmilieu ihres Inhalts nicht festlegt, kann jedes beliebige Milieu – ob Menschen-, Tier-, Pflanzen- oder Dingwelt –, sofern es die Gültigkeit des Lehrsatzes bestätigt, Beispiele für die Lehre liefern. Gelegentlich kommen auch bei Äsop Epimythien ohne Festlegung des Konkretisationsmilieus der Lehre vor: »Die Fabel zeigt, dass alles Unähnliche keine Gemeinschaft bilden kann.« (Chambry 56) Die zugehörige Geschichte spielt allerdings unter Menschen, sodass ihr Beispielwert auch bestehen bliebe, wenn die Lehre – wie bei Äsop üblich – auf die Menschenwelt eingeengt wäre. Lessings These, dass die erzählte Geschichte ein Beispiel und keine Allegorie sei, verrät eine abstraktionistische Auffassung des Lehrsatzes: Die Fabel belehrt ihre Leser über die naturgemäße Zusammengehörigkeit bestimmter Universalien: Habgier bringt Verlust; unnützer Zierrat schwächt die Leistung; wahre Wohltaten ernten selten Undank. Die

Lehrsätze, die Lessing im Sinn hat, verknüpfen Begriffe, deren Verwirklichung zwar auf Konkretisation angewiesen ist, über deren Zusammengehörigkeit man aber auch unter Absehung von aller Konkretisation reden kann. In einer Terminologie, die der zweite Teil dieser Untersuchung entwickeln wird (2.3.2), könnte man sagen, nach Lessing ergebe sich die Lehre durch Umwandlung des Rhemas in einen Aussagesatz. Da das Rhema ein aus der erzählten Geschichte abstrahierter Beschreibungsinhalt ist, begreift es in jedem Fall die erzählte Geschichte unter sich, die folglich ein Beispiel der aus dem Rhema bestehenden Lehre sein muss. Die erzählte Geschichte kann aber auch, wenn die Lehre konkreter gefasst wird, aus deren Anwendungsbereich herausfallen und wird dann zur Allegorie. Wenn die Lehre ausdrücklich vom habgierigen Menschen spricht, kann die Geschichte vom Hund, der nach der Beute eines imaginären Artgenossen schnappt, nur noch als Allegorie auf die Lehre bezogen sein.

Auch andere Gründe können es nahe legen, die erzählte Geschichte nicht als Anwendungsfall der Lehre zu betrachten und sie vom Beispiel zur Allegorie herabzustufen. Nach Theon muss die Lehre einer Fabel wahr sein. Wenn man den Inhalt des Lehrsatzes als die Menge seiner realen Anwendungsfälle versteht, fällt die erzählte Geschichte wegen ihrer Fiktivität aus dem Anwendungsbereich heraus. Unwahre Fälle können allenfalls Allegorien, nie jedoch Beispiele für den Inhalt eines extensionalistisch verstandenen wahren Satzes sein.

Wer jedoch den Begriff des fiktiven Beispiels einer wahren Lehre nicht grundsätzlich für widersinnig hält, könnte die Frage, ob die erzählte Geschichte als Beispiel oder Allegorie aufzufassen ist, auch nach dem Kriterium des realistischen oder unrealistischen Konkretisationsmilieus entscheiden. Die Lehre ordnet, wie in 2.3.2 näher auszuführen sein wird, ein Fallmuster, das ›Rhema‹, das aus der erzählten Geschichte durch Abstraktion gewonnen wird, einer bestimmten Menge realer Fälle zu. Im Gegensatz zu den in der Lehre beschriebenen Fällen ist die erzählte Geschichte nur eine fiktive Konkretisation dieses Fallmusters. Eine Fiktion kann jedoch mehr oder weniger realistisch sein. Manchmal bietet die erzählte Geschichte, wenn schon keinen wahren Fall, so doch immerhin ein Milieu, in dem die Konkretisation des Fallmusters nicht gegen die Weltkenntnis des Lesers verstößt. Andere Fabeln dagegen erzählen Geschichten, die das Fallmuster unrealistisch konkretisieren. Das Fallmuster ›Blinde Gier führt zum Güterverlust‹ ist in der Fabel vom Hund, der ein Stück Fleisch aus dem Maul fallen lässt, einigermaßen realistisch konkretisiert. Das Fallmuster ›Hinterlistige Lobreden suchen den Vorteil des Lobredners auf Kosten des Gelobten‹ dagegen ist in der Erzählung von Rabe und Fuchs (Chambry 165) im flagranten Widerspruch zur Weltkenntnis des Lesers konkretisiert. Man könnte verabreden, die Geschichten mit realistisch konkretisiertem Fallmuster als Beispiele, die anderen dagegen als Allegorien anzusehen. Diese Unterscheidung hätte den Vorteil, von der Abstraktionshöhe einer zufällig mitüberlieferten Lehre unabhängig zu sein.

> Rabe und Fuchs
>
> Ein Rabe, der ein Stück Fleisch an sich gerissen hatte, ließ sich in einem Baum nieder. Ein Fuchs, der ihn erblickte und des Fleisches habhaft werden wollte, blieb stehen und lobte den Raben wegen seiner Stattlichkeit und Schönheit. Ihm stünde es am ehesten zu, König der Vögel zu werden, und er wäre es sicher längst geworden, wenn er nur Stimme hätte. Der Rabe wollte dem Fuchs nun zeigen, dass es ihm an Stimme nicht fehle. Er ließ das Fleisch fallen und begann mächtig zu krächzen. Da sprang der Fuchs nach vorn, packte das Fleisch und sagte: »O Rabe, wenn du auch Verstand hättest, würde es dir an keiner Voraussetzung mehr fehlen, um König über alle zu werden.«
>
> Diese Fabel passt auf einen törichten Menschen.

Das Epimythion (Chambry 165) schränkt den Anwendungsbereich der Lehre ausdrücklich auf Menschen ein. Die erzählte Geschichte, die unter Tieren spielt, könnte schon deshalb kein Beispiel ihrer Lehre sein. Aber auch unabhängig von der Formulierung des Epimythions verweist das Kriterium des Konkretisationsmilieus die Geschichte unter die Allegorien. Das zu abstrahierende Fallmuster kann als echten Geltungsbereich nur ein Milieu glaubhaft beanspruchen, in dem tatsächlich Lobreden – zudem noch in hinterlistiger Absicht – gehalten werden. Die Tierwelt und erst recht der Verkehr zwischen Tieren verschiedener Art bilden nach Auffassung des modernen Lesers – und sicher auch der Äsopredaktoren – kein solches Milieu. Der Fuchs ist keine realistische Verkörperung eines hinterlistigen Lobredners, sondern nur dessen Allegorie; ebenso wenig ist der Rabe eine realistische Verkörperung des Toren, der auf hinterlistige Lobreden hereinfällt. Wenn eine Fabel nicht von vornherein unter Menschen spielt und trotzdem ein Beispiel und keine bloße Allegorie der vermittelten Lehre bietet, greift der – potentielle – Geltungsbereich der Lehre über das menschliche Milieu hinaus. Die Fabel vermittelt dann Weisheiten, die nicht nur die menschliche Lebenswelt, sondern einen größeren Ausschnitt der lebendigen Natur betreffen. Vielleicht wollten Fabeln in uralter, voräsopischer Zeit das menschliche Leben im Licht übergreifender Gesetzmäßigkeiten der lebendigen Natur zeigen. Die Fabeln, deren erzählte Geschichte nach dem Kriterium des Konkretisationsmilieus als Beispiel und nicht nur als Allegorie der vermittelten Lehre aufgefasst werden kann, würden dann die Konturen eines archaischen, vom *mainstream* der Tradition überspülten Gattungsbildes bewahren. Hegel beschwört dieses nostalgische Gattungsbild, wenn er von der äsopischen Fabel sagt, sie sei »das Auffassen eines natürlichen Verhältnisses oder Ereignisses zwischen einzelnen natürlichen Dingen überhaupt, am meisten zwischen Tieren, deren Triebe aus denselben Bedürfnissen des Lebens stammen, die den Menschen als lebendigen bewegen. Dieses Verhältnis oder Ereignis, in seinen allgemeineren Bestimmungen aufgefaßt, ist dadurch von der Art, daß es auch im Kreise des menschlichen Lebens vorkommen kann und durch diese Beziehung erst eine Bedeutsamkeit für den Menschen erhält.« (Ästhetik I,494). Schon die uns zugängliche Antike scheint jedoch der Frage, ob die Lehre einer Fabel auch außerhalb der menschlichen Lebenswelt Gültigkeit beanspruchen darf, kein besonderes Interesse mehr abzugewinnen. Einerseits gibt es sehr viele Fabeln, deren Lehre sich offensichtlich außerhalb der Menschenwelt nicht bewahrheitet, deren erzählte Geschichte, falls sie nicht von vornherein menschliches Personal verwendet, also nur allegorisch sein kann; andererseits schränken die überlieferten Pro- und Epimythien die Lehre der Fabeln oft sogar dann auf die Menschenwelt ein, wenn eine weiter ausgreifende Lehre sich durchaus anböte, die im Milieu der erzählten Geschichte zutreffen und diese zum Beispiel machen würde. Das Äsop'sche Epimythion zur Fabel vom habgierigen Hund lautet: »Diese Fabel passt auf einen habgierigen Menschen.« Auf welcherlei habgierige Wesen sie sonst noch passt, interessiert offenbar nicht. Die äsopische Fabel ist – nicht nur, weil sie von und für Menschen verfasst wird, sondern auch, weil ihre Lehren ausdrücklich aufs Menschliche begrenzt werden – eine anthropozentrische Gattung. Es wird erwartet, dass die erzählte Geschichte nur allegorisch ist. Dass sie in manchen Fabeln auch als Beispiel aufgefasst werden könnte, scheint demgegenüber bedeutungslos.

Ein Fabelleser, der von mitgelieferten Pro- oder Epimythien absehen, in die selbst gezogene Lehre jedoch die Angabe eines Bewahrheitungsbereichs aufnehmen will, müsste bei Anwendung des Konkretisationskriteriums die erzählte Geschichte dann als Beispiel auffassen, wenn er das Milieu des geschilderten Falles als echten Anwendungsbereich der Lehre gelten lässt. Diese Bedingung ist erfüllt, wenn der Leser die Züge des geschilderten Falles, die er in die Lehre übernimmt, als natürliche Bestandteile des dargestellten Milieus anerkennt und nicht als künstliche Anthropomorphismen sieht. Ob eine im Tierreich spielende Geschichte als Beispiel oder als Allegorie aufgenommen wird, hängt folglich von dem Maß an Menschenähnlichkeit ab, das der Leser den wirklichen Tieren zutraut. Wer etwa mit Descartes überzeugt ist, dass Tiere bloße Maschinen, Menschen jedoch mit Geist begabt sind, kann die Fabel vom habgierigen Hund nur als Allegorie verstehen. Vielleicht glaubten archaische Fabelautoren an eine tiefergehende Ähnlichkeit zwischen Tier- und Menschenwelt, sodass sie die Tierwelt als echten Anwendungsbereich – und damit die erzählte Tiergeschichte als realistisches Anwendungsbeispiel – der Lehren verstanden, die sie dem Menschen erteilen wollten. Diese Auffassung klingt in einer Fabel des Jambendichters Archilochos (7. Jh. v. Chr.) nach. Eine Füchsin fleht auf einen Adler, der ihre Jungen geraubt hat, die Rache des Zeus herab (vgl. Anhang 2):

> O Vater Zeus, Dein ist die Kraft im Himmelsraum,
> Dein Auge sieht das Menschenvolk,
> Frevler und Fromme: Du kennst auch der Tiere Tun,
> Gewalttat und Gerechtigkeit ...

Das Gebet der Füchsin unterstellt eine natürliche Parallelität zwischen Tier- und Menschenwelt in Fragen von Recht, Unrecht und Sühne. Wie es bei den Menschen »Frevler und Fromme« gibt, so bei den Tieren »Gewalttat und Gerechtigkeit«. In beiden Bereichen richtet Zeus nach denselben Gesetzen. Die Tierwelt kann daher dem Menschen echte Beispiele des bereichsübergreifenden Zusammenhangs von Frevel und Sühne vor Augen führen.

Es gibt, wie Lindner (1978, 34ff.) zu Recht bemerkt, außer der Fabel mindestens zwei weitere Gattungen allegorischen Erzählens: Parabel und Gleichnis. Als Beispiel der Parabel führt Lindner Lessings berühmte Ringparabel an (Nathan der Weise III,7), als Beispiele des Gleichnisses die Gleichnisreden Jesu aus dem Neuen Testament. Im Gegensatz zur Fabel seien Parabel und Gleichnis undurchsichtige Allegorien, deren Zweitsinn sich nur mit Hilfe eines beigegebenen Schlüssels offenbare; die Fabel dagegen sei eine ›transparente‹ Allegorie, die keines Schlüssels bedürfe. Die Parabel unterscheide sich vom Gleichnis nur durch die sprachliche Form des beigegebenen Schlüssels: »In der Parabel werden Bild- und Sachhälfte einer Identifizierung (a = b) unterworfen [...], während die Gleichniserzählung explizit vergleicht (nach dem Schema: a gleicht b, a ähnelt b).« (Lindner 1978, 36, Anm. 95). Die Fabel kann jedoch nicht von ungetrübter Transparenz sein, wenn sie zugleich mehrdeutig ist, was Lindner (1978, 37) ebenfalls behauptet. Bei unstrittiger Evidenz des Zweitsinnes wäre auch kaum zu erklären, dass die meisten Fabeltexte einen Auslegungsansatz in Form des Pro- oder Epimythions mit sich führen, mag ein solcher Schlüssel auch nicht zu den unverzichtbaren Kennzeichen der Gattung gehören. Immerhin sei zugestanden, dass ohne Schlüssel der Hörer einer Fabel im Allgemeinen weniger hilflos dasteht als der Hörer einer Parabel oder eines Gleichnisses. Die Fabel ist eine transparentere Allegorie als Parabel und Gleichnis.

Den Gegensatz zwischen transparenter und undurchsichtiger Allegorie setzt Lindner zu Unrecht mit dem Gegensatz zwischen ›gemischter‹ und ›reiner‹ (bzw. ›unvollkommener‹ und ›vollkommener‹) Allegorie gleich, den die antike Rhetorik aufstellt (Quintilian: Institutio oratoria VIII,6,44ff.). Eine gemischte Allegorie enthält Einschiebsel, die nicht zum wörtlichen, sondern nur zum übertragenen Sinn des Textes passen. Lausberg (1990, § 897) führt folgenden Satz Ciceros (In Pisonem 9, 20) als Beispiel einer gemischten Allegorie an: » [...] während ich unter schlimmsten Stürmen und höchsten Wogenschlägen das Schiff des Staates sicher in den Hafen gebracht hatte, sollte mir vor dem Wölkchen deiner gerunzelten Stirn und dem Lufthauch deines Mitkonsuls angst und bange werden?« Die eingeschobenen Genitive ›des Staates‹, ›deiner gerunzelten Stirn‹ und ›deines Mitkonsuls‹ verraten, dass der Sprecher sich nicht mit großen und kleinen Gefahren der Natur auseinander setzt (wörtlicher Sinn), sondern mit Gefahren, die dem Staat und ihm selbst von Seiten politischer Gegner drohen (übertragener Sinn). Solche Einschiebsel, die nur zum Zweitsinn, nicht aber zum wörtlichen Sinn des Textes passen, kommen in Fabeln üblicherweise nicht vor, wenn man von den kommentierenden Zusätzen wie Pro- und Epimythion absieht. Fabeln sind, wenn man die Quintiliansche Unterscheidung anwenden will, ›reine‹ Allegorien, so transparent sie im Übrigen auch sein mögen. Lindner setzt, wenn er die Fabel als gemischte Allegorie bezeichnet, die unrealistischen Anthropomorphismen der erzählten Geschichte (z.B. die hinterlistige Lobrede des Fuchses) mit den deutenden Einschiebseln der gemischten Allegorie gleich. In der Tat stiften solche Anthropomorphismen Ähnlichkeit zwischen dem wörtlichen und dem übertragenen Sinn der Fabel. Sie erleichtern den Übergang aus der fiktiven Welt der erzählten Geschichte in die wirkliche Welt der Lehre. Gleichwohl sind sie echte Bestandteile auch des wörtlichen Sinnes und nicht – wie die deutenden Einschiebsel der gemischten Allegorie – ausschließlich Bestandteile des übertragenen Sinnes. Man darf ein inhaltliches Element nicht aus dem wörtlichen Sinn ausschließen und exklusiv dem übertragenen Sinn zuschlagen, nur weil es den Realismus der erzählten Geschichte stört. Im Gegensatz zur Lehre der Fabel soll die erzählte Geschichte nicht nur erfunden, sie darf auch unrealistisch sein. Wollte man die realitätswidrigen Anthropomorphismen als Einschiebsel des Zweitsinnes auffassen, bliebe als wörtlicher Sinn nicht die tatsächlich erzählte Geschichte übrig, sondern nur ein – oft genug mageres – realistisches Substrat. Im Falle der Äsop'schen Fabel von Rabe und Fuchs bliebe übrig, dass ein Fuchs unter einem Baum steht, in dessen Gezweig ein Rabe mit Nahrung im Schnabel sich niedergelassen hat, oder allenfalls – wenn man Raben für Fleischfresser hält –, dass ein Fuchs ein Stück Fleisch aufschnappt, das einem Raben aus dem Schnabel fällt. Was den Witz der Geschichte ausmacht – die hinterlistige Lobrede des Fuchses, die dank der törichten Eitelkeit des Raben auch zum Ziel führt – ginge dem wörtlichen Sinn verloren.

Die semantischen Elemente einer Allegorie verteilen sich auf drei Gruppen: Eine erste Gruppe enthält die Elemente, die exklusiv dem wörtlichen Sinn angehören und nicht in den Zweitsinn übernommen werden; eine zweite Gruppe enthält die Elemente, die exklusiv dem Zweitsinn angehören, und eine dritte Gruppe enthält die Elemente des wörtlichen Sinnes, die in den Zweitsinn übernommen werden. Auf die Existenz der dritten Gruppe ist jede Allegorie angewiesen, die reine wie die gemischte. Die deutenden Einschiebsel der gemischten Allegorie stammen aus der zweiten Gruppe. Bei der Fabel von Rabe und Fuchs könnte ein solches Einschiebsel, das die reine in eine gemischte Allegorie umwandeln würde, wie folgt lauten: ›Ein Rabe *von der Art, die auch in der menschlichen Gesellschaft vorkommt*, hatte sich in einem Baum niedergelassen.‹

Obwohl die Fabel derartige Einschiebsel kaum kennt und deshalb eher unter die reine Allegorie fällt, ist sie, wie man Lindner zugestehen muss, im Normalfall eine transparentere Allegorie als Parabel und Gleichnis. Die größere Transparenz verdankt sich der leichteren Auffindbarkeit der semantischen Elemente, die aus dem wörtlichen in den Zweitsinn zu übernehmen sind. In jeder Allegorie bietet der wörtliche Sinn ein Amalgam aus Elementen, die ihm allein angehören, und Elementen, die im Zweitsinn wiederkehren (ein Amalgam also aus Elementen der Gruppen 1 und 3). Im angeführten Cicero-Zitat gehört die abzuwehrende Bedrohung zu den Elementen, die dem wörtlichen und dem übertragenen Sinn gemeinsam sind; die Konkretisierung dieser Bedrohung als Sturm und Wogenschlag gehört dagegen exklusiv zum wörtlichen Sinn, so wie die Konkretisierung als Maßnahmen politischer Gegner exklusiv zum Zweitsinn gehört. In der Fabel von Rabe und Fuchs gehört der Umstand, dass ein Gut den Besitzer wechselt, zu den gemeinsamen Elementen beider Sinn-Ebenen; dass dieses Gut ein Stück Fleisch, dass der alte Besitzer ein Rabe und der neue ein Fuchs ist, gehört dagegen zu den Besonderheiten des wörtlichen Sinnes. Die Fabel erleichtert die Auflösung des semantischen Amalgams durch die Verlagerung menschlicher Belange in ein außermenschliches Milieu. Die Spezifika dieses Milieus scheiden als Bestandteile des Zweitsinns aus. Da der Zweitsinn – wie der Fabelleser von vornherein weiß – menschliche Belange betrifft, kann er nur solche Elemente des wörtlichen Sinnes übernehmen, die auf menschliche Belange beziehbar sind. In der Regel enthält der Zweitsinn jedoch nicht die Gesamtmenge, sondern nur wieder eine Teilmenge dieser Elemente. Bei der Bildung des Zweitsinns muss also unter den auf Menschliches beziehbaren Elementen des wörtlichen Sinnes eine Wahl getroffen werden. An diesem Punkt hilft die irreale Anthropomorphisierung der dargestellten Fabelwelt: Was der Fabeldichter gegen die Welterfahrung seines Publikums an Menschlichem in die außermenschliche Welt der erzählten Geschichte hineinträgt, kehrt normalerweise im Zweitsinn der Fabel wieder. Was die Fabelfiguren an außermenschlichen Spezifika aufweisen, bleibt dem wörtlichen Sinn verhaftet, was sie von Natur aus mit dem Menschen gemeinsam haben, ist für den Zweitsinn geeignet, was ihnen jedoch *contra naturam* an Menschlichem zugeschrieben wird, scheint für den Zweitsinn geradezu vorausbestimmt. Die Vierfüßigkeit des Fuchses gehört nur dem wörtlichen Sinn der Fabel an; seine Lust auf die Beute eines anderen ist für den Zweitsinn geeignet; seine hinterlistige Lobrede aber trägt geradezu den Stempel der Zugehörigkeit zu beiden Sinn-Ebenen auf der Stirn.

Die – relative – Transparenz der Fabel schließt Mehrdeutigkeit nicht aus. Der Begriff der Mehrdeutigkeit verlangt ebenfalls Klärung: Unter der Deutung einer Fabel soll in unserem Zusammenhang die Zuordnung eines Zweitsinns zu der erzählten Geschichte verstanden werden. Eine Fabel ist mehrdeutig, insofern ihr verschiedene Zweitsinne zugeordnet werden oder zugeordnet werden dürfen. Das Wort ›Fabel‹ ist in diesem Zusammenhang seinerseits mehrdeutig: Es kann einen bestimmten Fabelstoff bezeichnen, der verschiedenen Fabeltexten gemeinsam zugrunde liegt – wie etwa die Geschichte vom Fuchs und den sauren Trauben bei Äsop, bei Phaedrus und bei La Fontaine –, oder einen bestimmten Fabeltext – wie etwa La Fontaines ›Le renard et les raisins‹ (Fables III,11). Fabelstoffe sind unbestreitbar mehrdeutig: Die Geschichte der Gattung kennt zahlreiche Beispiele für stoffgleiche (oder annähernd stoffgleiche) Fabeln mit verschiedenem, manchmal geradezu gegensätzlichem Zweitsinn (vgl. Anhang 3). Anouilh erzählt die Geschichte von Eiche und Schilfrohr so, dass das Schilfrohr zum abschreckenden Beispiel der Schäbigkeit wird, während es bei La Fontaine noch ein lobenswertes Beispiel von Voraussicht und Bescheidenheit war. Der einzelne Fabeltext – etwa La Fontaines ›Le chêne et le roseau‹ (I,22) – ist in aller Regel weniger vieldeutig als der verarbeitete Stoff, der in verschiedenen Fabeltexten wiederkehrt. Gleichwohl ist auch der einzelne Fabeltext nicht unbedingt eindeutig. Nach Lessing (83ff. und 136ff.) soll zwar der Fabeldichter seine Geschichte so erzählen, dass nur eine einzige Lehre aus ihr entnehmbar ist, und zwar diejenige, um derentwillen die Fabel überhaupt erdichtet wurde. Es ist jedoch nicht gesagt, dass die Autoren diese Vorschrift immer befolgen – falls sie überhaupt befolgbar ist. Die Deutung eines Fabeltextes – d.h. die Zuweisung eines Zweitsinnes an die erzählte Geschichte – kann als historisches Faktum verstanden werden oder als hermeneutische Möglichkeit. In ersterem Sinn liegt eine Deutung vor, sooft irgend jemand – mit welcher Berechtigung auch immer, ob nur im Geiste oder mit materieller Manifestation – einem Fabeltext einen bestimmten Zweitsinn zuordnet. Als Deuter kann der Autor auftreten, aber auch jeder beliebige Hörer oder Leser, dem der Fabeltext zur Kenntnis kommt. Der Autor kann seine Deutung dem Publikum offenbaren, indem er der erzählten Geschichte ein Pro- oder Epimythion beigibt. Auch der zufällige Leser kann seine Deutung zugänglich machen – etwa bei der Befragung durch einen Fabelforscher; der berufsmäßige Interpret kann sie veröffentlichen. Wenn man unter Mehrdeutigkeit den Umstand verstehen will, dass demselben Fabeltext im Laufe der Textgeschichte *de facto* verschiedene Zweitsinne zugewiesen wurden, so ist wohl jeder Fabeltext mehrdeutig – sosehr der Autor sich auch um Eindeutigkeit bemüht haben mag. Fabeltexte sind der Willkür ihrer Deuter ausgeliefert. Wenn man unter Deutung jedoch nicht das bloße historische Faktum einer Zweitsinnzuweisung verstehen will, sondern das mögliche Resultat einer ›fachgerechten‹ Auslegung, stellt sich die Frage der Mehrdeutigkeit neu. Sie kann erst entschieden werden, wenn feststeht, was unter ›fachgerechter‹ Auslegung zu verstehen ist. Wir wollen zwischen einer beliebigen tatsächlichen und einer fachgerechten Deutung folgenden Zusammenhang annehmen: Die große Mehrheit der tatsächlichen Fabeldeuter beachtet dieselben Deutungsregeln – mehr oder weniger streng und mehr oder weniger bewusst. Sonst wären Fabeln kein brauchbares Kommunikationsmittel. Der Fabelautor achtet darauf, dass der gewünschte Zweitsinn aus der erzählten Geschichte kraft bestimmter Regeln ableitbar ist, und der Fabelleser stützt sich auf ähnliche Regeln, wenn er der erzählten Geschichte einen Zweitsinn zuordnet oder wenn er einen angebotenen Zweitsinn als mehr oder weniger passend anerkennt. Die Zuweisung von Zweitsinnen ist nur in dem Maße als Deutung eines gegebenen Textes akzeptabel, wie sie bestimmte Regeln beachtet. Die Hauptkapitel (vgl. 2.3) dieser Arbeit versuchen das Regelwerk zu rekonstruieren, nach dem sich die Zuordnung von Fabel und Lehre immer schon richtet, so wie ein Grammatiker das Regelwerk rekonstruiert, das die Sprecher einer bestimmten Sprache immer schon befolgen – mehr oder weniger streng und mehr oder weniger bewusst. Die ›fachgerechte‹ Auslegung verwendet keine neue Methode, sondern handhabt die immer schon übliche Methode mit größerer Bewusstheit. Die Explizitmachung der immer schon gültigen Auslegungsmethode erlaubt es auch, vorgelegte Fabeldeutungen als mehr oder weniger methodengerecht und mehr oder weniger akzeptabel einzustufen. Es wird sich jedoch zeigen, dass man kaum je eine angebotene Deutung als die akzeptabelste aller erdenklichen auszeichnen kann. Auch wenn man nur fachgerechte Auslegungen zulässt, bleibt ein Fabeltext mehrdeutig.

In Lindners Bestimmung der Fabel fehlen – aus gutem Grund – vier Merkmale, die man nicht als gattungs*notwendig* ansehen muss, wohl aber als gattungs*typisch* gelten lassen kann.

1. Der heutige Leser erwartet, dass ein Fabeltext aus einer erzählten Geschichte und einem beigegebenen Kommentar besteht, der den Zweitsinn der erzählten Geschichte entschlüsseln hilft. Der Kommentar kann der Erzählung als Epimythion folgen, ihr aber auch als Promythion vorangehen oder als unterbrechendes Zwischenstück in sie eingeschoben sein. Der mitgelieferte Kommentar fehlt jedoch in zu vielen Texten, die in anderer Hinsicht typische Fabeln sind, als dass man ihn zum notwendigen Gattungsmerkmal erheben und damit alle unkommentierten Erzählungen aus der Gattung ausschließen wollte.
2. Die typische Fabel spielt unter Tieren. In der Überlieferung sind jedoch die Tierfabeln seit frühester Zeit mit zu vielen – sonst gattungskonformen – anderen Geschichten gemischt, als dass man sich entschließen könnte, die Gattung Fabel auf die Tierfabel zu beschränken. Außer Tieren treten in der Fabel – wenn auch weniger häufig – Götter auf, ferner Menschen, Pflanzen, anorganische Dinge und sogar personifizierte Abstrakta.
3. Wir haben unterstellt, dass der Zweitsinn der Fabel menschliche

Belange anspricht. Die typische Fabel erörtert jedoch weder technische Fragen, die für den Menschen von Wichtigkeit sein können, noch letzte Dinge. Es wäre untypisch, wenn ein zeitgenössischer Autor etwa die Bedienung eines Computers über den Zweitsinn einer Fabel erläuterte; ebenso wenig erwartet man von einer antiken Fabel, dass sie Auskunft über die Herstellung landwirtschaftlicher Geräte erteilt. Eine Fabel spricht normalerweise auch nicht über das Leben nach dem Tode, eher schon über die beste Lebensform im Diesseits. Gegenstand der Fabel ist, wie Hegel sagt, »der Mensch und seine endlichen Zwecke« (Ästhetik I,492). Es geht – im typischen Fall – um Probleme der weltlichen Lebensklugheit, häufig um die nüchterne, unidealistische Einschätzung des Mitmenschen und um das richtige Verhalten zu ihm. Seit der Antike hat man einen Zusammenhang zwischen Fabel und Sittenlehre bzw. ›praktischer Philosophie‹ gesehen. Dieser Sichtweise schließt sich Lessing an, wenn er die Fabel auf dem »gemeinschaftlichen Raine der Poesie und Moral« (7) ansiedelt und den Zweitsinn als »allgemeinen moralischen Satz« (104) bezeichnet. Aus derselben Tradition stammt die Wahl des Wortes ›Moral‹ zur Benennung sowohl des Zweitsinns wie auch des beigefügten Kommentars, der ihn entschlüsselt.

4. Die typische äsopische Fabel ist zugleich moralisch und komisch. Wenn menschliche Belange in eine Tiergesellschaft verlagert werden, neigen sie offenbar dazu, ihre komische Seite hervorzukehren. Für die abendländische Antike war der Zusammenhang von Fabel und Komik selbstverständlich. Phaedrus (1. Jh. n. Chr.) nennt unter den Gaben, die sein Werk dem Publikum darbringe, dass es zum Lachen reize (*quod risum movet*; Prolog zu Buch I). An mindestens zwei weiteren Stellen bezeichnet er die Fabel als ›Scherz‹ (*iocus*; Prologe zu den Büchern II und III). In vielen modernen Gattungslehren wird der Hang zur Komik diskret verschwiegen, als ob er die Würde der Gattung schmälerte. Gleichwohl geben auch viele neuere Fabeln ihm nach.

1.2 Einblicke in die Gattungsgeschichte

1.2.1 Älteste Zeugnisse

Fabeln mit den in 1.1 erörterten notwendigen und typischen Merkmalen werden nachweislich seit mehr als dreieinhalbtausend Jahren in vielen Sprachen verfasst. Die Menge der heute zugänglichen Fabeltexte aus alter und neuer Zeit ist unüberschaubar. Ein verzweigtes System formaler und stofflicher, direkter und indirekter Filiationen gibt dem über die Welt verstreuten Fabelbestand eine Art von Familienzusammengehörigkeit. Die Kanäle, über die das Erbgut von einer Fabel zur anderen weitergegeben wird, verlaufen über Epochen- und Sprachgrenzen hinweg – bald unterirdisch, bald oberirdisch: Manchmal ist das genetische Band nur erschließbar, manchmal historisch belegbar. Die Gattungstradition ist besonders in der Stoffauswahl deutlich zu erkennen. Seit die äsopischen Fabeln gesammelt werden (also spätestens seit dem 3. Jh. v. Chr.), ist offensichtlich, dass viele neue Fabeltexte durch Übernahme oder Modifikation alter Stoffe entstehen. Die Erfindung gänzlich neuer Geschichten kommt freilich auch vor. Dennoch lässt sich ein großer (vielleicht sogar der größte) Teil des heute zugänglichen Bestandes in eine überschaubare Zahl von Mengen stoffgleicher oder stofflich verwandter Fabeln aufteilen. Jede dieser Mengen enthält Texte verschiedener Epochen und verschiedener Sprachen. In vielen Fällen stammt die älteste uns bekannte Bearbeitung des Stoffes aus der griechischen Antike.

Griechenland ist jedoch nicht die Geburtsstätte der Gattung. Auf Keilschrift-Tontafeln sind neben anderen Textarten der sumerischen ›Weisheitsliteratur‹ auch Fabeln erhalten, die in Form und Inhalt auf den äsopischen Fabelschatz Griechenlands vorausweisen. Die vielleicht schon seit dem dritten Jahrtausend v. Chr. in Mesopotamien erzählten Fabeln wurden, wie es scheint, im 18. Jh. v. Chr. aufgezeichnet, lange bevor die uns bekannte griechische Kulturgeschichte beginnt und wenigstens 1200 Jahre vor Äsop (Perry 1984, XIff.). Eine der sumerischen Fabeln soll als Vertreterin ihrer Altersgruppe im Wortlaut zitiert werden (Schmökel, 227):

> Neun Wölfe und ein zehnter rissen einige Schafe. Der zehnte aber war listig, er hielt die übrigen vom Fressen zurück, überlegte und sprach: »Ich werde teilen! Ihr seid neun, also bekommt ihr ein Schaf; ich bin einer und nehme die neun anderen als meinen Teil.«

Es scheint, dass der äsopische Fabelschatz Griechenlands mindestens teilweise aus Mesopotamien stammt, obwohl der Überlieferungsweg nicht Schritt für Schritt verfolgbar ist. Vielleicht verrät die phrygische oder lydische Abstammung, die dem legendären Fabelerzähler Äsop zugeschrieben wird, eine Ahnung von der asiatischen Herkunft der griechischen Fabel. Gleichwohl gilt Äsop, der im 6. Jh. v. Chr. gelebt haben soll, seit dem klassischen Altertum als Begründer der Gattung. Dabei gibt es über sein Leben und Werk kaum zuverlässige Zeugnisse. Immerhin erwähnt Herodot im 5. Jh. v. Chr. beiläufig den Fabelverfasser Äsop wie eine Person, deren Kenntnis er bei seinen Lesern voraussetzen kann (II,134). Vieles, was über Äsop kolportiert wird, sammelte sich in – oder stammt aus – einem griechischen Äsoproman, dessen älteste erhaltene Fassung im 1. Jh. n. Chr. entstand. Die etwa 350 griechischen Prosa-Fabeln, die bis heute als ›Fabeln des Äsop‹ herausgegeben werden, finden sich in Handschriften, deren älteste rekonstruierbare Vorlage ebenfalls nicht vor dem 1. Jh. n. Chr. entstanden ist (Perry 1984, XVI). Welcher Zusammenhang zwischen dieser – nur erschlossenen – Fabelsammlung und der Person des Äsop besteht, ist unbekannt. Man weiß, dass seit dem 3. Jh. v. Chr. äsopische Fabeln in Repertorien zusammengestellt wurden. Man weiß auch, dass bereits im klassischen Athen (5. Jh. v. Chr.) äsopische Fabeln ein verbreitetes Bildungsgut waren. In Aristophanes' Komödie ›Die Vögel‹ wird eine Person mit folgenden Worten getadelt: »Du bist ungebildet, ohne Interessen und im Äsop nicht bewandert« (Vers 471). Dass jedoch ein Mann namens Äsop Fabeln schriftlich hinterlassen hätte, gilt als höchst unwahrscheinlich.

Der äsopische Fabelschatz wurde auf verschlungenen Wegen, die hier nicht nachgezeichnet werden, an das europäische Mittelalter und an die Neuzeit weitergegeben. Heute sind einem breiten Lesepublikum sowohl die antiken Fabeltexte zugänglich (in Original und Übersetzung) wie auch die unter ihrem Einfluss entstandenen neueren und neuesten Erzeugnisse der Gattung. Das europäische Fabelgut wurde im Mittelalter durch Gaben aus dem Orient bereichert. Um 1270 übersetzte Johann von Capua die hebräische Fassung eines weit verbreiteten orientalischen Volksbuches unter dem Titel ›Directorium humanae vitae‹ (Wegweiser für das menschliche Leben) ins Lateinische (Schnur, 15ff.). Die hebräische Vorlage geht – über verschiedensprachige Zwischenstufen – auf den indischen Fürstenspiegel ›Pantschatantra‹ (Fünf Bücher Erzählungen) zurück, der zwischen dem 1. und 6. Jh. n. Chr. in Sanskrit, der Sakral- und Literatursprache Altindiens, verfasst wurde. Die Übersetzungen und Bearbeitungen des ›Pantschatantra‹ kursieren unter wechselnden Titeln: Manchmal werden sie – nach zwei Schakalen, die im ersten Kapitel eine Hauptrolle spielen – mit ›Kalila und Dimna‹ überschrieben, manchmal – nach einer Erzählerfigur, die erstmals in einer syrischen Bearbeitung auftritt – mit ›Fabeln des Bidpai‹. Seit Johann von Capua mischt sich in Europa orientalisches Fabelgut mit äsopischem. Stoffliche Gemeinsamkeiten beider Traditionen könnten darauf hindeuten, dass schon im Altertum Fabeln zwischen den Kulturkreisen gewandert sind, sei es von Ost nach West oder von West nach Ost. Vielleicht erklären sich die Gemeinsamkeiten beider Fabelbestände aber auch durch eine gemeinsame mesopotamische Herkunft.

1.2.2 Vorkommensweisen der Fabel

1.2.2.1 Mündlicher Fabelgebrauch

Aristoteles (384–322), der älteste uns bekannte Theoretiker der Fabel, geht in seiner ›Rhetorik‹ (II,20) davon aus, dass Fabeln zu einer bestimmten Diskussionslage erdacht und als Argumente für oder gegen eine anstehende Entscheidung vorgetragen werden. Er hält eine Fabel also nicht für ein Stück Literatur, sondern für ein mündliches Verfahren zur Bewältigung einer konkreten Problemsituation. Wie Aristoteles das argumentative Funktionieren der Fabel erklärt, soll an späterer Stelle nachgezeichnet werden (2.1). Der rhetorische Gebrauch der Fabel, den Aristoteles analysiert, ist heute im mündlichen Sprachverkehr kaum mehr anzutreffen. Das Argumentieren mit Fabeln hat den Ruch des Archaischen und Folkloristischen – übrigens auch schon in der griechischen und römischen Klassik: In den erhaltenen Reden – etwa eines Demosthenes oder Cicero – kommen Fabeln so gut wie gar nicht vor. Dass Fabeln ›ursprünglich‹ ein Mittel der spontanen mündlichen Argumentation und deshalb auf die Erfordernisse einer konkreten Diskussionslage zugeschnitten waren, geht nur aus nachträglichen schriftlichen Schilderungen eines mündlichen Fabelgebrauchs hervor, denen man glauben kann oder auch nicht. Aristoteles berichtet (Rhetorik II,20), wie der griechische Chorlyriker Stesichoros im 6. Jh. v. Chr. auf einer Bürgerversammlung der sizilischen Stadt Himera mit der Fabel von Pferd und Hirsch davor warnte, dem gerade ernannten Oberbefehlshaber der Streitkräfte eine Leibwache zu gewähren: Die Unangreifbarkeit werde ihn zum Tyrannen machen (vgl. 2.1.2). An derselben Stelle erzählt Aristoteles, wie Äsop mit der Fabel von Fuchs und Zecken für den Freispruch eines korrupten Demagogen eintritt. Auch das Alte Testament enthält Berichte über mündlichen Fabelgebrauch (Richter IX,7ff.; Könige II,12,1ff.). Einen viel zitierten Musterfall erfolgreicher mündlicher Fabelverwendung überliefert der lateinische Historiker Titus Livius (Ab urbe condita II,32): Im Jahre 494 v. Chr. bewog ein gewisser Menenius Agrippa im Auftrag des römischen Senats die Plebejer, die wegen politischer Benachteiligung die Stadt verlassen hatten, zur Rückkehr. Das ausschlaggebende Argument war die Fabel vom Bauch und den übrigen Körperteilen (vgl. 2.1.2). Auch Äsop soll – nach der Legende – Fabeln nicht nur erfunden, sondern in den Wechselfällen seines abenteuerlichen Lebens als Argumente vorgetragen haben. Der aus dem 1. Jh. n. Chr. stammende Äsoproman enthält – in der Fassung des byzantinischen Gelehrten Planudes, die La Fontaine seinem Fabelwerk voranstellte – folgende Episode: Krösus, der König von Lydien, wollte die griechische Insel Samos seinem Reich einverleiben. Die Samier sollten sich ergeben, andernfalls werde er die Insel mit Feuer und Schwert heimsuchen. Äsop, der sich in Samos aufhielt, schürte den Widerstand gegen den Verlust der politischen Freiheit. Krösus ließ deshalb den Samiern ausrichten, er werde sie in Ruhe lassen, wenn sie ihm Äsop übergäben. Die Samier wollten zunächst auf diesen Handel eingehen, aber Äsop

> stimmte sie um, indem er ihnen erzählte, dass Wölfe und Schafe Frieden geschlossen hatten und die Schafe [gemäß

> den Bedingungen des Friedensvertrages] ihre Wachhunde als Geiseln gaben. »Als sie aber ohne Verteidiger waren, rissen die Wölfe sie ungehindert.« Diese Fabel tat ihre Wirkung. Die Beratung der Samier lief nun in eine Richtung, die der zunächst verfolgten ganz entgegengesetzt war. (La Fontaine, 72f.)

Beim argumentativen mündlichen Fabelgebrauch ist die Beziehung zwischen Erzähler und Zuhörer anders als die zwischen Autor und Leserschaft eines publizierten Fabelbuchs. Die mündlich vorgebrachte Fabel bezieht sich auf eine konkrete Anwendungssituation, an der Erzähler und Zuhörer teilhaben und in der sie zu einer Entscheidung aufgerufen sind. Die erzählte Geschichte will keine allgemeine Lehre der Lebensklugheit vermitteln, sondern eine bestimmte Entscheidung des anliegenden Falles als vernünftig – und eine bestimmte andere als unvernünftig – hinstellen. Folglich fehlt auch ein Pro- oder Epimythion, das den Bildungsertrag der Fabel anzeigen könnte. Oftmals jedoch – allerdings nicht in dem zitierten Äsop-Beispiel – erläutert der Fabelerzähler den Situationsbezug seiner Geschichte. Auch Äsop hätte im obigen Beispiel erklärend anfügen können, dass die Wölfe für Krösus und seine Soldaten, die Schafe für die Samier und die Wachhunde für ihn selbst stehen. So gedeutet, legt die Fabel eine Entscheidung nahe, die den Samiern die Knechtschaft und dem Erzähler die Geiselhaft erspart. Wenn Fabeln nicht zur Lösung eines anstehenden Problems mündlich vorgetragen, sondern in Büchern publiziert werden, sind sie nicht auf eine konkrete, entscheidungsträchtige Situation gemünzt, an der Autor und Leser teilhätten. Statt eine Entscheidung nahe zu legen, vermittelt die Fabel nunmehr eine allgemeine Lehre, die nicht nur in einer einmaligen Situation, sondern in einer Fülle gleichartiger Situationen anwendbar ist. Auf die vermittelte Lehre oder auf die gemeinte Klasse von Anwendungssituationen kann dann ein Pro- oder Epimythion Bezug nehmen.

1.2.2.2 Schriftliche Fabelfassungen

Bei den schriftlich überlieferten Fabeln kann man folgende Kontextualisierungsarten unterscheiden:

1. nachträglicher Bericht über den mündlichen Gebrauch einer Fabel;
2. Fabel als Einsprengsel in ein literarisches Werk, das selbst nicht zur Gattung Fabel gehört;
3. Fabel als ›Halbfertigware‹ in einem Fabelrepertorium, das Dichtern, Philosophen und Rednern Material zur literarischen Weiterverarbeitung bereitstellt;
4. Fabel als literarische Fertigware in einer für den Endverbraucher bestimmten Fabelsammlung.

Da bei der Erläuterung des mündlichen Fabelgebrauchs Beispiele für den ersten Kontextualisierungstyp bereits vorgestellt wurden, wenden wir uns gleich der Fabel als Einsprengsel in einen Text anderer Gattung zu. Für die europäische Fabel ist dies die älteste literarische Erscheinungsform. Bevor Fabelbücher mit literarischem Anspruch geschrieben wurden, kamen Fabeln – in Form bloßer Anspielungen oder als ausgeführte Erzählungen – im Rahmen größerer Vers- oder Prosawerke vor. Zu den römischen Klassikern, die Fabeln in ihre Versdichtungen einbauten, zählt vor allem Horaz (65–8 v. Chr.). In einer Verssatire (II,679ff.) erzählt er die Fabel von Stadt- und Landmaus (Chambry 243), in einer Versepistel (I,10,34ff.) die Fabel von Pferd, Hirsch und Mensch, mit der einst Stesichoros gegen die Leibwache des Phalaris argumentierte (vgl. 2.1.2). Die älteste erhaltene Fabel des Abendlands, ›Habicht und Nachtigall‹, findet sich in dem griechischen Lehrepos ›Werke und Tage‹, das um 700 v. Chr. entstand. Sein Verfasser ist der Dichter Hesiod aus Askra in Böotien. Das Werk schildert in 828 Hexametern eine archaisch-kleinbäuerliche Lebensform im Schatten einer Herrscherschicht von Großgrundbesitzern. Es fordert zur Wahrung der vom Göttervater Zeus gegebenen Rechtsordnung auf, die das menschliche vom tierischen Leben unterscheide. Als abschreckendes Beispiel der Rechtlosigkeit trägt Hesiod in den Versen 202ff. die Fabel von Habicht und Nachtigall vor, die Otto Crusius (1913, X) in deutsche Hexameter gebracht hat:

Jetzt sei den Fürsten ein Märlein erzählt – sie verstehen es sicher.
So zur Nachtigall einst, der melodischen, sagte der Habicht,
Da er sie hoch im Gewölk als Raub in den Krallen einhertrug –
Sie wehklagte und schrie, zerfleischt von den klammernden Krallen,
Jammervoll, doch er mit herrischem Dräuen begann so:
»Törin, was schreist du nur, ein Stärkerer hält dich gefangen,
Und, so schön du auch singst, wie ich dich führe, so gehst du –
Will ich, so freß ich dich auf zum Mahl oder lasse dich fliegen.«

Die Erzählung verdeutlicht den Zustand der Rechtlosigkeit, in den eine mühsam zivilisierte Gemeinschaft immer wieder abzugleiten droht. Der Habicht beruft sich auf einen Naturzustand, der dem Stärkeren nicht verwehrt, mit dem Schwächeren nach Belieben zu verfahren. Eine humane Ordnung des Miteinander verlangt dagegen die Bindung der Macht an Gesetze, die einen fairen Ausgleich der Interessen aller gewährleisten. Der stärkere Habicht versinnbildlicht eine herrschende Oberschicht, die ›áristoi‹, die unsere Übersetzung als ›Fürsten‹ bezeichnet; die schwächere Nachtigall, die im Gegensatz zum Habicht aber singen kann, versinnbildlicht die Unterschicht der Kleinbauern mit ihren besonderen Tugenden und Fertigkeiten – vielleicht sogar den Sänger Hesiod selbst. Offenbar wollte Hesiod den ›Fürsten‹ das rücksichtslose Ausspielen der Macht als ein tierisches, des Menschen unwürdiges Verhalten vor Augen führen. Den Menschen adelt eine gottgegebene Lebensordnung, in der die Macht sich dem Recht beugt.

Seit dem Ende des 4. Jh. v. Chr. entstanden griechische Fabelsammlungen als Nachschlagewerke für Redner, Dichter und Philosophen, die nach einer passenden Fabel zum Einbau in ihre Texte suchten (Perry 1984, XIIIf.). Vielleicht wollten die Verfasser der Repertorien darüber hinaus ein Bildungsgut von den Zufälligkeiten der mündlichen Überlieferung und dem Erfolg literarischer Verarbeitungen unabhängig machen, um es der Nachwelt ungeschmälert zu bewahren. Die Fabeln wurden kurz und schnörkellos erzählt; der Fabeltext des Repertoriums war eine literarische ›Halbfertigware‹, die erst der Benutzer zur ›Fertigware‹ weiterverarbeiten sollte. Beim mündlichen Fabelgebrauch sowie bei der Verwendung der Fabel als Einsprengsel in literarischen Werken legt der – situative oder sprachliche Kontext – die gewollte Anwendung der Fabel fest. In den Repertorien dagegen wird kein bestimmter Fall dargestellt, auf den die Fabel angewandt werden könnte oder ursprünglich angewandt wurde. Ein knappes Pro- oder Epimythion, das eine allgemeine Lehre formuliert oder eine Klasse von erdenklichen Anwendungssituationen bestimmt, vertritt die Stelle des Anwendungskontextes. Der Benutzer des Repertoriums kann aus ihm ersehen, ob die betreffende Fabel für seine Zwecke geeignet ist.

Das wohl älteste griechische Fabelrepertorium wurde von dem Staatsmann, Rhetoriker und Philosophen Demetrius von Phaleron (350–280 v. Chr.) zusammengestellt. Es ist nicht erhalten, soll aber nach Perry (1984) den Fabeldichtern Phaedrus und Babrios (1. Jh. n. Chr.) die Vorlagen geliefert haben. Das älteste erhaltene Fragment eines griechischen Fabelrepertoriums ist der PAPYRUS RYLANDS 493, den C. H. Roberts 1938 herausgab. Der wohl in der 1. Hälfte des 1. Jh. n. Chr. beschriebene Papyrus enthält in 157 z.T. sehr verstümmelten Zeilen Fabeltexte in Prosa ohne Hinweis auf einen konkreten Anwendungsfall. Es scheint, dass jeder Text mit einem Promythion begann und mit einer Figurenrede schloss. Ob die auf dem Rylands-Papyrus erhaltenen Fabelfassungen zum Repertorium des Demetrius von Phaleron gehören, wie Perry (1984, XIV) vermutet, ist fraglich.

Die griechischen Prosa-Fabeln, die heute als ›Fabeln des Äsop‹ bezeichnet werden, gehen, soweit man die Abstammung der erhaltenen Handschriften rekonstruieren kann, auf eine Vorlage zurück, die frühestens im 1. Jh. n. Chr. entstand (Perry 1984, XVf.). Auch diese Vorlage muss ein Repertorium gewesen sein, das für Redner und Literaten Fabelgut zur Weiterverarbeitung bereitstellte. Paradoxerweise wurde die bewusst schmucklose, ›unliterarische‹ Diktion dieses Repertoriums von Lessing (131ff.) zum literarischen Ideal der Fabeldarbietung erhoben.

Die ältesten abendländischen Fabelsammlungen, die sich als literarische Fertigware verstehen, sind die fünf Bücher äsopischer Fabeln (›Fabularum Aesopiarum libri quinque‹), die *Phaedrus* in der ersten Hälfte des 1. Jh. n. Chr. in lateinischer Sprache verfasste. Der in Nordgriechenland geborene Autor wurde als Sklave des Kaisers Augustus nach Rom verschlagen und dort später freigelassen. Die Fabelbücher bezeugen trotz der griechischen Herkunft des Verfassers enge Vertrautheit mit der lateinischen Sprache und Literatur. Phaedrus wollte, was damals als abwegig galt, die Fabelsammlung in den Rang eines Sprachkunstwerks erheben. Jedes der fünf Fabelbücher sollte, was den literarischen Stellenwert anging, etwa einem Oden- oder doch wenigstens einem Satirenbuch des Horaz vergleichbar sein. Zur Verdeutlichung des dichterischen Anspruchs wählte Phaedrus die Vers- statt der Prosaform: Seine Fabeln verwenden den jambischen Senar, das Metrum der Komödiendichter Plautus und Terenz. Wie die Verfasser der Prosa-Repertorien löst auch Phaedrus seine Fabeln im Allgemeinen aus ihrem Anwendungskontext heraus. An die Stelle einer Beschreibung des zu lösenden Einzelfalls tritt – wiederum wie bei den Prosa-Repertorien – ein Pro- oder Epimythion. Die fünf Fabelbücher des Phaedrus, insbesondere die Bücher II – IV, sind nur unvollständig überliefert. Erhalten sind etwa 100, ungleichmäßig über die fünf Bücher verteilte Fabeln. Die künstlerische Absicht des Phaedrus scheint weder von seinen Zeitgenossen noch von der unmittelbaren Nachwelt gewürdigt worden zu sein. Der Ruhm, den Phaedrus beanspruchte und voraussah, wird ihm erst seit der Renaissance zuteil, die ihn zum Klassiker der Versfabel erhob.

Der älteste Verfasser von Fabelbüchern in griechischen Versen war der in Vorderasien lebende *Babrios*. Er schrieb – wenn man den Datierungen der Altphilologen glauben darf, in der zweiten Hälfte des 1. Jh. n. Chr., also wenig später als Phaedrus – zwei Fabelbücher in sogenannten Hinkjamben, d.h. in jambischen Trimetern, deren letzter Fuß ein Trochäus ist. Von den 200 Fabeln der beiden Bücher, die den Titel ›Mythiamboi‹ tragen, sind immerhin 143 erhalten. Möglicherweise war der griechisch dichtende Babrios ein nach Vorderasien verschlagener Römer – wie umgekehrt der lateinisch dichtende Phaedrus ein nach Rom verschlagener Grieche war. Manchmal vertritt in den Fabeln des Babrios die abschließende Figurenrede das Pro- oder Epimythion – so in folgendem Beispiel. Die Übersetzung Ludwig Maders, die wir nach Doderer (1977, 281) zitieren, ahmt den Hinkjambus nach: . – . – . – . – . – – .

Das Schaf und der Wolf

Das Schaf, dem unerwartet einst ein Wolf streunend
Begegnet, fand in offnem Tempelraum Zuflucht,
Wo festlich sie dem Gott ein Opfer darbrachten.
Doch hielt den Wolf zurück die Mauereinfassung,
Und, draußen weilend, hielt er mit dem Schaf Zwiesprach.
»Siehst du«, so sprach er, »dort nicht den Altar blutig?
Komm! Sonst ergreift man dich und wird auch dich opfern!«
Es sprach: »Mach dir um mich nur keinerlei Sorge!
Mir geht es gut. Selbst wenn sie mich dem Gott opfern,
Es wär mir lieber, als wenn mich der Wolf fräße!«

Die antiken Fabelbücher, ob als literarische Halbfertig- oder Fertigware konzipiert, rufen bis heute Übersetzer, Bearbeiter und Konkurrenten auf den Plan. Aus der ins Unübersehbare angeschwollenen Masse von publizierten Fabelsammlungen haben nur wenige einen Platz in der Weltliteratur erobert, darunter der Prosa-Äsop, der ursprünglich wohl gar nicht für den Literaturkonsumenten gedacht war, ferner die Versfabeln des Phaedrus und des Babrios sowie der indische ›Pantschatantra‹. Unter den neuzeitlichen Fortsetzern der Gattungstradition ragen – mehr oder weniger deutlich – die folgenden hervor: das Fabelwerk La Fontaines, der in der zweiten Hälfte des 17. Jahrhunderts – ähnlich wie vor ihm Phaedrus – die Fabel zur ästhetisch anspruchsvollen Dichtung erheben wollte; zwei Fabelsammlungen John Gays (1727, 1738); Edward Moores ›Fables for the Ladies‹ (1744); Lessings Prosafabeln, die 1759 zusammen mit seinen ›Abhandlungen über die Fabel‹ erschienen, und das Fabelwerk des Russen Iwan A. Krylow (1809 und 1843).

Nicht zu allen Zeiten wurden Fabelsammlungen als Werke der ›Schönen Literatur‹ ernst genommen. Die ›klassischen‹ Fabelbücher der Antike genießen erst seit der Renaissance literarischen Ruhm. Den Gipfel der künstlerischen Wertschätzung erreichte die Fabel im 18. Jh., das auch mehr Fabelsammlungen und Fabeltheorien hervorbrachte als frühere Jahrhunderte. Anders als ihre Vorgänger ordnen die Poetiken des 18. Jh. die Fabel in die Gattungshierarchie der Dichtkunst ein; manche weisen ihr dort sogar den höchsten Rang zu. Goethe berichtet mit amüsierter Verwunderung, dass die Schweizer

Literaturtheoretiker Johann Jakob Bodmer und Johann Jakob Breitinger – nach sorgfältiger Prüfung aller poetischen Gattungen – der äsopischen Fabel die Palme zuerkannt hätten. Diejenige Dichtungsart, »welche die Natur nachahmte, sodann wunderbar und zugleich auch von sittlichem Zweck und Nutzen sei, sollte für die erste und oberste gelten. Und nach vieler Überlegung ward endlich dieser große Vorrang, mit höchster Überzeugung, der Aesopischen Fabel zugeschrieben« (Dichtung und Wahrheit, Zweiter Teil, Siebentes Buch). Die poetologische Aufwertung der Fabel erklärt sich aus einer rationalistischen Literaturbetrachtung. Das Jahrhundert der Aufklärung schätzte die vernunftbestimmte Prosa im Allgemeinen höher als die fantasiebestimmte Dichtung. Von der Schönen Literatur überhaupt erwartete man ›philosophische‹ Aufschlüsse. Nun war aber der Weltbezug im Falle fiktionaler Literatur grundsätzlich problematisch. Da bot der Sonderfall der Fabel ein unabweisbares Beispiel für die Vereinbarkeit des unvereinbar Scheinenden: Sie war fiktional und gab doch unbestreitbar Aufschluss über die menschliche Wirklichkeit. Der Gedanke lag nahe, dass die gesamte fiktionale Literatur sich in dem Maße rechtfertigen ließe, wie sie einen Weltbezug nach dem Muster der Fabel herstelle. Die Fabel erhob sich – einen stolzen Augenblick lang – zum Paradigma für fiktionale Literatur schlechthin. Im 19. Jh. schwanden Ansehen und Lebenskraft der Fabel, im 20. wurde sie totgesagt. Karl Meuli (1975, 731) eröffnet einen Vortrag über ›Herkunft und Wesen der Fabel‹ mit der Feststellung: »Die Fabel ist heute bei uns gänzlich aus der Mode, ja eigentlich tot.« Das vorsichtige ›eigentlich‹ lässt einen Hoffnungsschimmer: Sicher ist die Fabel keine typische Gattung der zeitgenössischen Literatur. Es wäre abwegig, ihre Bedeutung mit der des Romans oder des Essays auch nur vergleichen zu wollen. Dennoch verschmähen auch große Autoren des 20. Jh. es nicht, bei Gelegenheit kleine Geschichtchen zu erzählen, die man getrost als Fabeln bezeichnen darf (Kafka, Brecht, Italo Svevo). Es werden sogar ganze Fabelbücher verfasst. Zu den bekanntesten zählen die 1939 bzw. 1956 erschienen Bestseller ›Fables for Our Time‹ und ›Further Fables for Our Time‹ des US-Amerikaners James Thurber sowie die 1962 erschienene Sammlung ›Fables‹ des französischen Dramatikers Jean Anouilh. Aus den modernen Fabelbüchern spricht ein gebrochenes, ›ausgestelltes‹, zur Parodie neigendes Bewusstsein der Gattungstradition.

> Der Wolf kam zum Bach. Da entsprang das Lamm.
> Bleib nur, du störst mich nicht, rief der Wolf.
> Danke, rief das Lamm zurück, ich habe im Äsop gelesen.
> (Arntzen)

1.2.3 Funktionalisierungen

Nicht nur die Kontextualisierungen, auch die Funktionen der Fabel wechseln. Aristoteles erläutert (›Rhetorik‹ II,20) die argumentative Funktion der rhetorischen Fabel, die einen strittigen, zur Entscheidung anstehenden Einzelfall durchleuchten soll. Als Argument für oder gegen eine vorgeschlagene Entscheidung kann die Fabel jedoch nur dienen, wenn der Hörer oder Leser den strittigen Fall von vornherein kennt oder wenigstens durch den Kontext der Fabel kennen lernt. Diese Bedingung ist bei der Lektüre von Fabelbüchern, wie Phaedrus und Babrios sie verfassten, nicht erfüllt. Fabelbücher reihen fiktive Geschichten aneinander und beschreiben allenfalls ausnahmsweise die realen Einzelfälle, zu deren Lösung sie dienen könnten oder einmal gedient haben. Der Leser ist auch nicht zu einer unmittelbar anstehenden Entscheidung aufgerufen; er soll sich stattdessen bilden oder belehren lassen. Die Fabel dient der eindrucksvollen Veranschaulichung eines allgemeinen Lehrsatzes aus dem Bereich der Lebensklugheit. Die veranschaulichten Lehrsätze gehören in den weiten Bereich der ›praktischen Philosophie‹. Der Aufklärer Christian Wolff (1679–1754) sieht in den Fabelbüchern eine Art Sittenlehre für Ungebildete, die einer strengen philosophischen Deduktion nicht folgen können.

> Was die Fabel sagen will, ist nicht so offensichtlich, dass es für die weniger Gebildeten, um deretwillen Fabeln in erster Linie geschaffen werden, auf der Hand läge. Es muss deshalb [in einem Pro- oder Epimythion] erklärt werden, damit es verstanden wird und der Zweck der Fabel erreicht werden kann. Dieser Zweck besteht darin, die Wahrheit den weniger Gebildeten einleuchtend zu machen, die durch die Kraft einer wissenschaftlichen Beweisführung nicht zu überzeugen sind. (Philosophia practica universalis, Pars posterior, § 304)

Bei größerem Vertrauen in die Bildungsfähigkeit des Adressaten gilt die Fabelsammlung als Textbuch der moralischen Propädeutik, als Mittel einer moralischen Früherziehung, die der Zögling später durch das Studium der ›praktischen Philosophie‹ ergänzen soll. Babrios schrieb seine Fabeln für einen jungen vorderasiatischen Thronfolger, dessen Erziehung ihm oblag; La Fontaine widmete 1668 seine ersten sechs Fabelbücher dem damals sechsjährigen Sohn und 1693 sein letztes Fabelbuch dem Enkel Ludwigs XIV. Und doch: Obwohl Fabeln seit dem Altertum in Schul- und Kinderstuben gelesen werden, wendet sich die Gattung schon in ihren frühesten Erscheinungsformen, aber auch in ihren späteren Spitzenleistungen eher an Erwachsene als an Jugendliche und Kinder. Der ideale Leser des La Fontaineschen Fabelwerks ist – trotz der Widmung – keine minderjährige Königliche Hoheit, sondern ein literarisch gebildeter Erwachsener. Auch Babrios blickt vielleicht über den ausdrücklich genannten Adressaten hinweg auf eine größere Zielgruppe von Literaturliebhabern, die seine Ziselierkunst zu schätzen wissen. Freilich gibt es auch Fabeln, die tatsächlich für die Schul- oder Kinderstube geschrieben wurden. Am Ende des Altertums verfasste Aphthonios (4.–5. Jh. n. Chr.) 40 Fabeltexte, die wohl als Übungsmaterialien für junge Rhetorikschüler gedacht waren. Im 19. Jh. reimte der Pfarrer und spätere Superintendent Wilhelm Hey zweimal fünfzig ›Fabeln für Kinder‹ (1833 bzw. 1837). Das zur sittlichen und religiösen Früherziehung geschaffene Werk wurde trotz seines süßlichen – für die Gattungstradition eher untypischen – Heile-Welt-Duftes vielen Generationen zum Erlebnis.

Die Inhalte der belehrenden Fabel beschränken sich nicht auf den engen Bereich des privaten Verhaltens, sie erfassen auch Fragen der Politik und Gesellschaftsordnung. Insofern die empfehlende Vermittlung eines Lehrsatzes zugleich eine Missbilligung der Menschen und Verhältnisse bedeutet, die sich dem Lehrsatz nicht fügen, neigt die belehrende Fabel – je nach Inhaltsbereich – zur Kritik menschlichen Verhaltens, politischer Zustände und gesellschaftlicher Einrichtungen. Wie nahe die Kritikpunkte beieinander liegen, zeigt folgende Fabel Ludwig Heinrich von Nicolays (1737–1820):

Das Schilfrohr und die Eiche

Ein Schilfrohr, welches dicht an einer Eiche stand,
Sah mitleidsvoll auf die gemeinen Schilfe
Des Teiches hin: da stehn die armen, sonder Hülfe!
Der Zephyr, den ich kaum empfand,
Hat diesen ein Orkan geschienen,
Denn kein Mäcen steht neben ihnen.
Der fürchterlichste Wirbelwind
Aus Mitternacht hebt an zu wehen.
Die Rohre, die am Teiche stehen
Und schon gewohnt des Sturmes sind,
Entweichen ihm durch kluges Schmiegen,
Behendes Wanken, tiefes Biegen.
Er rast, sie widerstehn ihm nie,
Und unbeschädigt läßt er sie.
Der Baum allein steht trotzig ihm im Wege.
Laß sehn, schnaubt Boreas, ob ich ihn nicht erlege.
Mit ausgespannten, breiten Flügeln rennt
Er los. Sie liegen; hier Mäcen und dort Klient.

(zitiert nach Lindner 1978, 182f.)

Der Lehrsatz, den die Fabel veranschaulicht, besagt etwa, dass der Sturz eines Mächtigen den Schwachen, der in seiner Nähe Schutz suchte, mit in die Tiefe zu reißen droht und dass man deshalb die Nähe des Mächtigen meiden und auf die eigene Tüchtigkeit bauen solle. Dies klingt, da von ›Mäcen‹ und ›Klient‹ die Rede ist, wie eine Kritik am Lebensplan gewisser Künstler, die ihr Auskommen an Adelshöfen suchen. (Die Nicolaysche Fabel ist – ausnahmsweise – eine ›gemischte Allegorie‹, da die Wörter ›Mäcen‹ und ›Klient‹, die nur zum Zweitsinn passen, in die Darbietung der Geschichte verwoben sind.) Die Fabel kritisiert aber auch – als politische Allegorie – den Glauben an die Beständigkeit der Verhältnisse: Selbst wenn das politische System als Ganzes bestehen bleibt, kann dennoch der einzelne adelige Mäzen stürzen – wie 1661 La Fontaines Gönner Foucquet –, und wenn gar eine politische Revolution ausbricht – wie 1789, vier Jahre vor Veröffentlichung der Fabel Nicolays –, kann der gesamte Adel und mit ihm sein Hofstaat dem Zorn des Volkes anheim fallen. Obwohl zahlreiche Fabeln die gesellschaftliche Ordnung aus der Sicht der Benachteiligten kritisieren, ist die äsopische Gattung nicht nach Ursprung und Wesen ein Kampfmittel der Unterdrückten, wie es die These vom ›Aufstand der Fabel‹ (Spoerri) behauptet und wie auch Dithmar (1971, 130ff.) anzunehmen scheint. Es gibt seit alters her Fabeln mit restaurativer oder konservativer Tendenz (Livius, Ab urbe condita II,32,8ff.; Phaedrus I,2), ganz zu schweigen von den individualmoralischen Fabeln, in denen die gesellschaftliche Ordnung keine Rolle spielt.

Wenn die Fabel als Dichtung auftritt, macht sie sich anheischig, ihrem Publikum außer der Belehrung auch den Genuss zu bieten, den es von Werken der ›Schönen Künste‹ erwartet. Was das Vergnügen an der Dichtung ausmacht und durch welcherlei Vorzüge eine Fabel das Recht erwirbt, sich zur ›Schönen Literatur‹ zu zählen, soll hier nicht ernsthaft untersucht werden. Horaz schreibt der Dichtung zweierlei Wirkung zu: *prodesse* und *delectare* (›Ars poetica‹, Vers 333: Nutzen und Vergnügen). Phaedrus nimmt für seine – ostentativ als Dichtung auftretenden – Fabeln ebenfalls eine Zweiheit der Wirkungen in Anspruch, die der Horaz'schen ähnelt: Lebensberatung und Erheiterung (Prolog zu Buch I: *quod prudenti vitam consilio monet* und *quod risum movet*). Vielleicht versteht er die Erheiterung als Variante des *delectare,* wie er zweifellos die Lebensberatung als Form des *prodesse* versteht. La Fontaine nennt den Glanz, der eine Fabel in den Kreis der Dichtung emporhebt, *gaieté* (Heiterkeit). Freilich sei diese Heiterkeit nicht auf Komik angewiesen; sie bestehe vielmehr in einem ›gewissen Charme‹, der auch zu ernsten Themen passe (Vorwort zur ersten Fabelsammlung).

Eine Amphore dient eigentlich und ursprünglich als Wein- oder Ölgefäß; sie kann aber – zumal in anderen Kulturen – uneigentliche Funktionen übernehmen und etwa als Schirmständer gebraucht werden. Ähnlich ist eine Fabel eigentlich ein Argument oder ein Lehrmittel der praktischen Philosophie. Sie ist im Laufe ihrer Geschichte jedoch auch uneigentlichen Zwecken dienstbar geworden. Obwohl Aristoteles (›Rhetorik‹ II,20) die Fabel zu den Argumentationsmitteln der öffentlichen Rede zählt, kommt sie mit dieser ursprünglichen Funktion in den erhaltenen Reden der klassischen Antike kaum vor. Eine um so größere Rolle spielt sie in der rhetorischen Ausbildung während der Kaiserzeit: Sie dient als Textgrundlage propädeutischer

Übungen, so genannter Progymnasmata, die von verschiedenen griechischen und lateinischen Rhetoriklehrern des 1.–5. Jh. n. Chr. beschrieben werden (Theon, Hermogenes, Aphthonios, Priscianus). An Fabeln übten die künftigen Redner das Schreiben nach Diktat, das Auswendiglernen und das Nacherzählen (Holzberg, 33). In einer späteren Ausbildungsphase mussten sie eine vorgelegte Fabel entweder üppig ausschmücken oder im Gegenteil auf den Kern der Geschichte zurückstutzen. Ferner galt es, zu einer gegebenen Fabel einen historischen Anwendungsfall zu benennen oder zu einer gegebenen Lehre eine passende Fabel zu erfinden (Lausberg 1990, § 1107ff.). Reste dieses Übungsprogramms haben sich über das Mittelalter bis in die Neuzeit – allerdings nicht bis in die Gegenwart – erhalten. Lessing empfiehlt das Ausdenken von Fabeln als eine Schulübung, die dem Erfindungsgeist (›Genie‹) auf die Sprünge helfe, weil sie den Aufstieg vom Besonderen zum Allgemeinen und den Abstieg vom Allgemeinen zum Besonderen geläufig mache (143ff.). Dieser Vorschlag greift – bewusst oder unbewusst – die Tradition der rhetorischen Progymnasmata auf.

Bis mindestens in die Kaiserzeit geht auch die Verwendung der Fabel als Mittel des Zweitsprachenerwerbs zurück. Aus dem 3. Jh. n. Chr. ist ein Lehrbuch erhalten, das Griechen in die lateinische Sprache einführen sollte: die ›Hermeneumata‹, deren unbekannten Verfasser die Altphilologen Pseudo-Dositheus nennen (Holzberg, 34). Ein Teil dieses Lehrbuches besteht aus Fabeln mit – wortgruppenweise gegenübergestelltem – griechischem und lateinischem Text. In Mittelalter und früher Neuzeit dienten einsprachige Fabeltexte als Erstlektüre im Lateinunterricht. Die frühe Neuzeit griff auch wieder auf Doppelfassungen zurück. Der große Philosoph und Pädagoge John Locke (1632–1704) war sich nicht zu schade, ein zweisprachiges Fabelbuch zum Selbststudium zusammenzustellen, das Englischkenner ins Lateinische und kontinentale Lateinkenner ins Englische einführen sollte: Aesop's Fables, in English and Latin, Interlineary, for the Benefit of those who not having a Master would learn either of these Tongues (London, 1723).

2 Fabeln als Erkenntnisauslöser

Wenn die Fabel ihre eigentlichen Funktionen – als rhetorisches Argument oder als Vermittlerin einer Lebensweisheit – wahrnimmt, löst sie im Hörer oder Leser eine Erkenntnis aus, die über die erzählte Geschichte hinausgreift. Sowohl die ausgelöste Erkenntnis wie auch der Auslösungsmechanismus sind bei der rhetorischen Fabel von anderer Art als bei der belehrenden, die – ohne Bindung an einen konkreten Einzelfall – einen allgemeinen Satz der ›praktischen Philosophie‹ zu Bewusstsein bringt. Wie die rhetorisch-argumentative Fabel funktioniert, hat Aristoteles – mindestens im Grundsatz – erklärt (›Rhetorik‹ II,20 in Verbindung mit ›Analytica Priora‹ II,23f.). Die Funktionsweise der belehrenden Fabel wirft jedoch besondere Probleme auf, die Aristoteles nicht löst, weil er nur die rhetorische Fabel im Auge hat. Im Folgenden soll zunächst – in Anlehnung an Aristoteles – die Wirkweise der rhetorischen Fabel erörtert werden (2.1), danach die der belehrenden (2.3).

2.1 Die rhetorische Fabel

2.1.1 Das begriffliche Umfeld

Für Aristoteles gehört die Fabel in die Argumentenklasse der Beispiele (*paradeígmata*). Wer nachvollziehen will, wie Aristoteles das argumentative Funktionieren der Fabel versteht, muss deshalb die Beispiellehre des Philosophen heranziehen. Sie enthält Aussagen über das Funktionieren des Beispielarguments überhaupt sowie eine Unterscheidung verschiedener Beispielklassen, von denen eine die Fabel ist.

2.1.1.1 Die übergeordnete Gattung: das Beispielargument

Was Aristoteles über das Beispielargument unabhängig von seiner Aufteilung in Klassen zu sagen hat, findet sich in ›Analytica Priora‹

II,24. Unsere freie Wiedergabe dieser Lehre geht von dem Argumentationsfall aus, den auch Aristoteles als Demonstrationsobjekt benutzt. Jemand behauptet:

> Wenn Athen gegen Theben einen Krieg begönne, wäre das ein Fehler.

Zur Begründung seines Standpunkts fügt er hinzu:

> Dass Theben gegen Phokis einen Krieg begann, war auch ein Fehler.

Den zu begründenden Standpunkt bezeichnen wir als ›These‹. Man kann im Inhalt der These zwei Teile unterscheiden:

1. den Fall, über den diskutiert wird, nämlich ein Krieg Athens gegen Theben, und
2. die strittige Aussage, die zu diesem Krieg gemacht wird, nämlich dass er ein Fehler wäre (den man besser vermiede).

Der diskutierte Fall und die strittige Aussage über ihn verhalten sich zueinander wie Subjekt und Prädikat. Wenn wir den diskutierten Fall mit ›S‹ (wie ›Subjekt‹) symbolisieren und die strittige Aussage mit ›P‹ (wie ›Prädikat‹), können wir der These die schematische Darstellung ›S ist P‹ geben.

Der zur Begründung angeführte Satz ist ein Beispielargument. Auch er besteht inhaltlich aus zwei Teilen:

1. dem als Beispiel angeführten Fall des Krieges, den Theben gegen Phokis begann, und
2. einer Aussage über den Beispielfall, nämlich dass auch er ein Fehler war.

Wenn wir den angeführten Beispielfall durch ›B‹ symbolisieren, können wir dem Beispielargument folgende schematische Darstellung geben: ›B ist (ebenfalls) P‹. Wir können nunmehr eine Bedingung formulieren, die ein Beispielargument – gewissermaßen *per definitionem* – erfüllt: Das als Beispiel angeführte Argument muss über einen Beispielfall (B) dieselbe Aussage machen (nämlich P), die in der These gegen die Meinung des Adressaten über den diskutierten Fall (S) gemacht wird.

Der bisher geforderte Zusammenhang zwischen These und Begründung ist jedoch nur eine notwendige, keineswegs eine hinreichende Bedingung des sinnvollen Beispielarguments.

Präsident Clinton	(S)	ist Italiener	(P);
denn auch Goethe	(B)	ist Italiener	(P).

Die Satzfolge entspricht dem aufgestellten Schema:

	S ist P;
denn:	B ist P.

Gleichwohl liegt keine sinnvolle Argumentation vor. Für ein plausibles Beispielargument gelten zusätzliche Bedingungen, die im Aristotelischen Argumentationsbeispiel erfüllt sind, in dem Beispiel der italienischen Herkunft Präsident Clintons jedoch nicht: Der Adressat muss die als Beispiel angeführte Aussage für wahr halten (er müsste also glauben, dass Goethe Italiener war), und er muss im Beispielfall eine Eigenschaft ›M‹ (wie ›Mittelbegriff‹) erkennen, die in seinen Augen wiederum zwei Bedingungen erfüllt:

1. M ist eine gemeinsame Eigenschaft des diskutierten Falles S und des Beispielfalles B.
2. M erscheint als die erklärende hinreichende Bedingung dafür, dass dem Beispielfall B das Prädikat P zukommt.

Aristoteles geht davon aus, dass in seinem Argumentationsbeispiel der Begriff ›Krieg zwischen Nachbarstaaten‹ die Eigenschaft M benennt, die der Adressat im Beispielfall als Erfüllerin beider Bedingungen erkennt: Der Argumentationsempfänger sieht, dass sowohl der diskutierte Fall eines Krieges zwischen Athen und Theben wie auch der herangezogene Beispielfall des Krieges zwischen Theben und Phokis ein Krieg zwischen Nachbarstaaten ist. Außerdem erscheint ihm der Krieg Thebens gegen Phokis genau deshalb als Fehler, weil er zwischen Nachbarstaaten ausgetragen wurde.

Der Adressat, der beim Vergleich von These und Beispielsatz eine Eigenschaft M erkennt, die beide Bedingungen erfüllt, wird zu folgender Überlegung geführt: Wenn dem Beispielfall das strittige Prädikat P genau deshalb zukommt, weil er die Eigenschaft M aufweist, und wenn der diskutierte Fall dieselbe Eigenschaft aufweist, dann muss auch ihm das Prädikat P zukommen. Konkret: Wenn, wie mir scheint, der Krieg Thebens gegen Phokis genau deshalb ein Fehler war, weil er zwischen Nachbarstaaten ausgetragen wurde, und wenn, was ich nicht leugnen kann, ein Krieg Athens gegen Theben genauso gut ein Krieg unter Nachbarstaaten ist, dann ist auch er ein Fehler. Die These ist also wahr.

Die Eigenschaft M, die der Argumentierende gar nicht nennt, ist die unsichtbare Seele der Beispielargumentation: Am Beispielfall soll der Adressat erkennen, dass es die Eigenschaft M des Aussagegegenstandes ist, die die Zusprechbarkeit des Prädikats P begründet. Daraus ergibt sich dann, dass P auch auf den diskutierten Fall zutrifft, der ebenfalls die Eigenschaft M aufweist. Der Beispielfall bringt dem Adressaten zu Bewusstsein, dass jeder Fall mit der Eigenschaft M die Aussage P erlaubt: Für alle x: x(M) → x(P). Wenn aber auf jeden Einzelfall mit der Eigenschaft M das Prädikat P zutrifft, dann auch auf den diskutierten Fall.

Im Falle der abwegigen Argumentation zur italienischen Herkunft Präsident Clintons ist kaum vorstellbar, dass ein vernünftiger Adressat beim Vergleich von These und Beispielargument eine Eigenschaft M finden könnte, die beide Bedingungen erfüllt. Welche Eigenschaft, die Goethe mit Clinton teilt, könnte den Gedanken nahe legen, dass Clinton italienischer Herkunft sein muss?

Dem modernen Leser bietet die Aristotelische Beispieltheorie folgende Schwierigkeit: Einerseits zählt Aristoteles die Beispiele unterschiedslos zu den induktiven Argumenten (›Rhetorik‹ I,2,8 und II,20,2); andererseits jedoch führt er auch die Fabel, die wegen ihrer unverhohlenen Fikivität keinen Induktionswert haben kann, unter den Beispielargumenten auf (›Rhetorik‹ II,20,2ff.).

Wenn das Beispiel einen realen (oder mindestens für real gehaltenen) Sachverhalt ins Feld führt, bietet es in der Tat den Ansatz zu einem Induktionsschluss: Dass dem Beispielfall, der die Eigenschaft M aufweist, das Prädikat P zukommt, ist zwar noch kein Beweis, aber immerhin ein induktives Indiz dafür, dass allen Fällen, die M aufweisen, das Prädikat P zukommen könnte. Dass der Krieg Thebens gegen Phokis, der unter Nachbarstaaten ausgetragen wurde, sich als Fehler erwiesen hat, ist ein induktives Indiz dafür, dass alle Kriege zwischen Nachbarn Fehler sein könnten. Wir werden weiter unten sehen, dass vor allem die historischen Beispiele und – in geringerem Maße – auch die Analogie-Argumente als induktive Argumente gelten dürfen, die Fabel jedoch nicht, da ein frei erfundener Fall keinerlei Beweiswert für die Wirklichkeit hat. Insofern ein Beispiel – wenigstens auch – als induktives Argument wirken will, muss die Voraussetzung erfüllt sein, dass der Adressat die als Beispiel angeführte Feststellung für eine zutreffende Beschreibung der Wirklichkeit hält. Wie man den Terminus ›Induktion‹ (*epagogé*) verstehen muss, um mit Aristoteles auch die Fabeln zu den Induktionen zählen zu können (Coenen 1992), braucht hier nicht erläutert werden. Was statt des Induktionswertes die Überzeugungskraft einer Fabel ausmacht, kommt weiter unten zur Sprache (2.1.2).

Für Beispiele mit Induktionswert gilt folgende Bauanweisung:

- Bilde ein Argument, das einem Beispielfall (B) das Prädikat (P) zuordnet, dessen Zuordnung zum diskutierten Fall (S) die These strittig macht.
- Wähle den Beispielfall B so, dass folgende Voraussetzungen erfüllt werden:
  - Der Adressat bezweifelt nicht, dass P auf B zutrifft (er bezweifelt dagegen wohl, dass P auf S zutrifft).
  - Der Adressat erkennt eine gemeinsame Eigenschaft M des diskutierten Falles S und des Beispielfalles B, die ihm als hinreichende Bedingung dafür erscheint, dass auf den Beispielfall B das Prädikat P zutrifft.

Nehmen wir an, die These laute:

> Paris (S)
> hat ein staatlich subventioniertes Opernhaus (P).

Um die These mit einem Beispielargument zu begründen, brauchen wir einen Satz (oder eine Satzfolge), die über einen anderen Gegenstand (den Beispielfall) dieselbe Feststellung macht. Wir wählen:

Wien (B)
hat auch ein staatlich subventioniertes Opernhaus (P).

Die Auswahl des Beispielfalls (Wien) erfüllt die geforderten Voraussetzungen:

1. Man darf davon ausgehen, dass der Adressat schon von der Wiener Staatsoper gehört hat und deshalb den Inhalt des Beispielarguments nicht bezweifelt.
2. Als Eigenschaft M, die in den Augen des Adressaten beiden Fällen zukommt und überdies eine erklärende hinreichende Bedingung dafür abgibt, dass die Feststellung P in Bezug auf Wien richtig ist, bietet sich ›westliche Hauptstadt‹ an: Westliche Staaten lassen aus alter Tradition und aus Gründen des internationalen Prestiges ihre Hauptstädte nicht ohne ein subventioniertes Opernhaus.

Beispiele können ihren Adressaten überzeugen – oder auch nicht. Im Prinzip könnte ein Adressat, der ein bestimmtes Beispielargument nicht als durchschlagend empfindet, seine Haltung durch Hinweis auf nicht erfüllte Voraussetzungen begründen. Er könnte geltend machen, dass er den als Beispiel angeführten Sachverhalt bezweifelt oder dass er keine Gemeinsamkeit zwischen dem diskutierten Fall und dem Beispielfall erkennt, die als hinreichende Bedingung für die Zusprechbarkeit des strittigen Prädikates an den Beispielfall gelten könnte. Eine solche Begründung hätte jedoch nur Sinn, wenn in der Argumentationsgemeinschaft Klarheit über die Geltungsbedingungen der Beispielargumentation bestünde. Mit einer solchen Situation kann der Argumentationskritiker jedoch kaum rechnen. Normalerweise werden Beispiele in Situationen vorgebracht, in denen der Adressat sich ihnen verschließen darf, ohne diese Haltung begründen zu müssen. Die Spielregeln – etwa einer antiken Bürgerschaftsversammlung – fordern nicht, dass ein Hörer den Argumenten des Redners zustimmen muss, nur weil er seine Ablehnung nicht erkenntniskritisch begründen kann. Sie fordern, dass er auf Grund des bloßen Eindrucks vorhandener oder fehlender Stichhaltigkeit eine ehrliche Entscheidung trifft, auch wenn er die Berechtigung dieses Eindrucks nicht methodisch prüft.

2.1.1.2 Historisches Beispiel und Analogie-Argument

Aristoteles unterscheidet in der ›Rhetorik‹ (II,20) drei Klassen von Beispielargumenten: historisches Beispiel, Analogie-Argument (*parabolé*) und Fabel (*lógos*). Die Eigentümlichkeiten der einzelnen Klassen gehen deutlicher aus den angeführten Argumentationsbeispielen hervor als aus den allzu knappen Erläuterungen. Wir versuchen im Folgenden, Unterscheidungskriterien herauszustellen, die Aristoteles nicht unmissverständlich benannt, vielleicht jedoch im Auge gehabt hat. (Zum syllogistischen Rahmen der Aristotelischen Beispiellehre vgl. Coenen 1992). Ob die Aristotelische Dreigliederung alle erdenklichen Beispielargumente erfasst, bleibe dahingestellt, da es uns letztlich nicht um eine Theorie der Beispielargumentation zu tun ist, sondern um eine deutliche Konturierung der Fabel. Dazu bieten historisches Beispiel und Analogie-Argument eine ausreichende Kontrastfolie.

Der entscheidende Durchbruch, den ein Beispielargument beim Adressaten erzielen soll, besteht in der Erkenntnis, dass eine Eigenschaft M, die sowohl dem Beispielfall wie auch dem diskutierten Fall zukommt, eine hinreichende Bedingung für die Zusprechbarkeit des strittigen Prädikates P darstellt (›Wenn eine Stadt eine westliche Hauptstadt ist, wird sie ein Opernhaus haben‹). Diese Implikationserkenntnis, auf die alle Klassen der Beispielargumente abzielen, kann auf zwei verschiedene Diskussionslagen treffen. Die Eigenschaft M, die das Beispielargument als hinreichende Bedingung für P erweisen will, kann bereits vor Nennung des Beispiels als möglicher Lösungsweg bedacht worden sein. Es blieben jedoch Zweifel, ob das ins Auge gefasste M tatsächlich als hinreichende Bedingung für die Zusprechbarkeit von P gelten darf. Diese Zweifel kann eine Beispielargumentation zerstreuen, indem sie einen oder gar mehrere Fälle anführt, denen ebenfalls die Eigenschaft M und außerdem unstrittig das Prädikat P zukommt. Die Beispielargumentation ist dann die rhetorische (Kurz-)Fassung eines Induktionsschlusses, als welche Aristoteles sie auch bezeichnet (›Rhetorik‹ I,2,8).

Der vom Beispiel getragene Induktionsschluss ist bestenfalls plausibel, nie jedoch zwingend. Die Plausibilität steigt mit der Anzahl der angeführten M-Fälle, auf die P unstrittig zutrifft. Daher tritt die induktive Beispielargumentation meist als Beispielreihe auf. Um zwingend zu sein, müsste eine Induktion alle wirklichen und möglichen M-Fälle einzeln aufführen und jeden als unstrittigen Träger des Prädikates P erweisen. Eine noch so lange Beispielreihe kann jedoch nie eine ›vollständige‹ Induktion durchführen, da mindestens der diskutierte Fall ein M-Fall ist, dem P nicht unstrittig zukommt (andernfalls wäre die Diskussion gegenstandslos). Die vollständige Induktion müsste die strittige These als schon anerkannt voraussetzen.

Die historischen Beispiele, die Aristoteles als erste der drei Beispielklassen nennt, fungieren als unvollständige Induktionen. Wir wollen im Folgenden die Argumentation erörtern, die Aristoteles zur Veranschaulichung des Umgangs mit historischen Beispielen selbst anführt: Als der persische Großkönig Artaxerxes III. im Jahr 345 v. Chr. zur Unterwerfung Ägyptens ausrückt, überlegen die Griechen, ob sie ihm mit Waffengewalt Einhalt gebieten sollen. Ein Befürworter der militärischen Intervention argumentiert mit zwei historischen Präzedenzfällen:

> Wir müssen gegen den Großkönig rüsten und dürfen ihm Ägypten nicht überlassen; denn auch Dareios [I.] setzte nicht nach Griechenland über, bevor er Ägypten unter seine Gewalt gebracht hatte; danach jedoch setzte er über. Ebenso griff Xerxes [I.] uns nicht an, bevor er Ägypten eingenommen hatte; danach jedoch setzte er über. Folglich wird auch dieser Großkönig [Artaxerxes III.] übersetzen, sobald er Ägypten in seine Gewalt gebracht hat. Deshalb dürfen wir ihm die Eroberung Ägyptens nicht erlauben.

Die angeführten Präzedenzfälle (Dareios und Xerxes) dienen dem induktiven Nachweis, dass jede Eroberung Ägyptens durch einen persischen Großkönig eine hinreichende (und zugleich notwendige) Bedingung für den Angriff auf Griechenland ist und dass folglich der gegenwärtige Großkönig Griechenland genau dann angreifen wird, wenn er Ägypten unter seine Gewalt gebracht hat. Die These lautet bei leichter Schematisierung:

> Die Eroberung Ägyptens durch Artaxerxes III. (S)
> ist eine hinreichende (und außerdem notwendige) Bedingung für seinen Angriff auf Griechenland (P).

Die angeführten Beispiele lauten bei ebenfalls leichter Schematisierung:

> Die Eroberung Ägyptens durch Dareios I. (B^1)
> war eine hinreichende (und notwendige) Bedingung für
> seinen Angriff auf Griechenland (P).
>
> Die Eroberung Ägyptens durch Xerxes I. (B^2)
> war eine hinreichende (und notwendige) Bedingung für
> seinen Angriff auf Griechenland (P).

Die Eigenschaft M, die der diskutierte Fall (S) mit den angeführten Beispielfällen (B^1 und B^2) teilt, heißt ›Eroberung Ägyptens durch einen persischen Großkönig‹. Die Beispiele sollen nahe legen, dass M immer eine hinreichende Bedingung für die Zusprechbarkeit des Prädikates P ist (›danach greift er Griechenland an‹) und dass dieses Prädikat folglich auch auf den diskutierten Fall zutrifft, weil er ebenfalls ein M-Fall ist. Im Gegensatz zu anderen Beispielklassen dienen die historischen Beispiele nicht dazu, die M-Haltigkeit des diskutierten Falles erstmalig als Ansatz zur Problemlösung in die Debatte zu werfen. Natürlich wurde das Unternehmen des Artaxerxes schon vor Anführung der Präzedenzfälle als M-Fall gesehen (›Fall der Eroberung Ägyptens durch einen persischen Großkönig‹ – als was auch sonst? –, und genau diese Sichtweise warf die Frage auf, ob vielleicht jeder Eroberung Ägyptens durch die Perser eine Invasion Griechenlands folgt. Auf diese schon im Raum stehende Frage antworten die Präzedenzfälle durch eine Induktion, die alle im historischen Bewusstsein der Griechen abrufbaren M-Fälle durchmustert, um zu zeigen, dass P auf sie zutraf.

Während die historischen Präzedenzfälle die Folgen einer Eigenschaft M aufzeigen, die bei der gegebenen Diskussionslage ohnehin schon als Klassifikationsmerkmal des diskutierten Falles galt und als mögliche Problemlöserin in Betracht gezogen wurde, lenken andere Beispielklassen die Aufmerksamkeit erstmalig auf eine Eigenschaft M, die bisher als möglicher Ansatz zur Problemlösung noch nicht gesehen wurde. Sie antworten nicht auf die Frage ›Ist die Eigenschaft M, die in unseren Augen den diskutierten Fall immer schon klassifiziert hat, eine hinreichende Bedingung für das Zutreffen von P?‹, sondern auf die Frage ›Welche bisher nicht gesehene Eigenschaft des diskutierten Falles könnte eine hinreichende Bedingung für das Zutreffen von P abgeben?‹.

Um zu erklären, was er unter Analogie-Argumenten (parabolaí) versteht, verweist Aristoteles auf die Argumentationspraxis des Sokrates. Sogar das Argumentationsbeispiel, das er anführt, ist bei Xenophon (›Memorabilia‹ III,2,9) als wörtliche Rede des Sokrates überliefert: Jemand behauptet, höhere Staatsämter dürften nicht durch Losentscheid vergeben werden.

> Das ist genauso, wie wenn jemand die Athleten [die eine staatliche Gemeinschaft bei Wettkämpfen vertreten sollen] durch das Los bestimmen wollte und nicht die Wettbewerbsfähigsten ins Rennen schickte, sondern die vom Los Begünstigten oder wie wenn jemand irgendeinen unter den Seeleuten als Steuermann auslosen wollte, als ob der zufällig vom Los Bestimmte und nicht der Sachkundige ans Steuer gehörte.

Die strittige These lautet:

> Hohe staatliche Amtsträger (S)
> dürfen nicht durch das Los bestimmt werden (P).

Zur Begründung werden zwei Beispiele angeführt, die bei leichter Schematisierung wie folgt lauten:

> Wettkampfteilnehmer (B^1)
> dürfen auch nicht durch das Los bestimmt werden (P).
>
> Steuerleute (B^2) ebensowenig (P).

Die gemeinsame Eigenschaft M, die den diskutierten Fall (hohe Amtsträger) mit den Beispielfällen (Wettkämpfer, Steuerleute) verbindet, verlangt eine umständlichere Beschreibung: Hohe staatliche Amtsträger ebenso wie Wettkämpfer und Steuerleute sind

> Personen, die aus einer Gruppe unterschiedlich geeigneter Kandidaten ermittelt werden, um zum Nutzen und im Namen der Gemeinschaft wichtige Aufgaben zu erfüllen, die eine besondere Eignung verlangen.

Wenn die Eigenschaft M so bestimmt wird, schließt sie die Vertretbarkeit des Losentscheides aus, der für die unterschiedliche Eignung der Kandidaten blind ist, obwohl die erfolgreiche Wahrnehmung der übertragenen Funktion von besonderer Eignung abhängt. Hohe Staatsämter dürfen folglich nicht durch Losentscheid vergeben werden.

Im Gegensatz zum historischen Beispielfall ist der Analogiefall kein individueller Vorgang (die gerade anstehende Wahl eines Athleten für einen bestimmten Wettkampf oder die Besetzung der Steuermannsstelle für eine bestimmte, gerade bevorstehende Seereise), sondern eher eine ganze Vorgangsklasse. Die Beispiele verweisen auf die allgemeine Praxis bei der Auswahl von Wettkämpfern und Steuerleuten. Ebenfalls im Gegensatz zum historischen Präzedenzfall dient die gemeinsame Eigenschaft M, die der reale Analogiefall als hinreichende Bedingung für die Zusprechbarkeit von P evoziert, nicht schon vor Anführung des Beispiels als Klassifikationsmerkmal des diskutierten Falles. Vielmehr erscheinen die staatlichen Amtsträger durch ihre plötzliche Gleichstellung mit Wettkämpfern und Steuerleuten in einem ungewohnten Licht. Der provozierte Vergleich lässt eine vorher nicht beachtete Gemeinsamkeit hervortreten, die der Argumentierende als Schlüssel zur Problemlösung anbietet. Während historische Präzedenzfälle das anstehende Problem durch Befragung der Eigenschaft lösen wollen, die ohnehin schon als Klassenmerkmal des diskutierten Falles angesehen wird, bewirkt die Anführung von Analogiefällen eine problemlösende Neuklassifikation des diskutierten Falles. Das neue Klassenmerkmal, auf Grund dessen der diskutierte Fall mit den angeführten Beispielen gleichartig ist, soll als hinreichende Bedingung für die Zusprechbarkeit des strittigen Prädikates P erscheinen.

Das Analogie-Argument begnügt sich jedoch nicht damit, eine neue Sicht des diskutierten Falles als Weg zur Problemlösung vorzuschlagen; es geht diesen Weg auch zu Ende, indem es den Ansatz eines induktiven Beweises dafür liefert, dass der neue Klassifikator

M tatsächlich die Aussage P rechtfertigt. Das von Sokrates übernommene Argumentationsbeispiel führt zwei Klassen realer Fälle an, die – wie die Fälle der diskutierten Klasse – die Eigenschaft M aufweisen und in denen deswegen die Unvertretbarkeit des Losentscheides als selbstverständlich gilt. Während die historischen Präzedenzfälle induktiv nachzuweisen suchen, dass ein längst anerkanntes Klassifikationsmerkmal des diskutierten Falles die hinreichende Bedingung für die Zusprechbarkeit des Prädikates P liefert, tritt das Analogie-Argument denselben Beweis für ein Klassifikationsmerkmal an, das es selbst erst in die Debatte geworfen hat. Das Analogie-Argument erfüllt also eine doppelte Funktion: Indem es dem diskutierten Fall unerwartete Beispiele als gleichartig zur Seite stellt, veranlasst es den Adressaten zu einer neuartigen Klassifikation des diskutierten Falles; und indem es zeigt, dass auf die Beispielfälle die Aussage P unstrittig zutrifft, liefert es Material für den Induktionsschluss, dass der neue Klassifikator M eine hinreichende Bedingung für das Zutreffen von P ist.

Der historische Präzedenzfall beschränkt sich auf die induktive Funktion, weil er die Zusprechbarkeit von P an ein längst geläufiges Klassifikationsmerkmal des diskutierten Falles bindet. Das Analogie-Argument dagegen bindet – ebenfalls auf dem Wege der Induktion – die Zusprechbarkeit von P an eine bisher nicht bedachte Klassenzugehörigkeit des diskutierten Falles, auf deren Wahrnehmung es den Adressaten erst stoßen muss. Wir werden im Folgenden sehen, dass sich die Fabel darauf beschränkt, eine problemlösende Klassenzugehörigkeit des diskutierten Falles vor Augen zu führen, ohne Material für den Induktionsschluss zu liefern, dass diese Klassenzugehörigkeit tatsächlich das Zutreffen von P bedingt.

	historisches Beispiel	Analogie-Argument	Fabel
Einführung von M als neues Klassifikationsmerkmal	–	+	+
Ansatz zum Induktionsbeweis, dass M das Zutreffen von P bedingt	+	+	–
Anführung eines Einzelfalles statt einer Fallklasse	+	–	+

2.1.2 Funktionsweise der rhetorischen Fabel

In Übereinstimmung mit dem historischen Präzedenzfall, aber im Gegensatz zum Analogie-Argument beschreibt der Erzählteil einer Fabel ein individuelles Geschehen statt einer Klasse von Geschehensabläufen. Die Fabel erzählt nicht, was unter gleichen Umständen immer wieder vor sich geht, sondern was sich in einem besonderen Fall zugetragen hat, der als zeitlich und örtlich bestimmbar angenommen wird, auch wenn Zeit und Ort ungenannt bleiben. Den Namen ›historisches Beispiel‹ verdient ein Ereignis nur dann, wenn es als wirklich geschehen sowohl vom Argumentierenden vorgetragen wie auch vom Publikum aufgefasst wird. Die Fabel dagegen trägt das Mal der Fiktion auf der Stirn; weder kann der Erzähler es verdecken noch das Publikum es übersehen. Deshalb verzichtet, wer als Beispielargument eine Fabel wählt, auf den induktiven Nachweis, dass die evozierte Eigenschaft M, die dem diskutierten Fall und dem Beispielfall gemeinsam ist, die Zusprechbarkeit des Prädikats P gewährleiste. Fiktive Fälle erlauben keinen Induktionsschluss auf die Wirklichkeit; denn der Erfinder einer Geschichte braucht sich nicht an die Gesetze der wirklichen Welt zu halten. Er könnte einem fiktiven M-Fall das Prädikat P andichten, auch wenn ein wirklicher M-Fall es nicht erfordern oder es gar ausschließen würde; und er könnte es ihm absprechen, auch wenn es jedem wirklichen M-Fall zukäme. Die argumentative Leistung einer Fabel besteht einzig darin, im diskutierten Fall eine Eigenschaft M sichtbar zu machen, die sich als Schlüssel zur Problemlösung anbietet. Die Verwendung historischer Präzedenzfälle ist angezeigt, wenn die Zustimmung zur These (›S ist P‹) deshalb ausbleibt, weil das Publikum zweifelt, ob die Eigenschaft M, die es dem diskutierten Fall immer schon zuerkannt hat, die Zusprechung von P rechtfertigt. Diese Zweifel lassen sich durch Anführung früherer M-Fälle, auf die P zutraf, induktiv ausräumen. Die Verwendung einer Fabel dagegen ist angezeigt, wenn der diskutierte Fall noch gar nicht als M-Fall gesehen wird und wenn M, sobald es überhaupt ins Bewusstsein tritt, dem Publikum ohne weiteren Beweis auch als nahe liegende Bedingung für das Zutreffen von P erscheinen wird.

Alle Beispielarten (historisches Beispiel, Analogie-Argument und Fabel) zeigen den diskutierten Fall als Träger einer problemlösenden

– P bedingenden – Eigenschaft M, indem sie den Beispielfall so auswählen, dass M als gemeinsames Merkmal des diskutierten Falles und des Beispielfalles hervortritt. Wenn der Argumentierende dem diskutierten Fall einen anderen Fall zur Seite stellt, sucht das Publikum nach dem Zusammenhang beider Fälle. Es findet, wenn das Beispiel verfängt, eine Gleichartigkeit, Familienähnlichkeit oder Klassengemeinschaft heraus, die auf dem gemeinsamen, problemlösenden Merkmal M beruht. Nun ist es schwer, reale Analogiefälle ausfindig zu machen, die mit dem diskutierten Fall alle und nur die Züge gemeinsam haben, aus denen die Problemlösung sich ergibt. In der Regel weisen reale Analogiefälle neben den relevanten auch irrelevante Gemeinsamkeiten mit dem diskutierten Fall auf, sodass nicht von vornherein klar ist, welche der gemeinsamen Züge als hinreichende Bedingung für die Zusprechbarkeit von P gelten sollen. Bei der Argumentation zur Wahl hoher Amtsträger gehört zu den Gemeinsamkeiten aller Fälle auch das soziale Ansehen, das die Erwählung verleiht. Diese Gemeinsamkeit gehört jedoch nicht zu den Zügen, die den Losentscheid verbieten. Das Publikum muss unter den Gemeinsamkeiten der Fälle das P-bedingende M erst isolieren. Die Fabel, die im Gegensatz zum Analogiefall frei erfunden wird, kann irrelevante Gemeinsamkeiten weitgehend vermeiden. Sie lässt sich im Idealfall so konstruieren, dass sie mit dem diskutierten Fall alle P-bedingenden, aber auch nur die P-bedingenden Züge teilt.

Zur Veranschaulichung des rhetorischen Fabelgebrauchs wählen wir ein Beispiel, das auch Aristoteles anführt: Im 6. Jh. v. Chr. rüstet die sizilische Stadt Himera zum Vergeltungskrieg gegen die Karthager. Die Bürger haben bereits Phalaris, der später als grausamer Tyrann von Agrigent bekannt werden sollte, zum Heerführer mit unbeschränkten Vollmachten gewählt. Sie beraten nun, ob Phalaris auch eine Leibgarde bekommen soll. In dieser Situation trägt Stesichorus, den die Literaturgeschichte als Chorlyriker kennt, folgende Fabel vor:

> Ein Pferd war alleiniger Besitzer einer Wiese. Da kam ein Hirsch und verwüstete den guten Weidegrund. Das Pferd wollte sich rächen und fragte einen Menschen, ob er mit ihm gemeinsam an dem Hirsch Rache üben könne. Der Mensch antwortete, er werde diese Bitte erfüllen, wenn es sich die

> Zügel anlegen lasse und er mit Speeren bewaffnet auf seinen Rücken steigen dürfe. Als das Pferd eingewilligt und den Menschen hatte aufsitzen lassen, musste es von Stund an für die [versprochene] Rache dem Menschen dienen. »So müsst auch ihr euch vorsehen,« sagte Stesichoros, »dass es euch, weil ihr euch an euren Feinden rächen wollt, nicht so ergeht wie dem Pferd. Die Zügel habt ihr euch schon anlegen lassen, indem ihr einen Heerführer mit unbeschränkten Vollmachten gewählt habt. Wenn ihr ihm auch noch eine Leibwache bewilligt und ihn dadurch aufsitzen lasst, werdet ihr umgehend zu Sklaven des Phalaris.« (›Rhetorik‹ II,20)

Die Fabel soll die Verweigerung der Leibgarde begründen. Stesichoros befürchtet, Phalaris werde im Schutz der Leibwache seine Macht zur Versklavung derer missbrauchen, die sie ihm übertragen haben. Der diskutierte Fall (S) ist die Bewilligung der Leibwache. Das strittige Prädikat (P) ist die Versklavung als Folge der bewilligten Leibwache. Die erzählte Geschichte soll den diskutierten Fall als Träger einer Eigenschaft M zeigen, bei deren Wahrnehmung die Bürger von Himera vor der Bewilligung der Leibwache zurückschrecken müssten. Diese Eigenschaft konturiert sich als das, was die Gleichartigkeit der erzählten Geschichte und des diskutierten Falles ausmacht.

Die Fabel ist so erfunden, dass ihre Gegenüberstellung mit dem diskutierten Fall etwa folgende komplexe Gemeinsamkeit hervortreten lässt:

> Zur erfolgreichen Durchführung eines Racheplanes findet eine Machtübertragung statt: Ein Rachesuchender tritt die faktische Verfügungsgewalt über sich an einen anderen ab, der sich als Helfer bereit findet. Der Prozess der Machtübertragung umfasst zwei Phasen. Nach Abschluss der ersten wäre er vom Übertragenden noch aufzuhalten, nach Abschluss der zweiten nicht mehr. Der unwiderruflich Ermächtigte kann die übertragene Macht zur Versklavung des nunmehr wehrlosen Ermächtigers missbrauchen.

Der Vortragende nennt einige der Punkte, in denen sich die erzählte Geschichte mit dem diskutierten Fall unter einem gemeinsamen

Oberbegriff trifft. Die Wahl des Phalaris zum Heerführer mit unbeschränkter Machtvollkommenheit trifft sich mit der Annahme des Zügels unter dem Oberbegriff ›erste Ermächtigungsphase‹; ebenso trifft sich die beantragte Bewilligung der Leibgarde mit dem Aufsitzenlassen unter dem Oberbegriff ›zweite, endgültige Ermächtigungsphase‹. Wenn man die von Stesichoros gezeichneten Linien weiter auszieht, treffen sich die Bürgerschaft von Himera und das Pferd der Fabel unter dem Oberbegriff ›Rachesuchender‹, Phalaris und der Mensch der Fabel unter dem Oberbegriff ›ermächtigter Helfer‹ und die feindlichen Karthager mit dem Hirsch der Fabel unter dem Oberbegriff ›ausersehenes Racheopfer‹. Innerhalb des Merkmalkomplexes M bilden die Oberbegriffe ein ähnliches Beziehungsnetz wie ihre Unterbegriffe in der Fabel bzw. im diskutierten Fall.

Insofern die erzählte Geschichte ersichtlich fiktiv ist, hat sie keinen Induktionswert. Dass der Mensch das Pferd versklavt, nachdem es ihm eine – als befristet gemeinte – Verfügungsgewalt über sich eingeräumt hat, beweist nicht einmal ansatzweise, dass eine derartige Ermächtigung auch in Wirklichkeit zur Versklavung zu führen pflegt. Der Erfinder der Fabel hätte die Geschichte statt mit der Versklavung des Pferdes auch mit der Rückgabe der Macht nach gelungener Rache enden lassen können, wenn dieser Ausgang seinem Argumentationsziel günstiger gewesen wäre. Die Fabel hätte dann gezeigt, dass Vertrauen sich auszahlt. Allerdings erhält die Geschichte des Stesichoros einen Anschein von Wahrheit durch die tatsächliche Sklavenrolle des mittlerweile domestizierten Pferdes. Die vorgetragene Fabel ist ein ›aitiologischer Mythos‹ (vgl. 2.3.5.4), der eine Erklärung für die Domestizierung des Pferdes liefert. Freilich besteht diese Erklärung nur in einer – zudem recht unwahrscheinlichen – Hypothese. Dass die Abtretung der Verfügungsgewalt über die eigene Person (M) zur Versklavung (P) führt, muss der Adressat ohne ernsthaften Beweis glauben. Die Leistung der Fabel besteht darin, den diskutierten Fall der Leibgardenbewilligung überhaupt als Endphase eines Prozesses der Entäußerung und Ermächtigung zu sehen, nach deren Abschluss der Entäußerte dem Ermächtigten wehrlos gegenübersteht. Vor der Rede des Stesichoros wurde die Bewilligung der Leibgarde vermutlich unter ganz anderen Gesichtspunkten diskutiert. Vielleicht wurde überlegt, ob die Leibgarde zur Durchführung des militärischen Auftrages notwendig sei oder ob die Stadt überhaupt eine Leibgarde zusammenbringen könne. Der diskutierte Fall erschien als militärisches oder organisatorisches Problem. Die Fabel unterstellt ihn einem neuen Gesichtspunkt; sie hebt unter vielen erdenklichen Klassenzugehörigkeiten des Falles diejenige – bisher nicht beachtete – hervor, die der Argumentierende für entscheidungsrelevant hält. Das neue Klassifikationsmerkmal (M) ist ein so komplexer und ungewohnter Begriff, dass es nicht genügt oder auch gar nicht möglich ist, ihn nur zu benennen (›Sehen wir den diskutierten Fall doch einmal als M-Fall!‹); er wird durch Herausfilterung der Gemeinsamkeiten des diskutierten Falles mit der erzählten Geschichte Stück für Stück aufgebaut. Um es in der Terminologie eines russischen Formalisten zu sagen: Das problemlösende Klassifikationsmerkmal des diskutierten Falles kann nicht ›wiedererkannt‹ (automatisch identifiziert), es muss ›gesehen‹ werden (V. Sklovskij, 25). Wenn die Bewilligung der Leibgarde erst einmal als Endpunkt eines Entäußerungs- und Ermächtigungsprozesses gesehen wird, spielt der fehlende Beweis, dass der Ermächtigte seine Macht zur Versklavung des Ermächtigers missbrauchen wird, keine Rolle mehr. Es gehört zum akzeptierten Klassifikationsmerkmal des Falles, dass mindestens die Möglichkeit und folglich die Gefahr der Versklavung besteht. Das genügt, um die Verweigerung der Leibgarde zu begründen.

In der idealen Verwendungssituation einer Fabel (anstelle eines historischen Präzedenzfalles oder eines Analogie-Arguments) erfüllt der Adressat zwei Bedingungen:

1. Die Gemeinsamkeiten des diskutierten Falles und der erzählten Geschichte ergeben ein Klassifikationsmerkmal, das der Adressat dem diskutierten Fall bisher nicht nur nicht zugeordnet, sondern dessen Begriff er noch nicht einmal gebildet hatte. Stünde dem Adressaten der Begriff M von vornherein zur Verfügung, könnte man ohne Beispielanführung deduktiv argumentieren: Alle M-Fälle sind P-Fälle. S ist ein M-Fall, also auch ein P-Fall.
2. Der Adressat akzeptiert den Zusammenhang des Klassifikationsmerkmals M mit dem strittigen Prädikat P (der Ermächtigung mit der Gefahr der Versklavung) ohne jede Spur eines induktiven Beweises.

Die rhetorische Fabel ist (wie die belehrende) ein Erkenntnis-, aber kein Beweismittel. Sie beweist weder, dass der diskutierte Fall mit dem Beispielfall die Eigenschaft M teilt, noch dass M eine hinreichende Bedingung für die Zusprechbarkeit von P ist. Die M-Haltigkeit des diskutierten Falles beweisen auch die anderen Beispielklassen nicht; der Hörer muss sie ohne Beweis erkennen. Die anderen Beispielklassen bieten jedoch – im Gegensatz zur Fabel – immerhin den Ansatz eines induktiven Beweises, dass M die Zusprechbarkeit von P begründet. Der Fabelhörer muss auch diesen Zusammenhang ohne Beweis erkennen. Die Leistung der Fabel besteht darin, den strittigen Fall (S) als Träger einer Eigenschaft (M) darzustellen, deren bloße Wahrnehmung eine bestimmte Entscheidung nahe legt.

Dass eine erfundene Geschichte nichts beweist, sondern allenfalls Gedanken zu fassen hilft, war auch dem antiken Fabelautor Phaedrus bewusst, wie folgender Text zu erkennen gibt (II,1):

Jungstier, Löwe und Räuber

Über einem erlegten Jungstier stand ein Löwe.
Da kam ein Räuber des Wegs und forderte einen Teil der Beute.
»Ich würde dir einen Teil geben«, erwiderte der Löwe, »wenn du nicht die Gewohnheit hättest, ungebeten zu nehmen.«
Und er jagte den Schurken davon. Da führte der Zufall
einen harmlosen Wanderer herbei.
Als der das Raubtier sah, lenkte er seine Schritte zurück.
Da sprach der Löwe freundlich zu ihm: »Du brauchst dich nicht zu fürchten.
Nimm ungeniert den Teil, der deiner Bescheidenheit
zusteht!« Dann teilte er das Fleisch
und verschwand im Wald, um dem Menschen ungestörten Zugang zur Beute zu gewähren.

Ein wahrhaft vortreffliches und lobenswertes Beispiel!
Aber: Die Habgier ist reich und die Zurückhaltung arm.

Die erfundene Geschichte, so gibt das Epimythium zu verstehen, beweist keineswegs, dass auch im wirklichen Leben die Habgier leer ausgeht und die Bescheidenheit belohnt wird. Wenn man jedoch nicht nur auf den fiktiven Inhalt der Fabel blickt, sondern auf die Tatsache der Existenz einer Fabel mit diesem Stoff, liegt doch ein Beweis vor: dass nämlich eine erfundene Geschichte ein falsches Bild der Wirklichkeit vermitteln kann.

Das erkenntnisbildende Potential einer rhetorischen Fabel kann – auch bei verständigem Publikum – wirkungslos bleiben. Ein Himerer, der trotz der Fabel des Stesichoros für statt gegen die Bewilligung der Leibgarde stimmt, könnte etwa folgende Gründe haben:

1. Er hält den Zusammenhang, den die Fabel zu erkennen gibt, nicht für entscheidungsrelevant: Die Leibwache muss bewilligt werden, auch wenn sie zur Versklavung der Bewilliger führt. Die gelungene Rache an den Karthagern wäre mit der Versklavung nicht zu teuer erkauft.
2. Ein Befürworter der Leibwache könnte ferner einwenden, dass zwischen dem diskutierten Fall und der erzählten Geschichte keine Gemeinsamkeit ersichtlich sei, die als hinreichende Bedingung einer zu erwartenden Versklavung gelten könne. Die Versklavung setze auf Seiten des Ermächtigten nicht nur die Möglichkeit, sondern auch den Willen voraus. Phalaris jedoch sei ein ehrenwerter Demokrat, dem man diesen Willen nicht unterstellen könne. Wenn man den Willen des Ermächtigten zur Versklavung der Ermächtiger in die Eigenschaft M hineinnehme, passe M nicht mehr auf den diskutierten Fall; wenn man sie jedoch nicht hineinnehme, sei M keine hinreichende Bedingung der Versklavung.

Wir können den benutzten Abwehrmöglichkeiten eine allgemeinere Fassung geben:

1. Eine Fabel lässt sich als Argument zurückweisen, wenn das, was sie zeigt oder zeigen will (Zusammenhang von Leibwachengewährung und drohender Versklavung), für die anstehende Entscheidung nicht ausschlaggebend ist.
2. Eine Fabel lässt sich ebenfalls zurückweisen, wenn sie nicht zeigt, was sie zu zeigen vorgibt: Es ist kein M ersichtlich, das sowohl auf den diskutierten Fall passt wie auch die Zusprechbarkeit des strittigen Prädikates P begründet. Beide Vorwürfe lassen sich unter dem

Etikett der Irrelevanz zusammenfassen: Im ersten Fall fördert der Vergleich zwischen Fabel und diskutiertem Fall zwar eine Gemeinsamkeit zutage, die als Grundlage für die Zusprechbarkeit eines bestimmten Prädikates anerkannt wird; die Zusprechbarkeit dieses Prädikates wird jedoch nicht als ausschlaggebend für die anstehende Entscheidung empfunden. Im zweiten Fall fördert der Vergleich zwischen Fabel und diskutiertem Fall nur Gemeinsamkeiten zutage, die nicht als hinreichende Bedingung für die Zusprechbarkeit des strittigen Prädikates P anerkannt werden.

Was ein verständiger Adressat der Fabel in keinem Fall vorwerfen kann, ist ihre Fiktivität bzw. ihr fehlender Induktionswert. Die Erkenntnis, die eine Fabel bewirken kann, beruht nicht auf einem induktiven Beweis, sondern auf der Bildung einer entscheidungsrelevanten Klassifikation des diskutierten Falles anhand von Merkmalen, die unstrittig sind, aber bisher nicht zu einem problemlösenden Begriff zusammengefügt wurden.

Über die argumentative Relevanz einer Fabel lässt sich nur sinnvoll diskutieren, wenn Wirkweise, Leistungsfähigkeit und Leistungsgrenzen dieser Argumentenklasse wenigstens im Grundsatz erkannt sind. Wo rhetorische Fabeln ernsthaft zum Einsatz kommen, ist das Klima für solche Diskussionen ungünstig. Eine Fabel verfängt oder verfängt nicht. In letzterem Falle wird kein Hörer erläutern, was an ihr falsch war, und kein vernünftiger Redner wird zu beweisen suchen, dass sie eigentlich doch hätte verfangen müssen.

Ein weiteres Beispiel des rhetorischen Fabelgebrauchs entnehmen wir dem römischen Historiker Titus Livius (Ab urbe condita II,32,8ff.):

> [Um den inneren Frieden wieder herzustellen, beschloss der Senat,] Menenius Agrippa als Sprecher zu den Plebejern zu schicken, einen redegewandten Mann, der bei den Plebejern etwas galt, weil er aus ihrer Mitte stammte. Er wurde ins Lager gelassen und soll dort nach schlichter, alter Art nur folgende Geschichte erzählt haben:
>
> Zu einer Zeit, als im Menschen noch nicht wie jetzt alles mit einer Stimme gesprochen habe, sondern die einzelnen Körperteile für sich selbst entschieden und geredet hätten, hät-

> ten sich die übrigen Körperteile darüber empört, dass durch ihre Sorge, ihre Mühe und ihre Dienstleistung dem Bauche alles beschafft werde, der Bauch jedoch faul in der Mitte ruhe und nur die dargebotenen Köstlichkeiten genieße. Sie hätten sich deshalb verschworen, dass die Hände keine Speise mehr zum Munde führen, der Mund keine dargebotene Speise mehr aufnehmen und die Zähne keine aufgenommene Speise mehr zerkauen sollten. Während in diesem Aufbegehren die Körperteile den Bauch durch Aushungern bezwingen wollten, seien zugleich sie selbst und der Körper insgesamt ganz und gar verfallen. Da sei ihnen klar geworden, dass auch der Bauch einen tatkräftigen Dienst leiste und dass er nicht mehr Nahrung empfange, als er seinerseits spende, indem er in alle Körperteile unser Lebenselixier, das Blut, zurückfließen lasse, das er vorher aus der Verarbeitung der Speise zur Reife gebracht und gleichmäßig auf die Adern verteilt habe.
>
> Menenius Agrippa habe dann durch Vergleich hervorgehoben, wie sehr der Aufstand im Körper dem Aufbegehren der Plebejer gegen die Patrizier ähnlich sei, und so seine Zuhörer umgestimmt.

Livius schildert eine – von der heutigen Geschichtswissenschaft nicht nachprüfbare – Episode aus dem Ständekampf der frühen römischen Republik. In der Bürgerschaft Roms stand einer Minderheit von Patriziern (*patres*), aus denen der Senat und alle höheren Amtsträger des Staates gewählt wurden, eine Mehrheit von Plebejern gegenüber, die in den offiziellen Staatsorganen nicht mitwirkten. Im Jahre 494 v. Chr. traten die Plebejer wegen der fehlenden politischen Vertretung ihrer Interessen in eine Art Staatsstreik. Ein großer Teil von ihnen verließ das Stadtgebiet und verschanzte sich auf dem nahe gelegenen ›Heiligen Berg‹, dem Aventin (*secessio plebis in montem sacrum*). Die Patrizier sandten einen gewissen Menenius Agrippa zu den Abtrünnigen, um eine Aussöhnung zu erreichen. Dem Unterhändler soll es mit Hilfe der Fabel vom Bauch und den übrigen Körperteilen gelungen sein, die Plebejer zur Rückkehr zu bewegen. Zu den ausgehandelten Bedingungen des Streikabbruchs gehörte offenbar die Einführung des staatlichen Organs der Plebejerversammlungen (*concilia plebis*), deren Beschlüsse zunächst jedoch nur für die Plebejer selbst verbindlich waren.

Menenius Agrippa will durch den Fabelvortrag eine Erkenntnis auslösen, die den Plebejern die Rückkehr nahe legt. Für den Austritt der Plebejer aus dem Staat (für die Aufkündigung des *contrat social*) sieht er folgendes Motiv: Die Plebejer sind der Ansicht, dass ihre Mitwirkung im Staat nicht so sehr ihnen selbst als vielmehr dem Patriziat zugute kommt, dessen unverdiente Vorrechte sie durch ihre Arbeit aufrechterhalten. Deshalb soll die Fabel zeigen, dass die Patrizier ihre Bevorrechtigung, d. h. ihr Übergewicht an Macht, Ansehen und Reichtum, nicht etwa selbstsüchtig genießen, sondern als notwendiges Mittel zum Wohl des Staatsganzen einsetzen, das ohne diesen Einsatz verfiele. Bei leichter Schematisierung ließe sich die Erkenntnis, zu der die Fabel führen soll (die These des Beispielarguments), wie folgt ausdrücken:

> Die verhassten Vorrechte des Patriziats (S)
> dienen nicht dem erhöhten Lebensgenuss ihrer Träger, sondern sind notwendig zum Wohl des Staatsganzen und damit auch der Plebejer (P).

Die Eigenschaft M, die dem diskutierten Fall des bevorrechtigten Patriziats und dem Beispielfall des belieferten Bauches gemeinsam ist, könnte wie folgt beschrieben werden:

> Eine zentrale Steuerungsinstanz (Patrizier/Bauch) nimmt Leistungen von Außenstellen (Plebejer/übrige Körperteile) entgegen. Dieser Sachverhalt ist Teil eines funktional differenzierten Systems (Staat/menschlicher Organismus), zu dem die Leistungserbringer (Plebejer/übrige Körperteile) nicht weniger gehören als der Leistungsempfänger. Die zentrale Steuerungsinstanz setzt die empfangenen Leistungen in Maßnahmen um, die zur Erhaltung und Verbesserung des Gesamtsystems – also auch des Wohles der Leistungserbringer – notwendig sind.

Die Fabel ist so angelegt, dass sie nicht nur den Inhalt der auszulösenden Erkenntnis abbildet (Lebensnotwendigkeit der Bevorrechtung des Patriziats), sondern auch noch den Auslösevorgang: Die übrigen Körperteile erfahren sozusagen am eigenen Leib, wie sehr ihr Wohl von der Belieferung des Bauches mit Speisen abhängt. Sie bieten nicht nur ein Abbild des Plebejerstandes in seinem Verhältnis zum Patriziat, sondern auch ein Vorbild des Fabelhörers, der eine Lektion erhält. Was die Körperteile in der harten Schule des Lebens lernen mussten, erkennen die Plebejer in der beschützenden Schule der Fabel.

Eine andere – technischere – Besonderheit der Fabel vom Bauch und den übrigen Körperteilen liegt in dem Verhältnis zwischen M und P. Die strittige Eigenschaft P der Patriziatsprivilegien – dass sie nämlich dem Wohle der Plebejer dienen und deshalb gerechtfertigt sind –, ist nicht deutlich von der Eigenschaft M zu trennen, die den Patriziatsprivilegien und dem belieferten Bauch gemeinsam ist. Der Satz ›M ist eine hinreichende Bedingung für die Zusprechbarkeit von P‹ ist gewissermaßen analytisch. Wenn die Privilegierung des Patriziats unter den Begriff M fällt, ist es keine zusätzliche Auskunft mehr, dass auch P zutrifft. In dem, was M über den diskutierten Fall sagt, ist P bereits enthalten. Wenn M als gemeinsame Eigenschaft des diskutierten und des Beispielfalles anerkannt ist, braucht die Zusprechbarkeit von P weder induktiv bewiesen noch auf Treu und Glauben angenommen zu werden: Sie wird mit anerkannt.

Wie Stesichoros begnügt sich auch Menenius Agrippa nicht mit dem bloßen Vortrag der Fabel: Er fügt einen Hinweis zur Deutung an, indem er den Aufstand der Plebejer mit dem Aufstand der übrigen Körperteile unter einem gemeinsamen Oberbegriff vereint. Aus dieser Zusammenstellung folgen weitere – nicht mehr ausdrücklich genannte – Entsprechungen (Detailanalogien) wie ›Bauch/Patriziat‹, ›Belieferung des Bauches/Bevorrechtung des Patriziats‹ und ›Durchblutung des Körpers/Leistung der Patrizier zum Wohl des Staatsganzen‹.

Aristoteles scheint bei seinem Bericht davon auszugehen, dass Stesichoros die Fabel von Pferd, Hirsch und Mensch nicht etwa aus einem bereitstehenden äsopischen Fundus schöpft, sondern zum Zwecke seiner Argumentation auf der Bürgerversammlung von Himera eigens erfindet. Inzwischen freilich zählt die Fabel, die Aristoteles dem Stesichoros zuschreibt, – wenn auch leicht abgewandelt – zu den äsopischen Texten (Perry 1984, 476). Der Bericht des Livius sagt nicht ausdrücklich, ob Menenius Agrippa als Erfinder oder nur als Verwender der erzählten Fabel angesehen werden soll. Da diese Fabel jedoch zu Livius' Lebzeiten dem Äsop zugeschrieben wurde (Perry 1984, 446f.), hätte Livius eine abweichende Zuschreibung wahrscheinlich deutlicher hervorgehoben. Es entsteht deshalb der Eindruck, dass Menenius Agrippa eine bereits bekannte Fabel zur Argumentation benutzt.

Aristoteles scheint den Gebrauch von Fabeln in politischen Reden für normal zu halten; Livius dagegen kennzeichnet ihn über dreihundert Jahre später als unmodern und dem mittlerweile erreichten Standard des Argumentierens nicht mehr genügend (›nach schlichter, alter Art‹). Diese Einschätzung passt zu dem Befund, dass in den erhaltenen Reden der griechischen und römischen Klassik Fabeln kaum vorkommen.

Der von Livius wiedergegebene Fabeltext stellt eine zeitliche Beziehung her zwischen der unglaublichen Geschichte und der wirklichen Welt der Fabelhörer: »Zu einer Zeit, als noch [...]«. Fiktive Geschichten spielen buchstäblich in einer anderen Welt als der ihrer Verfasser und Adressaten. Es gibt keine denkbare Möglichkeit, durch eine kontinuierliche räumliche und zeitliche Bewegung aus der Situation des Fabelhörers in die der handelnden Fabelfiguren zu gelangen. Dennoch spiegelt der Text eine solche – theoretische – Möglichkeit vor: Es genügt, zeitlich weit genug zurückzugehen. Die Verlagerung des Fabelherganges in eine graue Vorzeit tritt an die Stelle eines freimütigen oder stillschweigenden Bekenntnisses zur Fiktivität. Die nach dem Urteil des gesunden Menschenverstandes unmögliche Geschichte passt, wenn man sie schon der wirklichen Welt zuordnen will, noch am ehesten in eine weit zurückliegende Handlungszeit, für die das Urteil des Fabelhörers nicht mehr zuständig ist und in der das heute Unmögliche noch möglich war. Man weist dem Hörer einen Weg, das Fantastische dennoch als tatsächlich geschehen zu denken. Freilich ist, wie schon erläutert, der Eindruck der Tatsächlichkeit des Fabelhergangs für die argumentative Leistung der Fabel unerheblich.

Die Annahme, dass die Fabel vom Bauch und den übrigen Körperteilen genügt habe, um die Plebejer umzustimmen, scheint naiv. Vielleicht will auch Livius durch Verwendung der indirekten Rede deutlich machen, dass er nicht seine eigene Beurteilung des Geschehens wiedergibt, sondern nur eine staatsfromme Überlieferung. Wer die ständische Ordnung der frühen römischen Republik so kritisch beurteilt, dass er dem Staat den Rücken kehrt, wird kaum die zahlreichen Einwände übersehen, die der Überzeugungskraft der Fabel entgegenstehen. Einem Plebejerführer, der die Situation durchdacht hat, könnte die Erkenntnis, zu der die Fabel führt, als irrelevant erscheinen. Sie ist nicht ausschlaggebend für die anstehende Entscheidung über Fortsetzung oder Abbruch der Sezession. Die Fabel, so könnte er argumentieren, stellt die funktionale Differenzierung der beiden Stände im bestehenden Staatssystem nicht einmal falsch dar. Es trifft sogar zu, dass dieses System zusammenbräche, wenn die Funktion des Patriziats nicht mehr wahrgenommen würde. Die Fabel verschweigt jedoch, dass die beschriebene funktionale Differenzierung der Stände mit einem Unterschied der Lebensqualität und Lebenschancen einhergeht, und sie übergeht das Problem, ob bei gleichmäßigerer Verteilung von Lebensqualität und Lebenschancen über beide Stände, bei gleichmäßigerer Verteilung der Güter und der Mitbestimmungsrechte, ein zwar anderes, aber gleich gut funktionierendes staatliches System entstehen könnte. Kurzum: Die Fabel zeigt nicht, dass eine zweckmäßige funktionale Differenzierung an eine politische und wirtschaftliche Ungleichheit der Funktionsträger gebunden sein muss. Das aber ist der springende Punkt. Die Plebejer bezweifeln ja nicht, dass die Bevorrechtung des Patriziats der Erhaltung des bestehenden Systems zugute kommt; sie wollen vielmehr ein anderes System, das allen Systemträgern gleiche Chancen einräumt. Warum sollten nicht – unter Aufrechterhaltung der funktionalen Differenzierung – alle Bürger in regelmäßigem Wechsel Zugang zu allen Funktionen erhalten? Die Erkenntnis, zu der die vorgetragene Fabel führt, gibt auf diese Frage keine Antwort.

2.2 Von der rhetorischen zur belehrenden Fabel

Im Gegensatz zur rhetorischen ist die belehrende Fabel keinem konkreten Streitfall zugeordnet, dessen unmittelbar anstehende Entscheidung sie beeinflussen soll. Sie vermittelt eine allgemeine Lehre, deren Anwendung im Augenblick der Vermittlung nicht dringlich ist. Erst auf lange Sicht, wenn überhaupt, beeinflusst sie Entscheidungen. Die literarischen Fabeln aus alter und neuer Zeit (Phaedrus, Babrios, La Fontaine, Lessing, Krylow, Anouilh, Anders usw.) gehören zu den belehrenden, selbst wenn sie ihre Bildungsfunktion nur spielerisch oder parodistisch wahrnehmen. Nun kommt es vor, dass Fabelstoffe, deren einstmals rhetorischer Gebrauch bezeugt ist, in belehrenden Fabeln wiederkehren. Der Fabelstoff von Pferd, Hirsch und Mensch erscheint – leicht abgewandelt – bei Äsop mit der Lehre ›Viele geraten, während sie sich aus unvernünftiger Wut an ihren Feinden rächen wollen, in die Gewalt anderer‹ (Chambry 328). Der Fabelstoff vom Bauch und den übrigen Körperteilen erscheint – ebenfalls abgewandelt – bei Äsop mit der Lehre ›Bei den Streitkräften zählt die Menge meistens nichts, wenn die Feldherren nicht hervorragend planen‹ (Chambry 159). Der Funktionswechsel ein und desselben Stoffes deutet auf einen Zusammenhang zwischen rhetorischer und belehrender Fabel, der im Folgenden genauer untersucht werden soll.

2.2.1 Die rhetorischen Fabel als ›Wiedergebrauchsrede‹

Aristoteles scheint davon auszugehen, dass eine rhetorische Fabel vom Redner für eine bestimmte Diskussionslage erfunden (und nicht etwa aus einem bereitstehenden Fundus hervorgeholt) wird. Mit Lausbergscher Terminologie könnte man sagen, Aristoteles sehe die Fabel – wie überhaupt die gesamte Verhandlung, bei der sie zum Einsatz kommt – als ›Verbrauchsrede‹ an (Lausberg 1963, § 11ff.). Gleichwohl scheinen Fabeln in dem Bewusstsein weitererzählt und aufgeschrieben worden zu sein, dass ihre Anwendbarkeit sich nicht auf eine konkrete – möglicherweise mitüberlieferte – Einzelsituation beschränkt. Seit dem Ende des 4. Jh. v. Chr. wurden Fabeln als Argumentenreservoire zusammengestellt, aus denen Redner, Dichter und Philosophen sich bedienen konnten. Jeder Fabel ging ein Promythion voraus, das ihr statt eines einzelnen Anwendungsfalles einen ganzen Anwendungsbereich zuwies (Perry 1984, XIIIff.). Solche Repertorien setzen die Überzeugung voraus, dass Fabeln keine bloßen ›Verbrauchsreden‹, sondern ›Wiedergebrauchsreden‹ sind (Lausberg 1963, § 14ff.), dass sie nicht wie Streichhölzer nach einmaligem Gebrauch verbrannt sind, sondern unbegrenzt oft Dienst tun können, auch wenn der Wiedergebrauch möglicherweise den Wortlaut des Textes abwandelt.

Die Kennzeichnung eines Anwendungsbereichs – statt des Vortrags einer Lehre – findet sich auch in einigen Epimythien Äsops. Die Redaktoren leiten die Beschreibung des Anwendungsbereichs mit stereotypen Formulierungsmustern ein: ›Diese Fabel könnte jemand gegenüber einem unbedeutenden Menschen verwenden, dessen An- oder Abwesenheit weder nützen noch schaden kann‹ (Chambry 189; ferner 65, 110, 233, 271, 303). ›Diese Fabel könnte in Anwendung auf Menschen vorgetragen werden, die im Unglück nach einem Ausweg suchen und, wenn sie ihn gefunden haben, vor ihm zurückschrecken‹ (Chambry 74; ferner 130, 167, 187). ›Diese Fabel ist am Platze gegenüber denen, die zur unrechten Zeit etwas tun‹ (Chambry 24; ferner 2, 36, 55, 109, 111, 120, 157, 165, 182, 185, 201, 231, 280, 277, 306, 312, 322, 355). ›Diese Fabel passt auf diejenigen, die ihrem Nächsten Rat erteilen, jedoch nicht aus Wohlwollen, sondern weil es ihnen selbst nützt.‹ (Chambry 41; ferner 62, 108, 144, 149, 164, 234). Die zuletzt genannte Formulierungsweise (›Diese Fabel passt auf ...‹ findet sich in allen noch lesbaren Promythien des Rylands-Papyros (Perry 1940, 410). Perry ist der Ansicht, dass in den verloren gegangenen Repertorien der alexandrinischen Epoche – wie im Rylands-Papyrus – Promythien und nicht Epimythien den Anwendungsbereich der Fabel beschrieben (1940, 412). Diese Anordnung erleichterte dem Benutzer das Überspringen von Fabeln, die für sein Anliegen nicht einschlägig waren. Es fällt auf, dass die Promythien des Rylands-Papyrus ebenso wie die Epimythien Äsops den Anwendungsbereich nicht anhand einer Sachlage kennzeichnen, sondern anhand einer Charakterschwäche oder eines Fehlverhaltens. Die Redaktoren schrieben offenbar nicht – oder zumindest nicht nur – für Redner, die vor Gericht oder in politischen Gremien auftraten, sondern – mindestens auch – für Moralphilosophen.

Der in den Pro- und Epimythien beschriebene Anwendungsbereich erfasst in aller Regel nur einen Ausschnitt aus der breiten Palette der Einsatzmöglichkeiten, die einer Fabel offen stehen. Deshalb sei – jenseits der Anwendungsbereiche, die einer Fabel im Laufe ihrer Geschichte von diesem oder jenem Redaktor zugewiesen werden – der Begriff des ›natürlichen Anwendungsbereichs‹ eingeführt. Der natürliche Anwendungsbereich einer Fabel besteht aus allen erdenklichen Diskussionslagen, in denen diese Fabel als sinnvoller Argumentationsbeitrag dienen kann. Ein solcher Dienst ist immer dann möglich, wenn der strittige Fall mit dem Fabelinhalt eine Eigenschaft teilt, deren Wahrnehmung die Entscheidung des Falles im Sinne des Redners beeinflussen kann.

Die folgenden Überlegungen sollen eine Vorstellung von der Weite des natürlichen Anwendungsbereichs vermitteln. Der Beispielfall, den eine Fabel ins Feld führt, lässt sich auf verschiedene Weise klassifizieren. Das Beispiel von Pferd, Hirsch und Mensch gehört u.a. in folgende Klassen:

K^1: Fall einer freiheitsgefährdenden Ermächtigung
K^2: Fall einer zu hoch bezahlten Rache
K^3: Fall unheilbringenden Grundbesitzes
K^4: Fall des gegenläufigen Schicksals zweier Beteiligter (Der Schaden des Pferdes ist der Gewinn des Menschen.)
K^5: Fall einer klug genutzten Gelegenheit (Der Mensch nutzt die Notlage des Pferdes aus.)

Jedes der fünf Klassifikationsmerkmale ist eine Eigenschaft, die an irgendeinem diskutierten Fall entscheidungsrelevant sein könnte. Der Fluch des Grundbesitzes (K^3) könnte bei einer Diskussion im Familienrat über den Ankauf eines Baugeländes entscheidungsrelevant werden: Ein Familienmitglied, das Grundbesitz für eine Quelle von Ärger und Ungemach hält, könnte die Fabel von Pferd, Hirsch und Mensch in Erinnerung bringen, um vom Kauf abzuraten: Hätte das Pferd keine Wiese besessen, wäre es nicht in die Hände des Menschen gefallen. Die Diskussionslagen, die den natürlichen Anwendungsbereich einer argumentativen Fabel bilden, lassen sich aufteilen nach den entscheidungsrelevanten Klassenzugehörigkeiten, die der diskutierte Fall mit dem in einer Fabel erzählten Beispielfall teilen könnte. In dieselbe Klasse des natürlichen Anwendungsbereichs einer Fabel gehören alle Diskussionslagen, in deren diskutiertem Fall dieselbe – mit der Fabel gemeinsame – Klassenzugehörigkeit entscheidungsrelevant ist. Natürlich passt eine Fabel nicht gleich gut zu allen Klassen ihres natürlichen Anwendungsbereichs. Sie passt umso besser, je mehr und je typischere Züge ihres Inhalts mit dem diskutierten Fall übereinstimmen und je mehr übereinstimmende Züge zur Entscheidungsrelevanz beitragen. Die Fabel des Stesichoros passt besser zu ihrem ursprünglichen Anwendungsfall, mit dem sie die Zugehörigkeit zu K^1 bis K^5 teilt, als zu dem strittigen Grundstückskauf, mit dem sie nur die Zugehörigkeit zu K^3 teilt. Entscheidungsrelevant ist allerdings – auch bei Stesichoros – allein die Zugehörigkeit zu K^1. Mit dem ursprünglichen Anwendungsfall teilt die Fabel des Stesichoros den Willen zur Vergeltung, die Zuflucht zu einem Helfer sowie die zweiphasige Ermächtigung des Helfers, nach deren Vollzug der Ermächtiger dem Ermächtigten wehrlos ausgeliefert ist. Mit dem Fall des Grundstückkaufs teilt die Fabel – in der Sicht des Abratenden – die Tatsache, dass ein Stück Grundbesitz die mittelbare Ursache für allerlei Ungemach ist. Viele Spezifika des Fabelhergangs – Vergeltungswille, Suche nach einem Helfer, zweiphasige Ermächtigung und Freiheitsverlust –, die bei Stesichoros zielbewusst auf den diskutierten Fall gemünzt waren, dienen bei dieser Anwendung nur als beliebig vermehr- oder verminderbare Handlungsteile, die zusammen ein austauschbares Beispiel für Unglück ergeben.

Die in den Promythien des Rylands-Papyrus und in den Epimythien des Äsop überlieferten Angaben zu den Einsatzmöglichkeiten der Fabel weisen nur auf Ausschnitte des natürlichen Anwendungsbereiches hin, ohne seinen wahren Umfang erahnen zu lassen. Von vielen möglichen Klassenzugehörigkeiten, die für den erzählten Fall gelten und in realen Streitfällen relevant werden könnten, greifen sie nur eine heraus. Vielleicht hatten die Redaktoren einen bestimmten überlieferten Anwendungsfall – oder eine Reihe einander ähnlicher Anwendungsfälle – vor Augen und versuchten, anhand der dort einschlägigen Fallklasse, in der Streitfall und Fabel zusammentrafen, einen Anwendungsbereich festzulegen.

2.2.2 Vom Anwendungsbereich zur Lehre

Der Redner bezieht eine argumentative Fabel, indem er sie vorträgt, auf einen bestimmten zur Entscheidung anstehenden Streitfall. Das Motiv, gerade diese Fabel gerade diesem Streitfall zuzuordnen, liegt in dem Umstand, dass der Redner an dem Streitfall eine Klassenzugehörigkeit als entscheidungsrelevant hinstellen will, die der Streitfall mit dem Fabelinhalt teilt. Der Redaktor eines Fabelrepertoriums in der Art des Rylands-Papyrus formuliert für jede Fabel einen Anwendungsbereich, der aus den realen Angehörigen einer Fallklasse besteht, in die auch der fiktive Fabelhergang fällt. Der Übergang von der spontanen Fabelbenutzung zur Kennzeichnung des Anwendungsbereichs bedeutet einen Reflexionsfortschritt: Der Redner, der eine bestimmte Fabel in einer bestimmten Situation für anwendbar hält, braucht weder sich selbst noch seinem Publikum Rechenschaft darüber zu geben, welcher Umstand die Anwendbarkeit begründet. Es genügt ein vorreflexiver Eindruck von der Einschlägigkeit der benutzten Fabel. Der Redaktor des Repertoriums dagegen macht eine Anwendbarkeitsbedingung explizit, indem er eine Klasse von Anwendungsfällen beschreibt. Die so vollzogene Klassenbildung aber stützt sich auf eine Falleigenschaft, die auch dem Fabelinhalt zukommt. Die Falleigenschaft, auf die sich die Bildung des Anwendungsbereichs stützt, ist beim argumentativen Einsatz der Fabel das unausgesprochene Motiv ihrer Wahl. Die entscheidungsrelevante Gemeinsamkeit, die beim Gebrauch der Fabel nicht benannt wird, ja nicht einmal dem Fabelerzähler als klarer Begriff vor Augen stehen muss, wird vom Redaktor des Fabelrepertoriums zur Umgrenzung des Anwendungsbereichs – mehr oder weniger glücklich – in Worte gefasst. Dabei kommen Entgleisungen vor: Der Anwendungsbereich kann sehr vage anhand eines Oberbegriffs der entscheidungsrelevanten Eigenschaft beschrieben werden, die der Streitfall mit der Fabel teilt. Er kann auch anhand eines Begriffs beschrieben werden, der nur eine Unterklasse derjenigen Klasse kennzeichnet, die die entscheidungsrelevante Gemeinsamkeit von Streitfall und Fabelhergang ausmacht. Wenn jedoch ein Promythion – wie meistens – den Anwendungsbereich anhand der entscheidungsrelevanten Gemeinsamkeit von Streitfall und Fabelhergang kennzeichnet, wird eine Idee, die beim Fabelgebrauch unbenannt bleibt und aus dem Vergleich von Streitfall und Beispielfall hervorgehen muss, vorweg in Worte gefasst. Die unsichtbare Seele der Fabel nimmt sichtbare Gestalt an. Dieser Vorgang soll an einer Fabel des Äsop verdeutlicht werden (Chambry 41):

Der Fuchs mit dem gestutzten Schwanz

Ein Fuchs, dem eine Falle den Schwanz abgehackt hatte, glaubte, mit dieser Schande nicht leben zu können. Deshalb fasste er den Entschluss, die anderen Füchse in dieselbe Lage zu bringen, damit die eigene Behinderung im Schicksal der Gesamtheit untergehe. Also rief er alle Füchse zusammen und legte ihnen dringend nahe, sich den Schwanz abzuhacken. Nicht nur verunziere sie der Schwanz, er hänge ihnen auch wie eine unnütze Last an. Da entgegnete einer aus der Menge: »Verehrter Artgenosse, wenn es nicht zu deinem eigenen Vorteil wäre, hättest du uns diesen Rat nicht gegeben.«

Der natürliche Anwendungsbereich dieser Fabel besteht aus Diskussionslagen, in denen der strittige Fall eine entscheidungsrelevante Klassenzugehörigkeit mit dem Fabelinhalt teilt. Nun sind – wie immer – verschiedene klassenbildende Eigenschaften denkbar, die einerseits auf den Fabelinhalt zutreffen und deren Vorliegen andererseits in einem strittigen Fall entscheidungsrelevant sein kann. Wir greifen zwei Klassenbildungen heraus:

K^1: Fall einer Behinderung, die nicht wegen ihrer körperlichen, sondern wegen ihrer gesellschaftlichen Folgen ins Elend führt
K^2: Fall eines eigennützigen Ratschlags

Die Zugehörigkeit eines Diskussionsstoffes zu K^1 könnte z.B. entscheidungsrelevant sein, wenn im öffentlichen Dienst eine Mindestquote zur Einstellung Behinderter festgelegt werden soll, um deren gesellschaftlichen Absturz zu verhindern. Die Zugehörigkeit zu K^2 kann relevant sein, wenn – wie in der Fabel selbst – ein Gremienmitglied die Anträge eines Vorredners als eigennützig brandmarken will. Der Redaktor des Äsop-Epimythions bildet den Anwendungsbereich aus K^2:

Diese Fabel passt auf diejenigen, die ihrem Nächsten Ratschläge erteilen, aber nicht aus Wohlwollen, sondern weil es ihnen selbst nützt.

Die Klasse der Anwendungsfälle wird – wie für Äsop-Epimythien typisch – nicht anhand der Sachlage (eigennütziger Rat) beschrieben, sondern anhand des Menschentyps, der sich bei der gegebenen Sachlage unmoralisch verhält (eigennütziger Ratgeber). Gleichviel: Die Fallklasse, die das Epimythion als Anwendungsbereich festlegt, erfasst Situationen, in denen gerade diese – mit dem Fabelinhalt geteilte – Klassenzugehörigkeit entscheidungsrelevant sein kann. Das anwendungsbezogene Äsop-Epimythion fasst eine gemeinsame Klassenzugehörigkeit von Fabelinhalt und Anwendungsfall in Worte – und hebt sie damit in das helle Licht des Bewusstseins –, die beim früheren argumentativen Einsatz der Fabel das vielleicht noch unreflektierte Motiv der Paarung gerade dieser Fabel mit gerade diesem Anwendungsfall war.

Wenn der Redaktor eines Fabelrepertoriums der hellenistischen Epoche – etwa der Philosoph Demetrios von Phaleron (ca. 350–280 v. Chr.) – Anwendungsbereiche kennzeichnet, will er seinem Leser nicht den Lauf der Welt erläutern, sondern den Weg zu einer passenden Fabel weisen. Der Leser sucht im Repertorium nach einer Fabel, mit der er seinem Publikum eine Problemsicht verdeutlichen kann, die er selbst nicht erst aus der Fabel entnimmt. Dennoch ist mit der Bestimmung eines Anwendungsbereichs ein entscheidender Schritt zur Bildung einer allgemeinen Lehre getan, die Auskunft über den Lauf der Welt erteilt. Wer sagt, dass die Fabel vom verstümmelten Fuchs auf eigennützige Ratgeber passt, unterstellt, dass eigennützige Ratgeber in der wirklichen Welt vorkommen. Insofern einer fiktionalen Fabel reale Anwendungsfälle zugeordnet werden können, beschreibt sie die reale Welt als Schauplatz derartiger Fälle. Dieselben Merkmale, die zur Kennzeichnung eines Anwendungsbereichs dienen, können auch den Inhalt der Lehre bilden. Aus der Kennzeichnung des Anwendungsbereichs entsteht die Lehre, wenn die Merkmale, die den Anwendungsbereich festlegen, als Merkmale realer Fälle hingestellt werden. Die – etwa in einem Äsop-Epimythion vollzogene – Bestimmung einer Klasse von Anwendungsfällen ist eine – wenn auch mittelbar, so doch klartextlich formulierte – Auskunft über die Welt, in der solche Fälle vorkommen. Die Fabel belehrt, insofern die erzählte Geschichte in eine Fallklasse gehört, die der beschriebene Anwendungsbereich als nicht leer unterstellt. Was die Fabel über die Welt zu sagen weiß, besteht, wie später auszuführen sein wird, in der Auskunft, dass eine bestimmte Fallklasse, die der fiktive Fabelhergang repräsentiert, auch reale Fälle erfasst (auf die oder auf deren Beteiligte die Fabel argumentativ angewandt werden kann). Die enge Verwandtschaft zwischen der Kennzeichnung eines Anwendungsbereichs und der Formulierung einer Lehre zeigt sich in den Epimythien Äsops, die manchmal festlegen, auf welcherlei Fälle eine Fabel angewandt werden kann, manchmal aber auch aufzeigen, welches Bild der Wirklichkeit die Fabel zeichnet. In letzterem Fall beginnen die Epimythien mit der feststehenden Formel ›Die Fabel gibt zu erkennen, dass ...‹ (Chambry 3, 10, 11 und passim) oder mit dem Adverb ›so‹, dem gelegentlich ein ›auch‹ folgt (Chambry 5, 8, 14 und passim).

> *So* wird *auch* die Bosheit der Menschen, wenn man ihr eine Lockspeise hinwirft, dazu ermuntert, noch mehr Missetaten zu begehen. (Chambry 177)

Das Adverb ›so‹ hebt die zwischen fiktiver Geschichte und realen Anwendungsfällen bestehende Analogie hervor, die auf Klassengemeinschaft beruht (vgl. 2.3.2.7). Die lesbaren Teile des Rylands-Papyrus zeigen ebenfalls, dass die Kennzeichnung eines Anwendungsbereichs mit der Erfassung einer allgemeinen Lehre einhergeht: Ein Promythion umreißt den Anwendungsbereich, während innerhalb der erzählten Geschichte eine handelnde Figur ein Schlusswort spricht, das die Lehre der Fabel formuliert oder zumindest andeutet. Die im Rylands-Papyrus erkennbare doppelte Orientierung des Fabellesers durch die vorangestellte Kennzeichnung des Anwendungsbereichs und das belehrende Schlusswort einer Fabelfigur war nach Perry (1940) in den hellenistischen Repertorien üblich. Die Äsop-Epimythien erscheinen, insofern sie Anwendungsbereiche bestimmen, als Erben der hellenistischen Promythien, insofern sie jedoch die Lehre der Fabel in Klartext fassen, als Erben der Schlussworte.

In einigen Äsoptexten wird die Lehre zweimal formuliert: zunächst im Schlusswort einer Fabelfigur, dann im Epimythion.

> Der Bauer und die vor Kälte erstarrte Schlange
>
> Ein Bauer fand zur Winterszeit eine vor Kälte erstarrte Schlange, hatte Mitleid mit ihr, hob sie auf und legte sie an seine Brust. Die Wärme gab der Schlange ihre alte Natur zurück. Sie biss ihren Wohltäter und tötete ihn. Sterbend sagte er: »Recht geschieht mir; denn ich habe mich eines Bösen erbarmt.«
>
> Die Fabel zeigt, dass Bosheit sich nicht bekehren lässt, auch wenn man ihr die größten Wohltaten erweist. (Chambry 82)

Obwohl entweder das Schlusswort oder das Epimythion fortfallen könnte, sind beide nicht völlig gleichartig. Im Schlusswort erscheint die Moral als späte Einsicht des Betroffenen. Ihre Allgemeingültigkeit ist zwar mit Händen zu greifen, kommt aber grammatisch-formal nicht zum Ausdruck: *Ich* hätte mich eines Bösen nicht erbarmen dürfen. Was für andere gilt, bleibt der Form nach dahingestellt. Erst das Epimythion gibt der Lehre eine allgemeine Fassung. Außerdem bezieht es sie auf die wirkliche Welt, während der Bauer der Fabel nur über seine – in den Augen des Lesers fiktive – Welt sprechen kann, in der es möglicherweise anders zugeht als in der wirklichen.

2.3 Die belehrende Fabel

2.3.1 Lehre und Moral

Die belehrende Fabel erscheint nicht als argumentativer Teil eines größeren Text- oder Verhandlungszusammenhangs, sondern vermittelt als selbstständiger Text – oft allerdings in Publikationseinheit mit anderen selbstständigen Texten – eine allgemeine Lehre, die der Bildung des Adressaten dient, ohne eine unmittelbar anstehende Entscheidung beeinflussen zu wollen. Die Fabeln, denen eine moderner Leser in Fabelsammlungen und gemischten Anthologien begegnet, sind in dem erläuterten Sinn belehrend, auch wenn der Autor den didaktischen Anspruch nicht immer ernst nimmt. Die Lehre ergibt sich, vereinfacht gesagt, aus der Einordnung einer bestimmten Menge realer Fälle in eine Fallklasse, in die auch der erzählte fiktive Hergang gehört.

> Die Dohle und die Raben
>
> Eine Dohle, die größer war als die anderen Dohlen, dünkte sich etwas Besseres als ihre Artgenossinnen. Sie flog zu den Raben und verlangte, mit ihnen zusammenzuleben. Aber die Raben, denen sie nach Gestalt und Stimme fremd vorkam, hackten auf sie ein und vertrieben sie. Die Ausgestoßene kam daraufhin wieder zu den Dohlen zurück. Diese aber waren über ihren Hochmut verärgert und nahmen sie nicht mehr auf. So kam es, dass sie in beiden Gemeinschaften keinen Platz fand.
>
> So sind auch unter den Menschen diejenigen, die ihr Vaterland verlassen und andere Länder vorziehen, dort nicht gut gelitten, weil sie Fremde sind, und bei ihren ursprünglichen Mitbürgern sind sie unbeliebt, weil sie sich für etwas Besseres halten. (Chambry 161)

Die im Epimythion formulierte Lehre ordnet eine bestimmte Menge wirklicher Fälle (Auswanderung aus Ungenügen an der angestammten Heimat) in eine Fallklasse ein, die auch den Fabelhergang erfasst. Für die gemeinsame Fallklasse gilt etwa folgende Beschreibung:

> Jemand, der die angestammte Gemeinschaft für seiner nicht würdig hält, will in eine bessere Gemeinschaft überwechseln, kann aber dort nicht Fuß fassen. Als er daraufhin in seine angestammte Gemeinschaft zurückkehren will, findet er auch dort keine Aufnahme, weil seine ehemaligen Genossen ihm übelnehmen, dass sie ihm vorher nicht gut genug waren.

Die Beschreibung der gemeinsamen Fallklasse erfordert eine gewisse Abstraktionshöhe, weil sie nur die Merkmale nennen darf, die sowohl dem Fabelhergang wie auch den realen Fällen zukommen, und nichts enthalten darf, was nur den Fabelhergang, aber nicht die realen

Fälle oder was nur die realen Fälle und nicht auch den Fabelhergang kennzeichnet. In der gemeinsamen Fallklasse bleibt offen, ob eine Dohle oder ein Mensch die angestammte Gemeinschaft verlässt, ob diese Gemeinschaft eine Tierpopulation, ein Rudel, eine antike Polis oder ein moderner Flächenstaat ist und wie die um Aufnahme gebetene Gemeinschaft ihre Ablehnung zeigt. Die gemeinsame Fallklasse ist die Brücke zwischen Fiktion und Realität. Sie ist nicht extensional – durch Aufzählung der erfassten Fälle – definiert, sondern intensional – durch die gemeinsamen Eigenschaften der zugehörigen Fälle. Gegenüber der Unterscheidung zwischen realen und fiktiven Fällen ist sie indifferent – wie ähnlich die Klasse ›Säugetier‹ sowohl wirkliche Hirsche wie auch das fiktive Einhorn aufnimmt. Die Übertragung der Klassenmerkmale vom Schicksal der hochmütigen Dohle auf das der menschlichen Auswanderer ergibt die Lehre der Fabel: Auch menschliche Auswanderer, die ihre angestammte Gemeinschaft verlassen, weil sie sich für etwas Besseres halten, setzen sich zwischen zwei Stühle. Das Epimythion der Äsop'schen Dohlenfabel vollzieht diese Übertragung und beschreibt so ein Stück menschlicher Wirklichkeit.

Manche Äsop-Epimythien – und manche Moralen anderer Fabeltexte – überspringen die aus der fiktiven Geschichte ableitbare Wirklichkeitsbeschreibung und vollziehen gleich den nächsten Schritt: Sie formulieren Ratschläge, Warnungen, Verbote oder Aufforderungen, die sich aus der stillschweigend vorausgesetzten Wirklichkeitsbeschreibung ergeben.

Die Dohle und die Tauben

Eine Dohle, die in einem Taubenschlag wohlgenährte Tauben gesehen hatte, färbte sich weiß, kam zum Taubenschlag und wollte mit den Tauben zusammenleben. Solange sie keinen Laut von sich gab, hielten die Tauben sie für eine Artgenossin und duldeten sie in ihrer Gemeinschaft. Als sie aber einmal unbedacht krächzte, kam ihre Stimme den Tauben sofort fremd vor, und sie vertrieben sie. Als die Dohle keinen Zugang mehr zum Taubenfutter hatte, kam sie zu ihren Artgenossinnen zurück. Die aber erkannten sie nicht wegen der Weißfärbung und schlossen sie aus ihrer Gemeinschaft

> aus. So hatte sie zwei Formen der Versorgung begehrt und konnte keine erlangen.
>
> So müsst auch ihr mit dem Eigenen vorlieb nehmen und daran denken, dass die Gier nach mehr nicht nur nichts bringt, sondern auch zum Verlust dessen führt, was man hat. (Chambry 163)

Das Epimythion enthält keine beschreibende Klassifikation realer Fälle, wohl aber eine Verhaltensregel, die auf einer solchen Klassifikation beruht. Die der Verhaltensregel zugrunde liegende Auskunft über die Welt lautet etwa: Menschen, die nach Fremdem streben, weil ihnen das Eigene nicht genügt, bekommen das Fremde nicht und bringen außerdem das Eigene in Gefahr. Diese Weltbeschreibung ergibt sich wiederum aus der Einordnung realer Menschenschicksale in eine Fallklasse, in die auch die erzählte fiktive Geschichte gehört. Diese Fallklasse entspricht etwa folgender Beschreibung:

> Jemand (ob Gott, Mensch, Tier, Pflanze oder denkender Gegenstand) strebt nach Fremdem, verfehlt es und verliert darüber auch das Eigene.

Ein großer Teil der Äsop'schen Epimythien weist der Fabel, wie oben gezeigt, einen Anwendungsbereich zu. Der restliche Teil ordnet entweder eine bestimmte Menge realer Fälle in eine Klasse ein, in die auch die erzählte fiktive Geschichte gehört, oder er setzt diese Einordnung zumindest voraus, indem er eine aus ihr ableitbare Warnung, einen Rat oder eine Verhaltensregel formuliert. Der Sprung vom Sein zum Sollen, den moderne Philosophen fürchten, wird von den Epimythienredaktoren frisch gewagt. Wir wollen im Folgenden das Wort ›Lehre‹ der ausdrücklich vollzogenen oder stillschweigend vorausgesetzten Beschreibung realer Fälle vorbehalten. Der weitere Begriff ›Moral‹ soll dagegen sowohl die eigentliche Lehre wie auch die auf ihr beruhenden Empfehlungen erfassen, die ein Fabelautor der eigentlichen Geschichte voranstellt, nachstellt oder beimischt.

2.3.2 Fabelstoff und Lehre

2.3.2.1 Stoff und Wortlaut der Fabel

Eine Sichtung des heute zugänglichen Fabelbestandes zeigt, dass viele Fabelstoffe mehrfach vertextet wurden. Der Stoff ›Rabe und Fuchs‹ etwa findet sich außer bei Äsop (Chambry 165) auch bei Phaedrus (I,13), Babrios (77), La Fontaine (I,2) und vielen jüngeren Fabelautoren. Die einzelne Textfassung kann dem Leser eine bestimmte Lehre nahe legen, indem sie der erzählten Geschichte einen Kommentar beigibt, der diese Lehre entweder ausdrücklich formuliert, umrisshaft andeutet oder ersichtlich voraussetzt. Sie kann auch ohne gesonderten Kommentar die Geschichte so erzählen, dass die gemeinte Lehre sich aufdrängt. Dennoch lassen viele Fabelfassungen der Interpretation einen weiten Spielraum.

Der Stoff einer Fabel legt die Lehre noch weniger streng fest als die einzelne Textfassung, die ihn verarbeitet. Im Gegensatz zum Fabeltext ist der Fabelstoff eine schwer fassbare Größe, deren Bestimmung davon abhängt, welche Fabeln mit zwar ähnlichem, aber doch nicht völlig identischem Geschehensablauf man noch als stoffgleich ansehen will. Man kann einen Fabelstoff eng oder weit definieren. Eine engere Definition des Stoffes ›Rabe und Fuchs‹ könnte wie folgt lauten:

> Ein schlauer Fuchs schmeichelt einem dummen Raben, um ihm die Beute abzulisten, die er – in für den Fuchs unerreichbarer Höhe – im Schnabel trägt. Die Schmeichelrede gipfelt in der Bemerkung, dass es dem Raben zur Vollkommenheit nur noch an Stimme fehle. Daraufhin setzt der Rabe, um seine Stimmbegabung zu beweisen, zu einem Gekrächze an. Dabei fällt ihm die Beute aus dem Schnabel, sodass der Fuchs sie in seinen Besitz bringen kann.

Die vorgeschlagene Stoffbestimmung sieht trotz ihrer Enge über einige Unterschiede zwischen Äsop, Phaedrus, Babrios und La Fontaine hinweg. Z.B. besteht bei Äsop die Beute des Raben in einem Stück Fleisch, bei den drei anderen Autoren in einem Käse.

Trotz der wechselnden Art der Beute wird jedoch die Stoffgleichheit der genannten Fabeln kaum bestritten. Eine weniger enge Definition des Stoffes könnte wie folgt lauten: Ein Fuchs listet durch Schmeichelei einem Raben die Beute ab.

Bei dieser Bestimmung wäre sogar Lessings aparte Neufassung (Fabeln II,15), in der die Beute sich als vergiftet erweist und den Fuchs das Leben kostet, mit den vier vorher genannten Fabeln stoffgleich.

Auch bei engster Fassung des Stoffbegriffs gibt es keine ein-eindeutige Zuordnung von Stoff und Lehre. Fabeln mit verschiedenen Stoffen können dieselbe Lehre und stoffgleiche Fabeln verschiedene Lehren anbieten. Der Stoff ›trägt‹ zwar die Lehre, aber er legt sie nicht eindeutig fest. Ein und derselbe Stoff lässt, wenn auch nicht jede beliebige, so doch überraschend viele Lehren zu.

2.3.2.2 Das ›Rhema‹ der Lehre: Beschreibung einer Fallklasse

Wie der Erzählteil der Fabel einen fiktiven Fall beschreibt, so beschreibt die Lehre eine bestimmte Menge realer Fälle – und damit ein Stück wirklicher Welt. Wir wollen den Terminus ›Beschreibung‹ für unsere Zwecke ein wenig explizieren: Eine ›Beschreibung‹ ordnet einem Beschreibungsgegenstand einen Beschreibungsinhalt zu. Beim Erzählteil der Fabel bildet ein fiktiver Fall den Beschreibungsgegenstand; der zugehörige Beschreibungsinhalt besteht aus allem, was die Fabel über den fiktiven Fall sagt. Bei der Lehre der Fabel besteht der Beschreibungsgegenstand aus einer bestimmten Menge realer Fälle oder, wenn man so will, aus einem Stück Welt; die Lehre der Fabel ordnet dieses Stück Welt in eine Klasse ein, in die auch der im Fabeltext beschriebene fiktive Fall gehört. Der Beschreibungsinhalt der Lehre ist die intensionale Definition einer Fallklasse, zu deren Elementen außer den realen Fällen, auf die sich die Lehre bezieht, auch der fiktive Fall gehört, über den der Fabeltext berichtet.

Mit dem Begriffspaar ›Beschreibungsgegenstand‹ und ›Beschreibungsinhalt‹ verhält es sich ähnlich wie mit dem aristotelischen Begriffspaar ›Materie‹ und ›Form‹: Eine gänzlich ungeformte Materie ist nicht wahrnehmbar, vielleicht nicht einmal denkbar, und ein gänzlich unbeschriebener Gegenstand ist nicht aufzeigbar. Nur etwas schon Vorgeformtes kann als Materie einer bestimmten Form aufgewiesen werden, und nur etwas schon Vorbeschriebenes lässt sich als Gegenstand einer Beschreibung benennen. Ein Marmorblock ist keine formlose *materia prima*, bevor er durch weitere Formgebung zum Standbild wird. Ähnlich sind die aufzeigbaren Gegenstände eines bestimmten Beschreibungsinhalts nichts, was ohne diesen Inhalt völlig unbeschrieben wäre. Die Informationsmenge einer Beschreibung – etwa eines Fabeltextes – lässt sich auf verschiedene Weise in Beschreibungsgegenstand und Beschreibungsinhalt zerlegen. In der Fabel von Rabe und Fuchs etwa könnte man einen Raben als Gegenstand und alles Weitere als Beschreibungsinhalt ansehen. Man könnte aber auch den ersten Teil des Hergangs bis zur listigen Schmeichelrede des Fuchses als Gegenstand und den zweiten Teil mit dem Erfolg der List als einen Beschreibungsinhalt ansehen, der diesem Gegenstand zugeordnet wird. Die beiden Aufteilungen der Informationsmenge auf Gegenstand und Beschreibungsinhalt unterscheiden sich jedoch nicht dadurch, dass in der einen der Gegenstand gar nicht, in der anderen dagegen sehr wohl vorbeschrieben wäre, sondern nur dadurch, dass die erste Vorbeschreibung (›ein Rabe‹) weniger inhaltsreich ist als die zweite.

Logisch betrachtet, ordnet die Lehre einer Fabel reale Fälle in eine Klasse ein, in die auch der fiktive Fall gehört, den die Fabel beschreibt. Diese Einordnung geschieht, indem den realen Fällen, die den Gegenstand der Lehre bilden, als Beschreibungsinhalt der Merkmalkomplex zugeordnet wird, der eine gemeinsame Klasse der Beschreibungsgegenstände von erzählter Geschichte und Lehre definiert.

Im Folgenden soll die Lehre einer Fabel als Beschreibung verstanden werden, deren Gegenstand wir (in Anlehnung an einen Sprachgebrauch der Prager Schule) als ›Thema‹ und deren Inhalt wir als ›Rhema‹ bezeichnen. Das Rhema ist ein Merkmalkomplex, der den erzählten fiktiven Fall kennzeichnet und den die Lehre auf reale Fälle anwendet. Das Thema sind die realen Fälle, denen die Lehre das Rhema als Beschreibungsinhalt zuordnet. Die Lehre wendet ein aus der erzählten Geschichte durch Abstraktion gewonnenes Rhema auf ein außerhalb der erzählten Geschichte liegendes – oder mindestens über die erzählte Geschichte hinausgreifendes – Thema an. Man kann das Rhema als die Definition einer Fallklasse ansehen, in die sowohl der erzählte fiktive Fall gehört wie auch die realen Fälle, die das Thema bilden. Die Lehre ordnet das Thema in die Fallklasse ein, die durch das Rhema definiert wird.

Da kein Fabelstoff in alle Fallklassen gehört, die in irgendeiner Lehre als Rhema auftreten könnten, passt nicht jede beliebige Lehre zu jedem beliebigen Fabelstoff. Da jedoch andererseits jeder Fabelstoff in mehr als eine Fallklasse gehört, passt zu jedem Fabelstoff auch mehr als eine Lehre. Der Fabelstoff ›Fuchs mit gestutztem Schwanz‹ gehört u.a. in folgende drei Fallklassen:

> K^1: Fall einer Behinderung, die nicht wegen körperlicher, sondern wegen gesellschaftlicher Benachteiligung ins Elend führt
> K^2: Fall eines eigennützigen Ratschlags
> K^3: Fall der schmählichen Entlarvung eines eigennützigen Ratgebers

Aus jeder der drei Fallklassen lässt sich eine Lehre gewinnen, wenn man das, was die Klasse definiert, als Rhema benutzt:

> Lehre^1: Viele Behinderte leiden weniger unter der körperlichen Benachteiligung als unter der sozialen Ächtung, zu der sie führt.
> Lehre^2: Manche Ratschläge, die im menschlichen Leben erteilt werden, dienen mehr dem Wohl des Ratgebers als des Beratenen.
> Lehre^3: Eigennützige Ratgeber laufen Gefahr, durchschaut und geächtet zu werden.

Aus den beschreibenden Lehren können wiederum Verhaltensregeln gewonnen werden, die im Epimythion statt der – stillschweigend vorausgesetzten – Lehre erscheinen.

> Regel^1 (an die Adresse Nichtbehinderter): Verhaltet euch so, dass Körperbehinderten die Erfahrung der sozialen Ächtung erspart bleibt!
> Regel^2 (an die Adresse der Beratenen): Hütet euch vor eigennützigen Ratgebern!
> Regel^3 (an die Adresse der Ratgeber): Nutzt eure Position

nicht zur Verfolgung eigener Interessen: Die drohende Entlarvung schadet euch mehr, als der eigennützige Rat euch nützen könnte.

2.3.2.3 Das ›Thema‹ der Lehre: Anwendungsbereich des Rhemas

Die Anzahl der Lehren, die ein bestimmter Fabelstoff hergibt, erhöht sich noch durch die mehrfache Bestimmbarkeit der realen Fälle, die in eine den Fabelstoff erfassende Fallklasse eingeordnet werden können. Ein und dieselbe Fallklasse kann verschiedene Mengen realer Fälle aufnehmen. Daher kann sogar bei konstantem Fabelstoff und konstantem Rhema das Thema der Lehre wechseln. Der rhematische Merkmalkomplex ist nämlich nicht der einzige Beschreibungsinhalt, der in der Lehre vorkommt. Das Rhema wird auf einen Gegenstand angewandt, der – unabhängig von ihm – qualitativ und quantitativ vorgekennzeichnet ist, ohne dass diese Vorkennzeichnungen – wie das Rhema – durch Abstraktion der erzählten Geschichte entnommen wären.

In allen Fabeln wird das Thema als ein Ausschnitt aus der wirklichen Welt des Menschen verstanden und nicht als ein Ausschnitt aus der fiktiven Welt, in der die erzählte Geschichte spielt. Manche Moralen lassen es bei dieser allgemeinen, gattungsnotwendigen Vorbeschreibung des Themas bewenden. Weitere Auskünfte über die realen Fälle des menschlichen Lebens, die das Thema bilden, gibt erst das Rhema. Andere Moralen enthalten eine genauere Vorbeschreibung des Themas. Sie grenzen bestimmte Bereiche des menschlichen Lebens oder bestimmte Menschengruppen ab, auf die sie das Rhema beziehen.

In den Äsop-Epimythien wird die Menschenwelt als Thema der Lehre nicht nur stillschweigend vorausgesetzt, sondern oft auch ausdrücklich genannt. Das Wort ›Mensch‹ (*ánthropos*) ist geradezu ein Schlüsselwort der Epimythien. Manche Äsop-Epimythien begnügen sich mit dieser sehr allgemeinen Vorbeschreibung des Themas. Die thematischen Fälle des menschlichen Lebens erfahren an näherer Bestimmung nur, was die rhematische Fallklasse über sie aussagt.

> Fuchs und Affe streiten über ihre vornehme Herkunft
>
> Auf einer gemeinsamen Reise stritten Fuchs und Affe über ihre vornehme Herkunft. Während jeder seine Argumente aufmarschieren ließ, gelangten sie an einen besonderen Ort. Dort wandte der Affe seinen Blick zur Seite und begann zu wehklagen. Als der Fuchs nach dem Grund fragte, sagte der Affe, wobei er auf die Grabmäler zeigte [die dort errichtet waren]: »Wie sollte ich die Tränen zurückhalten, wenn ich die Grabsäulen der Freigelassenen und der Sklaven meiner Vorfahren sehe?« Da entgegnete ihm der Fuchs: »Lüge nur, soviel du willst! Niemand von diesen wird aufstehen und dir widersprechen.«
>
> So rühmen sich auch die Lügner *unter den Menschen* dann am ungeniertesten, wenn niemand da ist, der ihnen die Unwahrheit nachweisen kann. (Chambry 39)

Das Epimythion sieht den erzählten Hergang als Fall einer dreisten Lüge, die keiner unmittelbaren Entlarvungsgefahr ausgesetzt ist. Eine Beschreibung dieser Fallklasse könnte wie folgt ausfallen:

> Jemand lügt dreist zu seinem Vorteil, weil keine Gefahr besteht, dass ein Kenner der Wahrheit auftritt und gegen ihn zeugt.

Ein Beschreibungsinhalt dieser Art bildet das Rhema der Lehre. Das Thema wird nur durch das Wort ›Menschen‹ vorgekennzeichnet. Wie die Rhemata aller Fabellehren soll auch das Rhema dieser Lehre auf Fälle des menschlichen Lebens bezogen werden. Eine weitere Vorbeschreibung des Themas findet nicht statt. Über die wirklichen Menschen, von denen die Lehre handelt, erfährt der Leser nur, was das Rhema ihm sagt.

Andere Äsop-Epimythien grenzen das Thema der Lehre aufschlussreich ein. Das Rhema wird nicht auf die Menschenwelt schlechthin bezogen, sondern auf bestimmte Bereiche der Menschenwelt.

Bauch und Füße

Der Bauch und die Füße stritten über ihr Leistungsvermögen. Als die Füße immer wieder sagten, dass sie an Kraft so sehr überlegen seien, dass sie sogar den Bauch selbst trügen, antwortete dieser: »Aber, ihr Kraftprotze, wenn ich euch einmal keine Nahrung zuleite, könnt ihr mich auch nicht mehr tragen.«

So zählt auch bei den Streitkräften die Menge nichts, wenn die Heerführer nicht hervorragend planen.

Das Epimythion sieht in der erzählten Geschichte einen Fall abhängigen Leistungsvermögens. Die als Rhema der Lehre dienende Beschreibung dieser Fallklasse könnte wie folgt lauten:

Eine Mehrheit ist leistungsunfähig, solange nicht die Arbeit einer Minderheit ihre Leistung ermöglicht.

Als Thema der Lehre wird diesmal nicht die Menschenwelt schlechthin angegeben, sondern ein bestimmter Bereich dieser Welt: das Militär. Die Lehre bezieht das Rhema auf ein spezifisch vorbeschriebenes Thema. Sie besagt nicht einfach, dass auch in der menschlichen Welt die Leistung einer Mehrheit gelegentlich von der Leistung einer Minderheit abhängt, sondern dass in den Streitkräften die Leistung der Truppe auf die Leistung der Generalität angewiesen ist.

Die Begriffe ›Vorbeschreibung‹ und ›Rhema‹ stehen in folgendem Gegensatz zueinander: Die Vorbeschreibung enthält diejenigen Elemente der Lehre, die im Fabelstoff nicht vorkommen, während das Rhema nur Elemente enthält, die dem Fabelstoff und der Lehre gemeinsam sind. In der Äsopfabel vom Bauch und den Füßen gehört die Kennzeichnung ›Militär‹, die auf den Fabelstoff nicht zutrifft, in die Vorbeschreibung des Gegenstands der Lehre; die Kennzeichnung ›Abhängigkeit der Leistung einer Mehrheit von der Leistung einer Minderheit‹ gilt dagegen sowohl für den Fabelstoff wie auch für den Gegenstand der Lehre. Sie gehört deshalb nicht in die Vorbeschreibung, sondern in das Rhema.

In der Regel schließt die Vorbeschreibung des Themas den Erzählinhalt der Fabel aus dem Thema der Lehre aus. Die vom Verhältnis zwischen Truppe und Führung handelnde Lehre betrifft nicht das Verhältnis zwischen Füßen und Bauch. In solchen Fällen kann der Fabelstoff kein ›Beispiel‹ für die Lehre sein, wie Lessing wollte, sondern nur eine ›Allegorie‹ (vgl. 1.1).

Die Lehre einer Fabel enthält außer der qualitativen Vorbeschreibung auch eine quantitative Bestimmung des Themas. Ein ›Quantor‹ legt fest, auf einen wie großen Teil einer Gegenstandsmenge das Rhema zutrifft. Diese Gegenstandsmenge kann entweder durch die Vorbeschreibung allein gekennzeichnet sein oder durch die Vorbeschreibung und einen Teil des Rhemas. Die Fabel von Bauch und Füßen bietet ein Beispiel des ersten Falles. Die Gegenstände, auf die das Rhema zutreffen soll, werden als ›Streitkräfte‹ vorbeschrieben, und der Quantor beantwortet die Frage, für einen wie großen Teil aus der Menge aller Streitkräfte das Rhema (›Abhängigkeit der Leistung einer Mehrheit von der Leistung einer Minderheit‹) gelten soll. Das Äsop'sche Epimythion bringt in diesem Fall den Quantor nicht explizit zum Ausdruck. Gemeint ist wohl, dass die geschilderte Abhängigkeit grundsätzlich in allen Streitkräften besteht. Manchmal schränkt der Quantor den Geltungsbereich des Rhemas auf einen Teil der vorbeschriebenen Gegenstandsmenge ein, wie in folgender Äsop-Fabel (Chambry 70):

> Die Ochsen und die Wagenachse
>
> Ochsen zogen einen Wagen. Als die Achse knirschte, drehten sie sich herum und sagten zu ihr: »Hör mal! Wir schleppen die ganze Last, und du ächzt?«
>
> So tun auch einige Menschen erschöpft, wenn andere sich abmühen.

Im Epimythion wird der Quantor (›einige‹) ausdrücklich genannt. Die Vorbeschreibung kennzeichnet den Anwendungsbereich des Rhemas als ›Menschen‹, und der Quantor gibt an, auf einen wie großen Teil aller Menschen das Rhema zutrifft: Nicht etwa alle Menschen stöhnen, wenn andere arbeiten, sondern nur manche. Der Fall kommt vor, aber er bildet nicht die Regel.

In beiden vorangehenden Beispielen war die Gegenstandsmenge, auf die sich der Quantor bezog, nur durch die Vorbeschreibung definiert. Der Quantor gab an, auf einen wie großen Teil der durch die Vorbeschreibung definierten Gegenstandsmenge das Rhema zutrifft. In anderen Fällen bezieht er sich auf eine Gegenstandsmenge, die nicht allein durch die Vorbeschreibung, sondern auch durch einen Teil des Rhemas definiert wird.

> Der Sonnengott Helios und die Frösche
>
> Eines Sommers fand die Hochzeit des Sonnengottes statt. Alle Lebewesen freuten sich, auch die Frösche frohlockten mit. Einer von ihnen jedoch sagte: »O Toren, worüber frohlockt ihr? Wenn schon der Sonnengott allein jeden Schlamm zum Trocknen bringt, was werden wir erst zu leiden haben, wenn er mit seiner Gattin ein Kind zeugt, das ihm gleicht?«
>
> [Die Fabel lehrt,] dass viele, die keinen soliden Verstand haben, sich über Dinge freuen, an denen es nichts Erfreuliches gibt. (Chambry 127)

Das Rhema der Lehre ist die Fallklasse ›unbegründete Freude‹, die durch etwa folgende Beschreibung definiert ist:

> Ein Tor (ob Gott, Mensch, Tier, Pflanze oder Ding) freut sich über etwas, das bei vernünftiger Betrachtung keinen Anlass zur Freude bietet.

Für die realen Fälle, auf die das Rhema bezogen werden soll, gilt nur die gattungsbedingte minimale Vorbeschreibung ›Menschen‹. Der Quantor ›viele‹ bezieht sich jedoch nicht auf Menschen überhaupt, sondern, wie der determinierende Relativsatz bezeugt, auf törichte Menschen (›viele, die keinen soliden Verstand haben‹). Die Kennzeichnung ›töricht‹ stammt aber nicht aus der Vorbeschreibung, sondern bereits aus dem Rhema. Die Gegenstandsmenge, von welcher der Quantor den unter das Rhema fallenden Teil angibt, wird in diesem Falle sowohl durch die Vorbeschreibung wie auch durch einen Teil des Rhemas definiert: ›Menschen ohne soliden Verstand‹. Aus dieser Gegenstandsmenge freuen sich ›viele‹ bei unpassender Gelegenheit.

Die Rhemata der Lehren, die aus Fabeln abgeleitet werden, lassen sich häufig in einen Situations- und einen Ereignisteil oder in einen

Voraussetzungs- und einen Folgeteil gliedern. In solchen Fällen kann sich der Quantor auf eine Gegenstandsmenge beziehen, die durch die Vorbeschreibung und den ersten Rhemateil definiert ist.

> Schildkröte und Adler
>
> Eine Schildkröte bat einen Adler, ihr das Fliegen beizubringen. Als der ihr zu bedenken gab, dass Fliegen ihrer Natur fern liege, bestand sie nur noch hartnäckiger auf ihrer Bitte. Da nahm der Adler sie in seine Fänge, trug sie in die Lüfte und ließ sie fallen. Sie fiel auf Stein und zerschellte.
>
> Die Fabel gibt zu erkennen, dass viele, wenn sie sich auf ein Ziel fixiert haben, die besten Ratschläge missachten und sich ins Unglück stürzen.

Das Rhema lautet etwa:

> Jemand setzt sich ein Ziel in den Kopf, verfolgt es starrsinnig trotz der vernünftigsten Warnungen und stürzt darüber ins Unglück.

Man könnte das Rhema in die Teile ›Voraussetzung‹ und ›Folge‹ gliedern. Die Voraussetzung besteht in der starrsinnigen Verfolgung eines Zieles, die Folge im Unglück.

Die Vorbeschreibung des Themas beschränkt sich auf den gattungsbedingten Hinweis ›Mensch‹. Der Quantor ›viele‹ bezieht sich jedoch nicht auf Menschen schlechthin, sondern nur auf Menschen, die, wie es der erste Teil des Rhemas beschreibt, starrsinnig ein Ziel verfolgen. Von denen geraten ›viele‹ ins Unglück. Der Quantor bezieht sich also auf eine Gegenstandsmenge, die sowohl durch die Vorbeschreibung wie auch durch einen Teil des Rhemas definiert ist.

Der Anteil der definierten Gegenstandsmenge, auf den das Rhema zutreffen soll, kann unterschiedlich groß, aber auch unterschiedlich präzise bestimmt sein. Ein Quantor kann besagen, dass der rhematische Beschreibungsinhalt auf alle realen Fälle zutrifft, die der Definition genügen, oder auf die überwiegende Mehrheit, auf viele, auf einige oder gar nur auf einen. In den Äsop-Epimythien finden sich zahlreiche Beispiele für eine lexikalische Fassung folgender drei

Quantoren: Das Rhema trifft auf ›alle‹, ›viele‹ oder ›einige‹ Elemente einer definierten Gegenstandsmenge zu.

> Die Fabel gibt zu erkennen, dass *alles* Unähnliche unvereinbar ist. (Chambry 56)
>
> So werden *viele* Menschen auf Grund eines äußerlichen Eindrucks von ihrer Umgebung glücklich gepriesen wegen eines Schicksals, unter dem sie selbst sehr leiden (Chambry 249).
>
> So tun auch *einige* Menschen erschöpft, wenn andere sich abmühen. (Chambry 70)

Wenn das Epimythion keinen Quantor anführt, soll das Rhema in aller Regel für die Mehrzahl der Elemente gelten, die zu der definierten Gegenstandsmenge gehören.

> Nachtigall und Schwalbe
>
> Der Nachtigall riet die Schwalbe, unter einem Dach mit den Menschen zu wohnen, wie auch sie selbst es halte. Die Nachtigall jedoch erwiderte: »Ich will mich nicht an das Leid früherer Schicksalschläge erinnern. Darum lebe ich in der Einsamkeit.«
>
> [Die Fabel lehrt, dass] jemand, der einen Schicksalsschlag erlitten hat, sogar den Ort scheut, an dem ihn das Leid getroffen hat. (Chambry 9)

Auch hier wird die Gegenstandsmenge, auf die sich ein expliziter Quantor beziehen könnte, sowohl durch die Vorbeschreibung ›Mensch‹ wie auch durch den ersten Teil des Rhemas (erlittener Schicksalsschlag) definiert. Der Quantor müsste besagen, ein wie großer Teil aller Menschen, die einen Schicksalsschlag erlitten haben, den Ort des Unglücks meidet. Da das Epimythion keinen expliziten Quantor enthält, könnte man ›die große Mehrheit‹ als Quantor ansetzen. Die Meidung des Unglücksortes würde dann als Regel verstanden, die freilich Ausnahmen zulässt. Der Lehrsatz einer Fabel ist nur selten eine echte All-Aussage. Meistens beschreibt er den Regelfall, der durch gelegentliche Ausnahmen seinen Regelcharakter nicht verliert.

2.3.2.4 Erzähltext und Rhema

Der Erzähltext einer Fabel ist die Beschreibung eines fiktiven Falles. Er unterstellt – wie jede Beschreibung eines Konkretums –, dass der beschriebene Gegenstand mehr Merkmale aufweist, als die Beschreibung – explizit oder implizit – festlegt: *Individuum est ineffabile*. Der Adressat kann dem Fabeltext entnehmen, dass im dargestellten Geschehen bestimmte Fragen beantwortet sein müssen, die in der Darstellung offen bleiben. Die notwendige Unvollständigkeit jeder Fallbeschreibung soll an folgendem Äsop-Beispiel veranschaulicht werden (Chambry 32):

> Der Fuchs und die Weintrauben
>
> Als ein ausgehungerter Fuchs Trauben an einem Weinspalier hängen sah, wollte er sie springend herabreißen und konnte es nicht. Im Fortgehen sprach er zu sich: »Sie sind unreif.«

Der beschriebene Fuchs muss notwendig irgendein Alter haben; die Beschreibung aber legt das Alter nicht fest. Er muss ferner von irgendwoher und auf dem Wege irgendwohin in Sichtweite der Trauben gelangt sein; auch auf diesen Punkt geht die Beschreibung nicht ein. Sie verschweigt ferner, weshalb der Fuchs nicht an die Trauben herankam. Hingen sie so hoch, dass auch der beste Springer unter den Füchsen sie nicht hätte erreichen können? Oder war der beschriebene Fuchs vielleicht nur zu ungeübt oder zu träge? Natürlich stellen nicht alle weißen Flecke auf der Landkarte der Erzählung bedauerliche Versäumnisse des Erzählers dar; vielmehr entspricht die Verteilung von offenen und beantworteten Fragen im Allgemeinen dem Zweck der Erzählung. Im Falle der belehrenden Fabel besteht ein wesentlicher Zweck in der Ableitbarkeit der Moral, sodass der Erzähler in aller Regel die Merkmale nicht im Dunkeln lässt, die in das Rhema übernommen werden sollen. Das Äsop'sche Epimythion scheint allerdings mit den in der Erzählung eindeutig festgelegten Merkmalen nicht auszukommen. Es setzt – zusätzlich zu den Informationen des Erzähltextes – voraus, dass der Misserfolg des Fuchses von ihm selbst zu verantworten ist:

> So klagen auch manche Menschen, die *aus eigenem Unvermögen* nicht zum Ziele kommen, die Verhältnisse an.

Das Rhema der Lehre besteht aus etwa folgender Festlegung einer Fallklasse:

> Jemand (ob Gott, Mensch, Tier, Pflanze oder Ding) macht zu Unrecht die Verhältnisse für einen Misserfolg verantwortlich, der in Wahrheit dem eigenen Unvermögen anzulasten ist.

Diese Fallklasse passt auf die erzählte Geschichte nur, wenn eine Frage, die in der Erzählung offen bleibt, vom Interpreten eindeutig beantwortet wird: Die Trauben hingen nicht so hoch, dass gar kein Fuchs sie hätte erreichen können; ein tüchtigerer Artgenosse wäre an sie herangekommen. Nur unter dieser Voraussetzung ist die Äußerung »Sie sind unreif« als falsche Beschuldigung der Verhältnisse verständlich. Wenn die Trauben oberhalb der Sprunghöhe auch des athletischsten Fuchses gehangen hätten, wäre eine falsche Beschuldigung der Verhältnisse nicht nötig gewesen. Der Fuchs hätte die Verhältnisse zu Recht anklagen können: Der wahre Satz ›An diese Trauben kommt kein Fuchs heran‹ hätte denselben Dienst getan wie der falsche ›Die Trauben sind unreif‹. Der klassendefinierende Merkmalkomplex, der das Rhema der Lehre bildet, besteht also nicht immer nur aus Merkmalen, die der Erzähltext dem fiktiven Fall ausdrücklich oder auch implizit zuschreibt; die Klassendefinition kann interpolierte Merkmale enthalten, mit denen ein Interpret die Leerstellen der Erzählung füllt, ohne dabei in Widerspruch zu dem ausdrücklich Gesagten oder offenkundig Unterstellten zu treten.

Um den Zusammenhang von Erzähltext und Lehre klarer zu bestimmen, seien dreierlei Beschreibungsinhalte unterschieden:

1. der Beschreibungsinhalt, den der Erzähltext der Fabel einem fiktiven Gegenstand ausdrücklich oder implizit zuordnet;

2. der Beschreibungsinhalt, den die Lehre der Fabel einer bestimmten Menge realer Fälle zuordnet;
3. der Beschreibungsinhalt, den der Interpret konstruiert, indem er den Inhalt des Erzähltextes um interpolierte Merkmale anreichert.

Für die drei Beschreibungsinhalte führen wir Abkürzungen ein: Was der Erzähltext über den fiktiven Fall aussagt, nennen wir F_0; was die Lehre über eine bestimmte Menge realer Fälle aussagt, nennen wir R (›Rhema‹), und den Beschreibungsinhalt, den der Interpret konstruiert, indem er F_0 um interpolierte Merkmale anreichert, nennen wir F_n.

Zwischen zwei Beschreibungsinhalten kann ein Inklusionsverhältnis bestehen, das wie folgt definiert sei: Ein erster Beschreibungsinhalt inkludiert einen zweiten genau dann, wenn der zweite notwendigerweise auf alle Gegenstände zutrifft, auf die auch der erste zutrifft. Im Sinne dieser Definition inkludiert der um Interpolationen angereicherte Beschreibungsinhalt F_n den Beschreibungsinhalt F_0: Beschreibungsgegenstände, auf die F_n zutrifft, werden auch durch F_0 zutreffend, wenn auch weniger detailliert, beschrieben. F_n inkludiert auch das Rhema R: Auf die Fälle, auf die der um Interpolationen angereicherte Fabelinhalt zutrifft, trifft auch das Rhema R zu, das durch Abstraktion aus F_n gewonnen wurde. F_0 dagegen inkludiert nicht notwendig das Rhema R. Es kann nämlich sein, dass R ein interpoliertes Merkmal enthält, das nicht in F_0 selbst vorkommt, sondern nur in einer F_0 inkludierenden Beschreibung F_n. In diesem Fall sind Gegenstände (Geschichten) denkbar, auf die zwar F_0, nicht aber R zutrifft: nämlich die Gegenstände (Geschichten), die nicht das in F_n interpolierte, wohl aber alle in F_0 enthaltenen Merkmale aufweisen. Für das Verhältnis zwischem dem Erzähltext F_0 und der rhematischen Fallbeschreibung R gilt allgemein, dass R von einem F_n inkludiert wird, das seinerseits F_0 inkludiert. Diese Formulierung schließt den Sonderfall nicht aus, dass F_0 bereits R inkludiert, dass R also nicht auf interpolierte Merkmale zurückgreift. F_0 und F_n sind dann, wenn man so will, identisch. Die Zahl der interpolierten Merkmale beträgt 0.

Je höher der Anteil interpolierter Merkmale am Beschreibungsinhalt R, umso undurchsichtiger der Zusammenhang von Erzähltext und Lehre. Der Verwendung interpolierter Merkmale bei der Ableitung der Lehre sind daher Grenzen gesetzt. Um das gewünschte Rhema bilden zu können, könnte ein Interpret F_0 um Merkmale anreichern, die nur gelten können, wenn andere Merkmale aus F_0 getilgt werden. Das durch Interpolationen gebildete F_n könnte dann jedoch F_0 nicht inkludieren. Der geforderte Zusammenhang zwischen Rhema und Erzähltext bestünde nicht.

2.3.2.5 Eine ›Normalform‹ der Lehre

Die vorangehenden Beobachtungen lassen sich zum Entwurf einer Normalform der Lehre zusammenfassen. Mit der Normalform soll keine Vorschrift erlassen werden, nach der Autoren und Leser sich von jetzt an zu richten hätten, wenn sie Fabelstoffe deuten. Vielmehr geht es um die Rekonstruktion eines Rahmens, innerhalb dessen die Interpretation von Fabelstoffen immer schon verlief. Es sollen Bedingungen deutlich werden, unter denen eine bestimmte Auskunft über die Welt als Lehre eines bestimmten Fabelstoffes erkannt und anerkannt zu werden pflegt. Ein Fabelstoff lässt, wie sich zeigte, eine Vielzahl von Lehren zu, weil es eine Vielzahl von Klassen gibt, deren jede gleichzeitig den im Stoff dargestellten fiktiven Fall und eine bestimmte Menge realer Fälle erfasst. Alle diese Klassen lassen sich durch Merkmalkomplexe definieren, die als Rhemata in den verschiedenen, aus demselben Fabelstoff ableitbaren Lehren auftauchen. Außerdem kann, wie sich ebenfalls zeigte, sogar bei gegebenem Rhema das Thema der Lehre wechseln. Die Festlegung eines Fabelstoffes auf eine bestimmte Lehre erfordert eine Interpretation, deren weitherzige – meist unterhalb der Bewusstseinsschwelle wirksame – Regeln dieses Kapitel in knappe Formeln zu fassen sucht.

Fabelautoren interpretieren den benutzten Stoff, wenn sie in einem kommentierenden Textteil aus der erzählten Geschichte eine Lehre ableiten oder wenn sie die Geschichte so erzählen, dass eine bestimmte Lehre auch ohne Kommentar sich aufdrängt. Natürlich interpretiert auch jeder Fabelleser den Stoff, wenn er den Zusammenhang einer angebotenen Lehre mit der Erzählung durchschaut oder wenn er von sich aus eine Lehre festlegt. Die Interpretation beruht auf der Erkenntnis, dass ein Beschreibungsinhalt, der sich aus der Darstellung des fiktiven Falles herausfiltern lässt, auf reale Fälle der menschlichen Lebenswelt passt. Der rhematische Beschreibungsinhalt R ist abstrakt im Vergleich zu dem Beschreibungsinhalt F_0, den der Erzähltext der Fabel dem fiktiven Fall zuordnet. Abstraktion besteht im Verzicht auf semantische Festlegungen. In der Tat enthält das Rhema der Lehre keine Festlegungen, die nur für den fiktiven Fall gelten und nicht zugleich für die wirklichen Fälle, auf die das Rhema angewandt wird. Es enthält auch keine Festlegungen, die nur für die wirklichen Fälle gelten, auf die das Rhema der Lehre angewandt wird, und nicht zugleich für den fiktiven Fall, den die Fabel erzählt. Es enthält ausschließlich Merkmale, die den Beschreibungsgegenständen von Erzähltext und Lehre gemeinsam sind, – jedoch nicht notwendig alle diese Merkmale. So viele verschiedene Komplexe aus gemeinsamen Merkmalen bei gegebenem fiktivem Fall und gegebenem Thema möglich sind, so viele verschiedene Rhemata stehen dem Interpreten zur Wahl.

Wir wollen zur Darstellung von Beschreibungen eine an die Prädikatenlogik angelehnte Symbolik einführen. Eine Beschreibung wird durch ein in runde Klammern gesetztes Symbol für den Beschreibungsgegenstand und ein rechts daneben gestelltes Symbol für den Beschreibungsinhalt wiedergegeben. Das komplexe Symbol (g)I stellt eine Beschreibung dar, die einem Gegenstand g einen Beschreibungsinhalt I zuordnet. Der durch I schon beschriebene Gegenstand g könnte zum Träger eines zusätzlichen Beschreibungsinhaltes – sagen wir: Z – gemacht werden. Diese Beschreibung eines bereits ›vorbeschriebenen‹ Gegenstandes müsste dann wie folgt symbolisiert werden: ((g)I)Z. Dem nunmehr bereits zweifach beschriebenen Gegenstand g könnten nacheinander beliebig viele weitere Beschreibungsinhalte zugeordnet werden. Jedes Symbol einer Beschreibung lässt sich durch Setzung in runde Klammern zum Symbol eines schon vorbeschriebenen Beschreibungsgegenstandes machen. Wenn wir den fiktiven Gegenstand, von dem eine Fabel erzählt, als f bezeichnen und den gesamten Beschreibungsinhalt, den der Erzählteil der Fabel diesem Gegenstand zuordnet, als F_0, so lässt sich die Beschreibung, die der Erzählteil der Fabel vornimmt, als $(f)F_0$ symbolisieren. Wenn wir ferner die realen Fälle, die das Thema der Lehre bilden, mit r symbolisieren und das Rhema der Lehre mit R, so gilt für die Lehre die symbolische Darstellung (r)R. Diese Formel ist zwar zutreffend, aber für unsere Zwecke nicht differenziert genug. R enthält nämlich nur Merkmale, die den Gegenständen f und r gemeinsam sind. Die Lehre einer Fabel spricht ihrem Thema jedoch auch Merkmale zu, die es nicht mit dem fiktiven Gegenstand der Erzählung teilt. Diese Merkmale sollen nicht stillschweigend als Bestandteile des r vorausgesetzt, sondern in der Beschreibungsformel eigens repräsentiert werden. Wir symbolisieren sie als den (Vor-)Beschreibungsinhalt V. Das Rhema R wird auf ein durch V vorbeschriebenes Thema r angewandt: ((r)V)R. Wir wissen ferner, dass die Lehre einer Fabel – explizit oder implizit – den Anteil an der Gesamtmenge aller vorbeschriebenen Fälle nennt, für den die in R zusammengefassten Merkmale gelten. Wir wollen diese quantitative Angabe durch den Buchstaben Q (›Quantor‹) symbolisieren, der als hochgestellter Index hinter das Symbol eines vorbeschriebenen Gegenstandes tritt – etwa: $((r)V)^Q R$. Nun wurde bereits erörtert, dass der Quantor Q sich nicht immer auf ein nur durch V vorbeschriebenes Thema bezieht, sondern manchmal auch auf ein Thema, das sowohl durch V wie auch durch einige Merkmale aus R vorbeschrieben ist. Um diesen Fall darstellen zu können, müssen wir den Merkmalkomplex R in zwei verschiedene Beschreibungsinhalte – R_1 und R_2 – aufspalten. Der zunächst durch V und dann weiter durch R_1 vorbeschriebene Gegenstand fällt unter den Quantor Q, der besagt, ein wie großer Anteil der durch V und R_1 beschriebenen Gegenstandsmenge den Merkmalkomplex R_2 aufweist: $(((r)V)R_1)^Q R_2$

Wenn es keine Veranlassung gibt, den Komplex R aufzuspalten, der die gemeinsamen Merkmale des erzählten fiktiven Falles und der in der Lehre beschriebenen realen Fälle enthält, können wir die Normalform der Lehre vereinfachen: $((r)V)^Q R$

Die Formel besagt Folgendes: Die Lehre einer Fabel ist eine Beschreibung, in der ein aus der Erzählung herausgefilterter – und manchmal um interpolierte Merkmale angereicherter – Beschreibungsinhalt R einer durch V vorbeschriebenen Menge realer Gegenstände zugesprochen wird. Der Quantor Q gibt an, für einen wie großen Teil der durch V vorbeschriebenen Gegenstandsmenge der Beschreibungsinhalt R gelten soll.

Der Erzählteil der Fabel vollzieht, wie gezeigt, die Beschreibung (f) F_0. Beide Beschreibungen (Erzählung und Lehre) sind miteinander verklammert, insofern R von einem F_n inkludiert wird, das seinerseits F_0 inkludiert. Der Zusammenhang zwischen Erzählteil und Lehre beruht also auf folgenden Inklusionsverhältnissen: $R \subset F_n \supset F_0$.

Der Beschreibungsinhalt R, den die Lehre bestimmten wirklichen Fällen zuordnet, ist eingeschlossen in – bzw. durch Abstraktion herausholbar aus – dem Beschreibungsinhalt F_n. In diesem letzteren Beschreibungsinhalt ist wiederum alles eingeschlossen – bzw. aus ihm ist alles durch Abstraktion herausholbar –, was der Erzähltext über den fiktiven Fall aussagt.

Die Ableitung der Lehre aus dem Erzähltext sei an einer Fabel Lessings veranschaulicht, die in der Ausgabe von 1759 ohne Moral abgedruckt ist (I,29).

> Der Springer im Schache
>
> Zwei Knaben wollten Schach ziehen. Weil ihnen ein Springer fehlte, so machten sie einen überflüssigen Bauer, durch ein Merkzeichen, dazu. Ei, riefen die anderen Springer, woher, Herr Schritt vor Schritt? Die Knaben hörten die Spötterei und sprachen: Schweigt! Tut er uns nicht ebendie Dienste, die ihr tut?

Der Erzähltext vollzieht die Beschreibung $(f)F_0$. Eine zum Erzähltext passende Lehre ergibt sich, wenn man entweder unmittelbar aus F_0 oder aus dem um Interpolationen angereicherten F_n ein Rhema R abstrahieren kann, das sich aufschlussreich auf Fälle des wirklichen Lebens anwenden lässt. Das gewonnene Rhema muss von F_n inkludiert werden, das seinerseits F_0 inkludiert. Die Urzelle einer Interpretation von Lessings Schachfabel könnte die Erkenntnis sein, dass die spielenden Knaben eine zwar traditionswidrige, aber zweckmäßige Neuverteilung von Funktionen vorführen, die auch bei der Betrauung von Bürgerlichen mit traditionell dem Adel vorbehaltenen Ämtern stattfindet. Entsprechend dieser Erkenntnis – und durchaus im Sinne Lessings – geben wir dem Thema folgende Vorbeschreibung:

> V: Ein Bürgerlicher wird – wofür es im 17. und 18. Jahrhundert berühmte Beispiele gibt – von seinem Monarchen mit Aufgaben betraut, die traditionell dem Adel vorbehalten sind.

Das Rhema R der Lehre beschreibt eine Fallklasse, in die sowohl der erzählte fiktive Fall wie auch das Thema gehören:

> R: Einer kleinen Gruppe von Funktionsverwendern und -erteilern steht eine große Gruppe von Funktionsträgern gegenüber. Die Gruppe der Funktionsträger ist hierarchisch gegliedert, und jede Hierarchiestufe übernimmt traditionell eine eigene Funktion. Nun überträgt ein Funktionsverwender und -erteiler dem Angehörigen einer niederen Hierarchiestufe – entgegen der Tradition – die Funktion einer höheren Hierarchiestufe. Insofern die traditionswidrig vergebene Funktion erfolgreich wahrgenommen wird, zeigt sich, dass die traditionelle Zuordnung von Hierarchiestufe und Funktion nicht auf sachlicher Notwendigkeit beruht, sondern auf einer zwar historisch gewachsenen, aber im systematischen Sinn ›arbiträren‹ Konvention, von der ohne Schaden für die Funktionsfähigkeit des Systems abgewichen werden kann.

Das Rhema kommt ohne Interpolationen aus. Seine Festlegungen sind explizit oder implizit in F_0 enthalten. Das F_n, das R inkludiert, ist – in diesem Fall – mit F_0 identisch.

Der Quantor Q, der den Anteil der thematischen Fälle an der Gesamtheit der durch V beschriebenen Fälle angibt, ließe sich wie folgt interpretieren: ›große Mehrheit der V-Fälle‹. Die Lehre würde dann Ausnahmen zulassen, in denen die Betrauung Bürgerlicher sich als Fehlgriff erweist.

Der syntaktische Rahmen der symbolisch formulierten Lehre $((r)V)^Q$ R lautet in natürlicher Sprache:

> Auf die große Mehrzahl der realen Fälle, auf die der Beschreibungsinhalt V zutrifft, trifft auch der Beschreibungsinhalt R zu.

Die kommentierenden Teile eines echten Fabeltextes verwenden natürlich nicht die Sprache unserer Normalform. Wenn sie überhaupt die Lehre ausdrücklich nennen und nicht nur voraussetzen, fällt die Formulierung kürzer und weniger pedantisch, dafür meist gefälliger aus. Die interpretierte Lessingfabel hatte in der Ausgabe von 1753 folgendes Epimythion:

Was wollen Sie mit diesem albernen Märchen sagen, schrie der Herr von Fahnenstolz? Nichts, Ewr. Gnaden. Vielleicht aber würde *der* Herr in meinen Reden etwas gefunden haben, über welchen Sie sich kurz vorher aufhielten. Es war der Herr **, welchen der Monarch, weil er ihn brauchen kann, aus dem Staube zu den wichtigsten Bedienungen erhoben hat.

2.3.2.6 Normalform und funktionale Satzperspektive

Die in der Normalform angeführten Inhalte zur Beschreibung des Gegenstands r der Lehre verteilen sich auf das vorbeschreibende V und das Rhema R. Die Vorbeschreibung enthält Kennzeichnungen, die dem Fabelstoff nicht zu entnehmen sind, während das Rhema R ein abstraktives Destillat aus dem Fabelstoff darstellt. Die Normalform der Lehre – $((r)V)^Q$ R – spricht dieses Destillat dem durch V vorbeschriebenen Stück Wirklichkeit zu, das durch r symbolisiert wird. Die gewählte Fassung der Normalform bringt den Zusammenhang zwischen Fabelstoff und Lehre insofern auf den Punkt, als sie alles, was die Lehre aus dem Fabelstoff übernimmt, in dem einen Inhaltskomplex R zusammenfasst. Diese Zusammenfassung gibt jedoch nicht immer die ›funktionale Satzperspektive‹ – d. h. die Subjekt-Prädikat-Gliederung – wieder, die man der Lehre unterstellen möchte: Wenn man die Lehre der Fabel entsprechend ihrer Informationsabsicht in einen Subjekts- und einen Prädikatsteil gliedert, fällt der Subjektsteil nicht immer genau mit dem Thema $((r)V)^Q$ und der Prädikatsteil nicht immer genau mit dem Rhema R zusammen. Es kommt vor, dass außer V auch Teile des R den Subjektsteil (das ›satzfunktionale‹ Thema) kennzeichnen und nur die übrigen R-Teile den Prädikatsteil (das ›satzfunktionale‹ Rhema). Der von uns als ›Rhema‹ bezeichnete Komplex R ist als ein gemeinsamer Beschreibungsinhalt von Fabelstoff und Lehre definiert, also nach der Herkunft seiner Inhalte, nicht nach seiner satzfunktionalen Rolle in der Lehre; er fällt nur manchmal, aber keineswegs immer mit dem Rhema (›Prädikat‹) im Sinne der funktionalen Satzperspektive zusammen.

Der Fabelstoff ›Rabe und Fuchs‹ erhält bei Phaedrus (I,13) folgende Lehre:

> Wer sich über hinterlistiges Lob freut,
> muss gewöhnlich mit Reue und Schmach dafür bezahlen.

Es scheint der Informationsabsicht zu entsprechen, die Freude über das Lob als das satzfunktionale Thema (den Subjektsteil) und die Reue über die eigene Dummheit als das satzfunktionale Rhema (den Prädikatsteil) anzusehen. Nun ist aber die Freude über das Lob ebenso wie die anschließende Reue dem Fabelstoff zu entnehmen und deshalb Bestandteil von R. Wenn die Normalform die funktionale Satzperspektive der Lehre wiedergeben soll, muss R – wie schon bei der Quantorenzuordnung erläutert – in R_1 und R_2 aufgeteilt werden. R_1 (Freude) gehört zum Subjektsteil, und R_2 (Reue und Schmach) zum Prädikatsteil. Wenn man den am weitesten rechts stehenden, ›letzten‹ Beschreibungsinhalt mit dem satzfunktionalen Rhema identifizieren will, müsste die Lehre folgende Normalform annehmen: $(((r)V)R_1)^Q R_2$.

In der Lehre, die Äsop der Fabel von Bauch und Füßen beigibt (Chambry 159), scheint eine Aufspaltung des R dagegen unnötig. Die Lehre lautet:

> So richtet auch bei den Streitkräften die Menge meistens nichts aus, wenn die Heerführer nicht hervorragend planen.

Hier fällt das Thema $((r)V)^Q$ (Streitkräfte) mit dem Subjektsteil der Lehre zusammen. Die Information der Lehre besteht darin, das Militär als einen Bereich darzustellen, in dem die Leistungsfähigkeit einer Mehrheit auf die Leistung einer Minderheit angewiesen ist. Dieser Falltyp aber wird durch R beschrieben, das folglich auch im Sinne der funktionalen Satzperspektive das Rhema (den Prädikatsteil) der Lehre bildet.

Die funktionale Satzperspektive verlangt von Fall zu Fall eine unterschiedliche Verteilung der in R zusammengefassten Inhalte auf Subjekts- und Prädikatsteil der Lehre. Entweder ist der Subjektsteil mit dem Thema $((r)V)^Q$ identisch, oder er bedarf der zusätzlichen Kennzeichnung durch Teile aus R, die dann unter R_1 zusammengefasst werden. Im ersten Fall ist R auch unter dem Gesichtspunkt der funktionalen Satzperspektive das Rhema, im zweiten Fall bilden nur die als R_2 bezeichneten R-Teile, die nicht schon zum satzfunktionalen Thema gehören, das satzfunktionale Rhema. Im ersten Fall besteht die Information der Lehre darin, dass eine – im Fabelstoff nicht vorkommende Realität – als Teilbereich einer aus dem Fabelstoff abstrahierten Fallklasse dargestellt wird. Im zweiten Fall zeigt der Fabelstoff die Kombination zweier Merkmalkomplexe, und die Lehre besagt, dass auch in der Wirklichkeit (oder einem bestimmten Bereich der Wirklichkeit) der zweite Merkmalkomplex mit dem ersten (zeitlich, kausal, logisch oder phänomenologisch) verknüpft ist. Der erste Merkmalkomplex dient dann als die eigentliche Kennzeichnung des satzfunktionalen Themas, dem V nur eine realistische Einbettung verleiht, und der zweite als satzfunktionales Rhema. Der schon angeführte Fabelstoff vom Hund, der ein Stück Fleisch im Maul trägt (Chambry 185), zeigt die Verbindung der Merkmalkomplexe ›Pleonexie‹ und ›Güterverlust‹. Die Lehre lautet bei Phaedrus (I,4):

> Zu Recht verliert das Seine, wer das Fremde erstrebt.

Es scheint natürlich, im Sinne der funktionalen Satzperspektive den nachgestellten Subjektsatz als das satzfunktionale Thema und den vorangestellten Hauptsatz als das satzfunktionale Rhema anzusehen. Wer sich an etwas heranmacht, das ihm nicht gehört, verliert, was ihm gehört. Die beiden Merkmalkomplexe, die als Subjekts- und Prädikatsteil der Lehre auftreten, sind bereits im Fabelstoff vorgegeben und folglich in R enthalten. Deshalb muss ein Teil von R – nämlich R_1 – dem satzfunktionalen Thema der Lehre zugeschlagen werden, der restliche Teil – nämlich R_2 – bildet das satzfunktionale Rhema: $(((r)V)R_1)^Q R_2$.

In anderen Fabeln ist der gesamte aus dem Stoff abstrahierte Merkmalkomplex R mit dem satzfunktionalen Rhema identisch:

> Hahn und Perle
>
> Eines Tages entdeckte ein Hahn
> eine Perle, die er zum erstbesten
> Juwelier brachte.
> »Ich glaube, sie ist wertvoll«, sagte er,
> »aber das kleinste Hirsekorn
> käme mir weit besser zustatten.«

Ein Ungebildeter erbte
ein Manuskript, das er zu seinem
Nachbarn, dem Buchhändler, brachte.
»Ich glaube«, sagte er, »es ist gut;
aber der geringste Silberdukat
käme mir weit besser zustatten.«

Die Fabel (La Fontaine I,20) erzählt zwei Geschichten: Die ersten sechs Verse geben den aus Phaedrus (III,12) bekannten – unrealistischen – Fabelstoff wieder, die zweiten sechs Verse schildern einen durchaus realistischen Fall, der sich zu La Fontaines Lebzeiten hätte zutragen können. Die kommentarlose Aneinanderfügung der beiden Erzählungen sowie ihre formale und strukturelle Ähnlichkeit sollen offenbar den Gedanken wachrufen, dass der zweite Fall in dieselbe Klasse gehört, die auch der erste repräsentiert: Wer mit einem hohen Wert nichts anzufangen weiß, offenbart dadurch seine eigene Minderwertigkeit. Der Hahn, der ein Hirsekorn einer Perle vorzieht, zeigt, dass er eben nur ein Hahn ist und kein zivilisierter Mensch. Der Ungebildete, der den geringen materiellen Wert eines Silberdukaten über den hohen geistigen Wert eines guten Manuskriptes stellt, steht in der Hierarchie der Geschöpfe so tief unter dem Buchhändler, der das Manuskript zu schätzen weiß, wie der Hahn unter dem Juwelier. Die Information der Lehre besteht darin, dass der realistische Fall des ungebildeten Manuskripterben in die Fallklasse eingeordnet wird, die als R aus der Geschichte von Hahn und Perle abstrahierbar ist. Thema der Lehre – im Sinne der funktionalen Satzperspektive – ist der realistische Fall, den die zweiten sechs Verse beschreiben. Das satzfunktionale Rhema (Offenbarung der Minderwertigkeit durch Wertblindheit) fällt mit R zusammen. Eine Aufspaltung des R ist nicht erforderlich.

Die voranstehenden Überlegungen führen zu einer grundsätzlichen Unterscheidung von zwei Arten des Zusammenhangs zwischen Fabelstoff und Lehre: Die erste Art liegt vor, wenn die Lehre den Informationsakzent auf die kausale, logische, zeitliche oder phänomenologische Verknüpfung zweier Merkmalkomplexe legt. Die erzählte Geschichte zeigt eine solche Verknüpfung am fiktiven Einzelfall, und die Lehre hebt sie ins Allgemeine: Wer nach fremdem Gut trachtet (erster Komplex), verliert das eigene (zweiter Komplex). In diesen

Fällen muss das aus F_n abstrahierte R in die Komponenten R_1 und R_2 zerlegt werden, wenn die Normalform die funktionale Satzperspektive angemessen wiedergeben soll. R_2 (Verlust des Eigenen) ist das satzfunktionale Rhema (der eigentliche Prädikatsteil) der Lehre, R_1 (Trachten nach fremdem Gut) wird dem satzfunktionalen Thema als dessen wichtigste Kennzeichnung zugeschlagen. V liefert nur noch ein realistisches Trägermilieu für die Merkmalkomplexe, deren Verknüpfung die eigentliche Aussage der Lehre bildet. Die zweite Art des Zusammenhangs zwischen Stoff und Lehre liegt vor, wenn der Informationsakzent der Lehre auf der Einordnung bestimmter realer Fälle in die durch R definierte Fallklasse liegt, wenn also die Lehre in einer Aussage der Form ›Auch die ((r)V)-Fälle sind R-Fälle‹ besteht. Das aus der erzählten Geschichte abstrahierte R ist dann in seiner Ganzheit das satzfunktionale Rhema der Lehre; die durch V vorbeschriebenen realen Fälle – $((r)V)^Q$ – bilden das satzfunktionale Subjekt.

Die Phaedrusfabel von Hahn und Perle legt – für sich allein genommen – eine Lehre der ersten Art nahe: ›Wer Hochwertiges nicht zu schätzen weiß, offenbart seine eigene Minderwertigkeit‹. Der Informationsakzent liegt auf der Verknüpfung von Wertblindheit (R_1) und Minderwertigkeit (R_2). In der Fabel La Fontaines jedoch wird die Verknüpfung als solche (R) zum satzfunktionalen Rhema. Der Informationsakzent liegt nicht mehr auf der (als längst bekannt vorausgesetzten) Verknüpfung von Wertblindheit und Minderwertigkeit, sondern auf der Tatsache, dass auch die Geringschätzung geistiger Werte einen Fall dieser Verknüpfung darstellt.

2.3.2.7 Analogien zwischen Fabelstoff und Lehre

Ein Analogieverhältnis besteht sowohl zwischen der Gesamtheit der erzählten Geschichte und der Gesamtheit der zugehörigen Lehre wie auch zwischen bestimmten Elementen der erzählten Geschichte einerseits und bestimmten Elementen der Lehre andererseits. Die erste Art der Analogie wird im Folgenden ›Globalanalogie‹, die zweite ›Detailanalogie‹ genannt.

Die Geschichte, die in einer Fabel erzählt wird, wendet auf einen fiktiven Gegenstand (f) den Beschreibungsinhalt F_0 an. Die so vollzogene Beschreibung wird als (f)F_0 symbolisiert. Die Lehre, die aus der Geschichte abgeleitet wird, wendet auf einen realen Gegenstandskomplex, den wir als $((r)V)^Q$ kennzeichnen, den Beschreibungsinhalt R an. Die so vollzogene Beschreibung wird als $((r)V)^Q$ R symbolisiert. Das Verhältnis zwischen den beiden Beschreibungsinhalten F_0 und R drückt sich in der Formel $F_0 \subset F_n \supset R$ aus. Wir wollen unterstellen, dass auf den fiktiven Gegenstand f außer F_0 auch F_n zutrifft, dass also die Interpolationen, durch die F_n sich von F_0 unterscheidet, zu Recht vorgenommen wurden. In diesem Fall trifft auch R auf f zu, da R in F_n inkludiert ist und ein inkludierter Inhalt *per definitionem* auf alle Gegenstände zutrifft, auf die auch der inkludierende zutrifft. R ist also ein gemeinsamer Beschreibungsinhalt des durch F_n beschriebenen fiktiven Gegenstandes und der realen Gegenstände, die das Thema der Lehre bilden. Die Tatsache, dass zwei verschiedene Beschreibungsgegenstände unter einen gemeinsamen Beschreibungsinhalt fallen, bezeichnen wir im Folgenden als Analogie der Gegenstände. Zwei Beschreibungsgegenstände sind einander analog, insofern es einen Beschreibungsinhalt gibt, der auf beide zutrifft. Die Behauptung, dass zwischen zwei Gegenständen ein Analogieverhältnis besteht, lässt sich explizieren, indem man die ›Wurzel‹ der Analogie benennt: zwei geltende Beschreibungen, die denselben Inhalt auf zwei verschiedene Gegenstände anwenden. Bei einer Fabel besteht ein Analogieverhältnis zwischen dem fiktiven Fall f, von dem die Geschichte erzählt, und dem Gegenstandskomplex $((r)V)^Q$, den die Lehre beschreibt; denn auf beide trifft der Beschreibungsinhalt R zu. Die Wurzel dieser Analogie besteht in der Geltung folgenden Beschreibungspaars:

(f) R
$((r)V)^Q$ R.

Zwei Beschreibungsgegenstände können einander in verschiedener Hinsicht analog sein, insofern es verschiedene Beschreibungsinhalte geben kann, die auf beide zutreffen. Auch wenn Analogie vorliegt, wenn es also einen oder auch mehrere Beschreibungsinhalte gibt, die auf beide Gegenstände zutreffen, kann es zugleich andere Beschreibungsinhalte geben, die nur auf einen von ihnen zutreffen. Analogie der Gegenstände schließt Verschiedenheit nicht aus. Zwei Gegenstände, die in jeder erdenklichen Hinsicht einander analog wären, für die es also nur gemeinsame und keine differenzierenden Beschreibungsinhalte gäbe, müssten nach dem *principium identitatis indiscernibilium* als identisch gelten. Der Gegenstand, von dem die Geschichte einer Fabel erzählt, und der Gegenstand, den die Lehre beschreibt, sind jedoch nicht identisch, sondern nur – in bestimmter Hinsicht, nämlich als Träger von R – einander analog.

Der erläuterte Begriff der Analogie erlaubt eine präzisere Fassung der landläufigen Annahme, dass die Lehre einer Fabel der erzählten Geschichte irgendwie ähnlich sei. Diese Annahme äußert sich auch in der Einleitung vieler Epimythien durch Adverbien der Ähnlichkeit:

> *So* klagen *auch* manche Menschen [...] die Verhältnisse an. (Chambry 32)
>
> *So* tun *auch* einige Menschen erschöpft, wenn andere sich abmühen. (Chambry 70)

Ähnlichkeit besteht nach herrschender Auffassung nicht nur zwischen Lehre und Geschichte als Ganzheiten, sondern auch zwischen bestimmten Teilen der Lehre und bestimmten Teilen der Geschichte. In Lessings Fabel ›Der Springer im Schache‹ (I,29) besteht Ähnlichkeit einerseits zwischen der gesamten Geschichte und der aus ihr gezogenen Lehre (dass der Monarch ohne Schaden für das Staatswesen Aufgaben des Adels an Angehörige des dritten Standes vergeben kann), andererseits aber auch zwischen dem als Springer markierten Bauern und einem mit höheren Aufgaben betrauten Angehörigen des dritten Standes – ebenso wie zwischen dem echten Springer und einem Angehörigen des Adels. Um auch solche Einzelähnlichkeiten mit Hilfe des Analogiebegriffs zu explizieren, müssen wir unseren Begriff der Beschreibung verfeinern. Dabei soll eine weitere Fabel Lessings (II,11) als Anschauungsmaterial dienen:

> Das beschützte Lamm
>
> Hylax, aus dem Geschlechte der Wolfshunde, bewachte ein frommes Lamm. Ihn erblickte Lykodes, der gleichfalls an Haar, Schnauze und Ohren einem Wolfe ähnlicher war als

einem Hunde, und fuhr auf ihn los. Wolf, schrie er, was machst du mit diesem Lamme? –
Wolf selbst! versetzte Hylax. (Die Hunde verkannten sich beide.) Geh! oder du sollst es erfahren, daß ich sein Beschützer bin!
Doch Lykodes will das Lamm dem Hylax mit Gewalt nehmen; Hylax will es mit Gewalt behaupten, und das arme Lamm – treffliche Beschützer! – wird darüber zerrissen.

Die von uns verwendete Methode zur Darstellung von Beschreibungen legt nicht fest, wie die Informationen, die in einer gegebenen Beschreibung enthalten sind, auf die Definitionen von Beschreibungsgegenstand und Beschreibungsinhalt zu verteilen sind. Zur Wiedergabe der Fabel vom beschützten Lamm könnte man bei unterschiedlich enger Festlegung des Beschreibungsgegenstands dieselbe Informationsmenge unterschiedlich auf Gegenstand und Inhalt verteilen. Wir haben bisher den Gegenstand, den die erzählte Geschichte beschreibt, als ›fiktiven Fall‹ (f) bezeichnet und als eine Art unbeschriebener *materia prima* angesehen, die durch alle in der Erzählung enthaltenen Informationen überformt wird. In einem solchen Fall umfasst der Beschreibungsinhalt (F_0 bzw. F_n) die Gesamtheit der Informationen. Man könnte aber auch irgendein vorbeschriebenes Element der Geschichte als Gegenstand bestimmen und bei entsprechender Neufestlegung des Beschreibungsinhalts eine Beschreibung mit derselben Informationsmenge erhalten. In der Fabel vom beschützten Lamm könnte man außer dem gänzlich unbeschriebenen fiktiven Fall etwa den Hund Hylax, den Hund Lykodes oder das beschützte Lamm zum Gegenstand wählen.

Die vier Beschreibungen, die sich anhand der Gegenstände unterscheiden und dennoch denselben Sachverhalt wiedergeben, erinnern an Sätze mit verschiedenen Subjekten bei mehr oder weniger gleichem Inhalt.

(f) F_o	Der fiktive Fall (f) – ist gekennzeichnet durch einen für den Schützling tödlich ausgehenden Streit zwischen den Hunden Hylax und Lykodes um das Schutzmonopol über ein Lamm.
(Hylax) F_{01}	Der Hund Hylax – verteidigt gegen den Hund

Lykodes das Schutzmonopol über ein Lamm, das an den Verteidigungsmaßnahmen zugrunde geht.

(Lykodes) F_{02} Der Hund Lykodes – macht dem Hund Hylax das Schutzmonopol über ein Lamm streitig, das bei dem Streit stirbt.

(Lamm) F_{03} Ein Lamm – stirbt bei einem Streit zwischen den Hunden Hylax und Lykodes, die beide ein exklusives Schutzmonopol über es beanspruchen.

Wie man, um die Beschreibung eines gegebenen Sachverhalts darzustellen, die Informationen auf Beschreibungsgegenstand und -inhalt verteilt, hängt von dem Zweck ab, den die Darstellung verfolgt. In den vorangehenden Kapiteln war uns daran gelegen, einen gemeinsamen Beschreibungsinhalt der erzählten Geschichte und der Lehre herauszustellen. Dabei bot es sich an, den gänzlich unbeschriebenen fiktiven Fall (f) als Gegenstand zu wählen und alle Informationen, die der Erzähltext vergab, in den Beschreibungsinhalt F_0 zu stecken.

Statt den Beschreibungsinhalt einem einzelnen vorbeschriebenen Gegenstand – wie Hylax, Lykodes oder Lamm – zuzuordnen, kann man ihn auch einer geordneten Menge von Gegenständen zuordnen: (Hylax, Lykodes, Lamm) F_{04}.

Die Verwendung von geordneten Gegenstandsmengen statt eines einzelnen Beschreibungsgegenstandes erlaubt eine präzise Erfassung der Ähnlichkeiten, die zwischen Teilen der erzählten Geschichte und Teilen der Lehre bestehen. Nehmen wir an, der Geschichte vom beschützten Lamm sei folgende Lehre zugeordnet:

> Wenn zwei Schutzmächte dasselbe Land als Protektorat beanspruchen, erkennt gewöhnlich keine von beiden den Anspruch der anderen an; vielmehr sehen beide in der Rivalin eine Bedrohung des Schutzbefohlenen. Bei der Wahrnehmung der Schutzfunktion gegeneinander geht das Protektorat in aller Regel ›vor die Hunde‹.

Zwischen Lehre und erzählter Geschichte erkennt man folgende Einzelähnlichkeiten: Das Lamm gleicht dem Protektorat, die beiden

Hunde gleichen den rivalisierenden Schutzmächten – Hylax der ersten und Lykodes der zweiten. Auch diese Ähnlichkeiten lassen sich durch unseren Begriff der Analogie explizieren, wenn man als Analogiewurzel Beschreibungen von geordneten Gegenstandsmengen statt von Einzelgegenständen nimmt:

(Hylax	Lykodes	Lamm)	R_{04}
(1. Schutzmacht	2. Schutzmacht	Protektorat)	R_{04}

Die erste Beschreibung gibt die erzählte Geschichte wieder, die zweite die Lehre. Das Beschreibungspaar begründet kraft des gemeinsamen Beschreibungsinhaltes R_{04} die Globalanalogie zwischen Geschichte und Lehre. Außerdem begründet es die Detailanalogien zwischen Hylax und der ersten Schutzmacht, zwischen Lykodes und der zweiten Schutzmacht sowie zwischen Lamm und Protektorat. Eine Detailanalogie zwischen zwei Gegenständen liegt nämlich genau dann vor, wenn zwei Beschreibungen mit demselben Beschreibungsinhalt gelten, in deren Gegenstandsmengen die beiden Gegenstände denselben Platz in der Reihenfolge der Gegenstände einnehmen. Die Wurzel einer Detailanalogie ist ein Beschreibungspaar, in dem derselbe Inhalt zwei verschiedenen, aber gleich großen, geordneten Gegenstandsmengen zugesprochen wird. Zwischen den gleich platzierten Gegenständen der beiden Mengen bestehen Detailanalogien. Den gemeinsamen Beschreibungsinhalt beider Gegenstandsmengen stellt man sich am besten als einen Text mit Leerstellen vor. Jedem Platz in der Gegenstandsmenge entspricht eine Leerstellennummer: dem ersten die Leerstellennummer 1, dem zweiten die Nummer 2 usw. Wenn man die einzelnen Leerstellen durch die Nummern markiert, die auf den entsprechenden Platz in der Gegenstandsmenge verweisen, könnte der gemeinsame Beschreibungsinhalt R_{04} wie folgt umschrieben werden:

> [1] hält sich für den allein zuständigen Beschützer von [3], ebenso [2]. [1] sieht in [2] – und [2] sieht in [1] – nicht etwa einen autorisierten Mitbeschützer, sondern einen Feind, vor dem es [3] zu schützen gilt. Indem [1] und [2] ihre Schutzfunktion gegeneinander wahrnehmen, richten sie das zu schützende Objekt [3] zugrunde.

Aus dem Beschreibungsinhalt wird eine Beschreibung, wenn die Leerstellen gefüllt werden – entweder mit den Gegenständen der ersten oder mit denen der zweiten Beschreibung. Das Nebeneinanderstehen von Gegenstandsmenge und Beschreibungsinhalt in unserer Beschreibungsformel bedeutet, dass die Beschreibung durch Füllung der Leerstellen des Beschreibungsinhalts mit den entsprechenden Gegenständen der Menge zustande kommt. Setzt man in die Leerstellen 1, 2 und 3 die entsprechenden Gegenstände der ersten Beschreibung ein (also Hylax, Lykodes und das Lamm), so entsteht eine zutreffende, wenn auch leicht abstrakte Wiedergabe der Geschichte vom beschützten Lamm. R_{04} ist ja nicht identisch mit F_{04}, sondern nur in F_{04} inkludiert. Setzt man in die Leerstellen 1 – 3 die entsprechenden Gegenstände der zweiten Beschreibung ein (also erste Schutzmacht, zweite Schutzmacht und Protektorat), so entsteht die Lehre. Die Vorbeschreibung (V) wird ebenso wie der Quantor (Q) überflüssig: Wir betrachten sie als in den impliziten Definitionen der Gegenstände bzw. im gemeinsamen Beschreibungsinhalt enthalten. Man kann sich den gemeinsamen Beschreibungsinhalt auch als ein Netz aus Beziehungen vorstellen, in denen die Beschreibungsgegenstände – entweder der ersten oder der zweiten Menge – die Beziehungsträger (gewissermaßen die Knotenpunkte) bilden.

Die gewählte Symbolik zur Darstellung von Beschreibungen zwingt zu einer bestimmten Ordnung der Informationen, die in einer Beschreibung enthalten sind. Die gewählte Ordnung dient dem Beschreibungsvergleich. Insbesondere stellt sie analogiestiftende Gemeinsamkeiten heraus. Das Symbolisierungssystem schreibt nicht vor, welche oder wie viele Elemente einer Geschichte oder eines Sachverhaltes die Menge der Beschreibungsgegenstände bilden müssen. Dieselbe Informationsmenge lässt sich in mehreren Beschreibungen darstellen, die sich durch Auswahl und Anzahl der Gegenstände unterscheiden. Die Wahl der Gegenstände hängt vom Zweck der Beschreibung ab. Um den grundsätzlichen Zusammenhang zwischen Geschichte und Lehre deutlich zu machen, war es, wie oben erläutert, am einfachsten, beide als Beschreibungen mit nur einem Gegenstand darzustellen. Die erzählte Geschichte ist die Beschreibung eines fiktiven Falles (f), die Lehre die Beschreibung einer realen Fallmenge $((r)V)^{Q}$. Die Einzahl des Beschreibungsgegenstandes bzw. die Einstelligkeit des Beschreibungsinhalts ist – aus dem Blickwinkel der Darstellungstechnik von Beschreibungen – nur einer von vielen Realisierungsfällen der grundsätzlich beliebigen Zahl der Beschreibungsgegenstände bzw. nur einer von vielen Realisierungsfällen der n-Stelligkeit des Beschreibungsinhalts. Wenn nicht nur die Globalanalogie zwischen Geschichte und Lehre dargestellt werden soll, sondern auch die in der Globalanalogie enthaltenen Detailanalogien, empfiehlt es sich, alle – und nur die – Elemente der Geschichte bzw. der Lehre in die Menge der Beschreibungsgegenstände aufzunehmen, die als Partner von Detailanalogien in Betracht kommen.

Die in derselben Globalanalogie enthaltenen Detailanalogien sind ›wurzelgleich‹. Wenn etwa auf Grund derselben Globalanalogie die Gegenstände a und c sowie die Gegenstände b und d einander analog sind, gibt es eine gemeinsame Wurzel folgender Form:

(a,b) R
(c,d) R

In der Fabel vom beschützten Lamm bestehen wurzelgleiche Detailanalogien zwischen Hylax und der ersten Schutzmacht, zwischen Lykodes und der zweiten Schutzmacht sowie zwischen Lamm und Protektorat. Die gemeinsame Wurzel liegt im Beschreibungspaar (s.o.):

(Hylax	Lykodes	Lamm)	R_{04}
(1. Schutzmacht	2. Schutzmacht	Protektorat)	R_{04}

Zwischen wurzelgleichen Detailanalogien besteht in der Regel eine gegenseitige Abhängigkeit: Die Gemeinsamkeit zweier Analogiepartner kann nicht ohne Rückgriff auf die Gemeinsamkeit anderer Analogiepartner derselben Wurzel beschrieben werden. Worin die Gemeinsamkeit zwischen Lamm und Protektorat besteht, kann nicht ohne Rückgriff auf die Gemeinsamkeit beschrieben werden, die zwischen den Hunden und den Schutzmächten besteht – und umgekehrt. Lamm und Protektorat werden von den rivalisierenden Beschützern zugrunde gerichtet, bzw. die Hunde und die Schutzmächte richten das, was sie schützen wollen, durch ihre Rivalität zugrunde. Wenn die Detailanalogien zwischen Geschichte und Lehre festgelegt sind, ist auch die Lehre so gut wie festgelegt. Daher kann eine Fabel durch

Enthüllung von Detailanalogien entschlüsselt werden. Stesichoros ließ – nach Aristoteles – dem Vortrag der Fabel von Pferd und Hirsch (2.1.2) folgenden Kommentar folgen:

> So müsst auch ihr euch vorsehen, [...] dass es euch, weil ihr euch an euren Feinden rächen wollt, nicht so ergeht wie dem Pferd. Die Zügel habt ihr euch schon anlegen lassen, indem ihr einen Heerführer mit unbeschränkten Vollmachten gewählt habt. Wenn ihr ihm auch noch eine Leibwache bewilligt und ihn dadurch aufsitzen lasst, werdet ihr umgehend zu Sklaven des Phalaris.

Der Kommentar legt die Lehre der Fabel anhand von vier wurzelgleichen und voneinander abhängigen Detailanalogien fest:

Pferd:	Himerer
Mensch:	Phalaris
Annahme der Zügel:	Ausstattung des Phalaris mit unbeschränkten Vollmachten
Aufsitzenlassen:	Bewilligung einer Leibwache

La Fontaine erzählt in einer Fabel, die er dem großen Moralisten La Rochefoucauld widmet (I,11), von einem selbstverliebten Menschen, der alle Spiegel, die ihm seine Hässlichkeit vor Augen führen, als falsche Mahner flieht. In die Einsamkeit getrieben, erblickt er sein Bild im Spiegel eines Wasserlaufs. Wiederum will er fliehen, aber der Wasserlauf ist so schön, dass er den Betrachter an sich fesselt, der seinen Blick nicht mehr von der in Schönheit gebetteten eigenen Hässlichkeit abwenden kann. Das Epimythion entschlüsselt die Fabel, indem es drei Detailanalogien nennt:

> Unsere Seele ist dieser in sich selbst verliebte Mensch; die vielen Spiegel sind die Unzulänglichkeiten der anderen, Spiegel in der Tat, die unsere eigenen Fehler zuverlässig abbilden; und was den Wasserlauf betrifft, so handelt es sich um den, den jeder kennt: das Buch der Maximen [des Moralisten La Rochefoucauld].

Die Lehre besagt, dass die menschliche Seele vom *amour-propre* (der ausschließlichen Liebe zu sich selbst) beherrscht wird und sich deshalb weigert, die seelischen Verformungen anderer als Spiegelbild ihrer eigenen Fehler anzuerkennen. La Rochefoucaulds Maximen jedoch geben den Verformungen der Seele eine so vollendete künstlerische Darstellung, dass der Leser sie mit Genuss zur Kenntnis nimmt. Die Maximen wirken als Waffe im Kampf gegen den *amour-propre,* insofern sie dessen Herrschaft, die er selbst zu verbergen trachtet, ins helle Licht der Selbsterkenntnis rücken.

Die antike Rhetorik kannte den Zusammenhang von Global- und Detailanalogie, wenn ihr auch der Begriff der Wurzelgleichheit fremd war. Nach Quintilian (Institutio oratoria XIII,6,44 und IX, 2,46) entsteht die Allegorie aus der ›weitergeführten Metapher‹. Ein von Quintilian angeführtes Beispiel zeigt, dass mit ›weitergeführter Metapher‹ eine Folge wurzelgleicher Detailanalogien gemeint ist:

> Eine Allegorie [...] entsteht meistens aus weitergeführten Metaphern. Das zeigt folgendes Beispiel: »O Schiff! Neue Fluten werden dich ins offene Meer zurücktragen. O was tust du? Steure beherzt den Hafen an!« und die gesamte Horazstelle [(Carmina I,14)], wo der Autor ›Schiff‹ anstelle von ›Staatswesen‹, ›Flut und Sturm‹ anstelle von ›Bürgerkrieg‹ und ›Hafen‹ anstelle von ›Frieden und Eintracht‹ sagt [...]. (Institutio oratoria VIII,6,44)

Die von Quintilian herausgepflückten Metaphern haben folgende gemeinsame Wurzel:

(Schiff	Flut und Sturm	Hafen)	R
(Staatswesen	Bürgerkrieg	Frieden und Eintracht)	R

Der gemeinsame Beschreibungsinhalt R ließe sich als Text mit Leerstellen wiedergeben:

> O teures Gut [1]! Neue Unbilden der Art [2] werden dich wiederum in Gefahr bringen. O was tust du? Strebe entschlossen in Richtung [3]!

Wenn Quintilians Terminologie gelten soll, ist auch die erzählte Geschichte der Fabel eine Allegorie aus weitergeführten Metaphern. Der hässliche, in sich selbst verliebte Mensch bezeichnet metaphorisch die vom *amour-propre* entstellte menschliche Seele, und der Fluss, dessen Schönheit dazu verführt, die eigene Hässlichkeit im Spiegel des Wassers unverwandt zu betrachten, bezeichnet metaphorisch La Rochefoucaulds Buch der Maximen. Was die Detailanalogien einer Fabel oder einer anderen Allegorieform von landläufigen Metaphern unterscheidet, ist die enge Verflechtung mit einem bestimmten Kontext, der ihren Wurzelgrund bildet. Wieso ausgerechnet ein Fluss als metaphorische Bezeichnung der Maximen La Rochefoucaulds dienen kann, bleibt unverständlich, solange nicht der gesamte Fabeltext mit seinen anderen, wurzelgleichen Metaphern in den Blick kommt. Die Metaphern der Fabel müssen, um motiviert zu erscheinen, die gesamte Fabel einschließlich der Lehre ins Schlepptau nehmen. Freie Metaphern sind kontextunabhängiger. Ihre Motivation braucht nicht systematisch entwickelt, sondern nur mit leichter Hand angedeutet zu werden. Manchmal gar ist sie ohne jeden Kontext dem Sprachbenutzer gegenwärtig. Wer die deutsche Sprache kennt, weiß ohne erklärenden Kontext, dass ›Achillesferse‹ nicht nur einen Körperteil des antiken Halbgotts, sondern auch den schwachen Punkt einer Person oder einer Unternehmung bezeichnet.

Es kommt auch vor, dass die Detailanalogien einer Fabel sich von ihrem Wurzelgrund lösen und als freie Metaphern in den allgemeinen Sprachgebrauch eingehen. Man braucht sich keine bestimmte Fabel zu vergegenwärtigen, um zu verstehen, was mit einem alten Fuchs, einem Wolf im Schafspelz, einem fremden Federschmuck oder einem Bärendienst gemeint ist.

Umgekehrt können Fabeln auf landläufige Metaphern zurückgreifen, um einer – durch ihre mehrstellige Wurzel bereits motivierten – Detailanalogie zusätzliche Motivation zu verleihen. Im Lateinischen wurden die Wörter *mordere* (beißen) und *mordax* (bissig) metaphorisch zur Beschreibung verletzender oder herabsetzender Reden verwandt, wie man ja auch im Deutschen von ›beißendem‹ Spott oder im Französischen von *ironie mordante* spricht. Diese eingeführte Metapher nutzt Phaedrus in folgender Fabel aus (IV,8):

Mordaciorem qui improbo dente adpetit,
hoc argumento se describi sentiat.

In officinam fabri venit vipera.
haec, cum temptaret si qua res esset cibi,
limam momordit. Illa contra contumax,
«Quid me,» inquit, «stulta, dente captas laedere,
omne adsuevi ferrum quae conrodere?»

Wer boshaft seine Zähne in einen noch Bissigeren schlägt,
soll sich durch folgende Geschichte getroffen fühlen.

In die Werkstatt eines Schmieds kam einmal eine Schlange.
Sie untersuchte, ob irgend etwas Essbares vorhanden war.
Dabei biss sie in eine Feile. Die aber sagte ungerührt:
»Dummkopf, wieso willst du deine Zähne ausgerechnet in mich schlagen,
dessen tägliches Brot es ist, Eisen aller Art zu zernagen?«

Die Metaphorik ist so geläufig, dass Phaedrus sie nicht einmal im Promythion entschlüsselt. Auf welcherlei verbale Attacken die Fabel abzielt, bleibt indes unklar. La Fontaine (V,16) benutzt den Stoff zur Bloßstellung beckmesserischer Literaturkritiker.

Dies zielt auf euch, Geister niedersten Ranges,
Die ihr, zu keiner eigenen Leistung fähig, alles zerbeißen wollt.
Ihr quält euch vergeblich.
Glaubt ihr, eure Zähne könnten ihre hässlichen Spuren
in so vielen Meisterwerken hinterlassen?
Sie sind für euch aus Erz, aus Stahl, aus Diamant.

Phaedrus und La Fontaine bauen die vorgegebene metaphorische Beziehung zwischen Biss und verbaler Attacke als Detailanalogie in das semantische System ihrer Fabel ein. Im Falle der Phaedrusfabel könnte die Analogiewurzel wie folgt wiedergegeben werden:

(Schlange	Biss	Feile)	R
(verbaler Angreifer	verbaler Angriff	verbal Angegriffener)	R

Der Beschreibungsinhalt R entspricht folgendem Text mit Leerstellen:

> Zur Befriedigung eigener Bedürfnisse versucht [1], an [3] die Operation [2] zu vollziehen. [3] erweist sich jedoch als gegen [2] resistent, und [1] ist blamiert.

Zur Erfassung der La Fontaine-Fabel müsste die zweite Beschreibung folgende Gegenstandsmenge aufweisen: (Kritiker, Kritik, Meisterwerk).

In einer anderen Fabel nutzt Phaedrus die zweifache Bedeutung des Wortes *inflare* aus, das wörtlich ›hineinblasen‹, metaphorisch aber auch ›aufblähen‹ und ›zur Großmannssucht treiben‹ bedeutet.

Rana rupta et bos

Inops potentem dum vult imitari perit.

In prato quondam rana conspexit bovem,
et tacta invidia tantae magnitudinis
rugosam inflavit pellem; tum natos suos
interrogavit an bove esset latior.
Illi negarunt. Rursus intendit cutem
maiore nisu, et simili quaesivit modo,
quis maior esset. Illi dixerunt bovem.
novissime indignata, dum vult validius
inflare sese, rupto iacuit corpore.

Der geplatzte Frosch und der Ochse

Wenn ein Mittelloser es einem Mächtigen gleichtun will, geht er zugrunde.

Auf einer Weide erblickte ein Frosch einmal einen Ochsen.
Da packte ihn der Neid auf dessen gewaltige Körpergröße,

> und er blies seine schrumpelige Haut auf. Dann fragte er
> seine Kinder, ob er nun dicker sei als der Ochse.
> Das verneinten die Kinder. Ein zweites Mal spannte er seine Haut
> mit noch größerer Kraftanstrengung und fragte wie beim ersten Mal,
> wer größer sei. Die Kinder sagten, der Ochse.
> Schließlich wurde es ihm zu bunt: Er wollte sich noch stärker
> aufblasen – und lag plötzlich zerplatzt am Boden.

Die Wurzel der Analogie zwischen Geschichte und Lehre ließe sich wie folgt darstellen:

(Frosch	Ochse	sich aufblasen)	R
(Mittelloser	Mächtiger	es dem Mächtigen nachtun)	R

R ließe sich durch folgenden Text wiedergeben:

> Das kleine [1] versucht durch [3], mit dem großen [2] gleichzuziehen oder gar [2] zu übertreffen. Wegen des unüberbrückbaren Abstandes zwischen [1] und [2] geht [1] bei diesem aussichtslosen Versuch zugrunde.

Die Analogie zwischen dem Versuch des Frosches, durch Aufblasen die Größe des Ochsen zu erreichen, und dem Bemühen eines Mittellosen, das Leben eines Mächtigen zu führen, ist zweifach motiviert: einerseits durch die Globalanalogie, in der alle Detailanalogien der Fabel fundiert sind, andererseits durch die unabhängig von der Fabel bestehende Metaphorik des Wortes *inflare*. Auch Lessing nutzt eine bereits eingeführte Metaphorik aus, wenn er den dritten Stand durch die Schachfigur des Bauern und den Adel durch die des Springers repräsentiert (I,29). Die Schachfiguren werden auch ohne Lessings Fabel schon als Spiegel der gesellschaftlichen Hierarchie aufgefasst.

Die in wurzelgleiche Detailanalogien ausmünzbare Globalanalogie zwischen erzählter Geschichte und gezogener Lehre begründet die Verwandtschaft von Fabel und Allegorie. Die gemeinsame semantische Struktur besagt jedoch nichts über eine Rangfolge, die zwischen den analogisch verknüpften Inhaltsschichten besteht. Hegel rechnet die Allegorie zu den »Vergleichungen, welche in der Verbildlichung mit der Bedeutung den Anfang machen« (507ff.), die Fabel dagegen zu den »Vergleichungen, welche vom Äußerlichen den Anfang machen« (490ff.). In der Fabel ist demnach die erzählte Geschichte auch ohne Lehre ein eigenwertiges Ganzes. Sie hat Vorrang gegenüber der Moral, die »als das später Herzukommende« erscheinen soll, »nicht als das, was von Haus aus beabsichtigt war« (495). Die Allegorie dagegen kleidet einen vorgegebenen Sinn nachträglich in eine fassliche äußere Erscheinung. Horaz müsste nach dieser Auffassung zunächst das Thema des vom Bürgerkrieg gefährdeten Staatswesens konzipiert und es dann in das Bild des sturmbedrohten Schiffes gekleidet, Lessing dagegen zunächst die – ohne alle Hintergedanken erzählenswerte – Geschichte der schachspielenden Knaben ersonnen und ihr dann einen Zweitsinn unterlegt haben. Der Fabeldichter Günther Anders sieht wie Hegel die Allegorie als nachträgliche Einkleidung einer vorgegebenen Bedeutung. Andererseits verkennt er nicht die augenscheinliche Verwandtschaft zwischen Fabel und Allegorie, die in der Verklammerung zweier Bedeutungsschichten durch Analogie besteht. Er nennt die Fabel deshalb im Schlusstext seiner Sammlung ›Der Blick vom Turm‹ eine »umgedrehte Allegorie« (101): Am Anfang steht nicht – wie in der Allegorie – der Zweitsinn, sondern ein Bild, das ein Botschaft birgt. Hegel und Anders beschreiben mit ihren Festlegungen den Eindruck, den gute Fabeln bei ihnen hervorrufen: Die erzählte Geschichte wirkt nicht wie ein nachträglich geschneidertes Kleid für eine nackte Wahrheit, sondern eher wie ein Edelstein, in dessen Struktur ein geheimnisvolles Licht schimmert. Aber im Hause des Äsop gibt es viele Wohnungen. Lessing – wie vor ihm Gottsched – verlangt umgekehrt vom Fabelautor, dass er zunächst den moralischen Lehrsatz bestimme und dann zu dessen Veranschaulichung eine passende Geschichte ersinne (104).

2.3.2.8 Maßstäbe zur Bewertung der Lehre: semantische und pragmatische Motivation

Eine Lehre passt zu einer Fabel, insofern sie auf ein Stück Wirklichkeit, das zum Thema der Lehre gewählt wurde, einen Beschreibungsinhalt anwendet, der durch Abstraktion aus einer Beschreibung des fiktiven Fabelhergangs gewonnen wurde. Den auf den Fabelhergang angewandten Beschreibungsinhalt symbolisieren wir mit F_n, den inkludierten Inhalt, den die Lehre ihrem Thema zuspricht, mit R. Außer R inkludiert F_n auch noch den Beschreibungsinhalt F_0, den der Fabeltext dem dargestellten fiktiven Fall zuspricht. Die Relationenkette $R \subset F_n \supset F_0$ benennt den Zusammenhang, der zwischen der erzählten Geschichte – (f)F_0 – und der aus ihr abgeleiteten Lehre – $((r)V)^Q R$ – bestehen muss. Da nun ein gegebenes F_0 in sehr vielen Beschreibungsinhalten inkludiert sein kann und da jeder dieser Beschreibungsinhalte seinerseits sehr viele andere inkludiert, legt die genannte Relationenkette die Lehre bei gegebenem F_0 nicht fest. Zu einer erzählten Geschichte gibt es sehr viele Lehren, die den Forderungen der Relationenkette gerecht werden. Alle diese Lehren können vom Fabelleser als passend verstanden werden, aber nicht alle passenden Lehren werden als gleich gute Deutungen der Fabel geschätzt. Zu den Gesichtspunkten, unter denen von zwei passenden Lehren die eine besser scheint als die andere, gehören die semantische und die pragmatische Motivation.

Die Lehre ist umso fester im Stoff verankert, je weniger die Beschreibungsinhalte R und F_0 sich voneinander unterscheiden. Der Leser möchte den Fabelstoff in der Lehre möglichst unverbogen und vollständig wiederfinden. Von der Lehre sollen deutliche Analogiebrücken zu möglichst vielen, besonders aber zu den charakteristischen Bestandteilen des Stoffes zurückführen. Der kurz zu haltende Abstand zwischen Erzählstoff und Lehre setzt sich aus zwei Teilstrecken zusammen: von F_0 nach F_n und von F_n nach R. Die erste Teilstrecke ist umso kürzer, auf je weniger Interpolationen der Beschreibungsinhalt R zurückgreifen muss. Da F_n sich von F_0 nur durch Interpolationen, d.h. durch Füllung semantischer Leerstellen, unterscheidet, kann günstigenfalls der Abstand zwischen beiden aufgehoben werden: F_n fällt mit F_0 zusammen, wenn das gewünschte R ohne alle Interpolation – durch bloßes Abstrahieren – unmittelbar aus F_0 gewonnen wird: Beim Fabelstoff ›Fuchs und Weintraube‹ kommt das Epimythion des Phaedrus (IV,3) – im Gegensatz zu dem des Äsop (2.3.2.4) – ohne Interpolation aus:

> Fuchs und Weintraube
>
> Aus Hunger schnappte ein Fuchs unter kräftigsten Sprüngen nach einer Traube, die hoch in einem Weinstock hing. Als er merkte, dass er sie nicht erreichen konnte, trollte er sich und sagte: »Sie ist noch nicht reif, und sauer mag ich sie nicht.«
>
> Menschen, die das, was sie nicht vollbringen können, für unerheblich erklären, müssen dieses Beispiel auf sich beziehen.

Das Rhema R der Lehre könnte wie folgt lauten:

> Jemand (ob Gott, Mensch, Tier, Pflanze oder Ding) merkt, dass er eine zunächst für wichtig gehaltene Leistung nicht erbringen kann, und sucht sich deshalb einen Grund, sie als unwichtig hinzustellen.

Wenn man als Vorbeschreibung des Themas ›realer Fall des menschlichen Lebens‹ und als Quantor ›manche‹ (Menschen, die gemerkt haben, dass sie eine bestimmte Leistung nicht erbringen können) ansetzt, ergibt sich etwa folgende Lehre:

> Manche Menschen, die gemerkt haben, dass sie eine zunächst für wichtig gehaltene Leistung nicht erbringen können, suchen sich einen Grund, diese Leistung nachträglich für unwichtig zu erklären.

Während das Äsop-Epimythion (Chambry 32) die Abwertung der zunächst begehrten Traube als eine falsche Beschuldigung der Umstände deutete, mit welcher der Fuchs die Verantwortung für seinen Misserfolg von sich abwälzen will, deutet Phaedrus sie als Möglichkeit, den Mangel an Sprungkraft als bedeutungslos hinzustellen: Auch größere Sprungkraft hätte nur wertlose saure Trauben einbringen können. Das Äsop-Epimythion muss unterstellen, dass der

Fuchs – aus welchen Gründen auch immer: Faulheit, Mangel an Übung, unzureichender Leistungswille – für seinen Misserfolg selbst verantwortlich ist. Das Epimythion des Phaedrus kommt dagegen ohne Interpolation aus: Ob der Mangel an Sprungkraft dem Fuchs als persönliche Schuld anzulasten ist, spielt keine Rolle; entscheidend ist, dass er ihn um den Genuss reifer Trauben bringt. Der Fuchs versucht, eine entgangene Gelegenheit zum Genuss als gar nicht geboten hinzustellen. Der Text sagt zwar nicht ausdrücklich, aber doch implizit, in welcher Absicht der Fuchs die Trauben für ungenießbar erklärt: Wer etwas, das bei größerer Sprungkraft erreichbar wäre, als wertlos hinstellt, sagt implizit auch, dass größere Sprungkraft nichts einbrächte. Die Lehre des Phaedrus, die einen frustvermeidenden Selbstbetrug offenlegt, bleibt näher am Stoff; der Abstand zwischen F_n und F_0 verschwindet; das Rhema R ist unmittelbar in F_0 eingeschlossen.

Die zweite Teilstrecke auf dem Weg von F_0 zu R führt von F_n zu R. F_n inkludiert einerseits F_0 und andererseits R. Nach unserer Voraussetzung trifft ein inkludierter Beschreibungsinhalt auf alle Gegenstände zu, auf die auch der inkludierende zutrifft. Folglich müssen sowohl F_0 wie auch R auf den Gegenstand von F_n zutreffen. Das Inklusionsverhältnis beruht darauf, dass der inkludierte Inhalt eine Art abstrakter Ausdünnung des inkludierenden ist. Er verhält sich zum inkludierenden wie ein Oberbegriff zum Unterbegriff. Der Weg vom inkludierenden zum inkludierten Beschreibungsinhalt führt – wie der Weg vom Unterbegriff zum Oberbegriff – über die Abstraktion, d.h. über die Tilgung spezifizierender Inhaltsbestandteile. Von F_n gelangt man zurück zu F_0, indem man die interpolierten Inhaltsbestandteile wieder streicht. Auch der Übergang vom inkludierenden F_n zum inkludierten R verlangt die Tilgung spezifizierender Inhaltsteile. Die von der Tilgung betroffenen Inhaltsteile können ›materialer‹ oder ›formaler‹ Art sein. Als ›materiale‹ Bestandteile eines erzählten Falles sehen wir die unterscheidbaren Beschreibungsgegenstände an: handelnde Figuren, benutzte Gegenstände, Teile des *setting*, Phasen des Hergangs usw. Unter ›formalen‹ Bestandteilen verstehen wir Merkmale der unterscheidbaren Gegenstände. Der Abstraktion, die von F_n nach R führt, können materiale und müssen formale Inhaltsteile zum Opfer fallen. Die Tilgung spezifizierender Inhaltsteile soll an folgender Äsop-Fabel veranschaulicht werden (Chambry 38):

Der Fuchs und der zum König gewählte Affe

Auf einer Tierversammlung wurde der Affe, nachdem er getanzt und Beifall gefunden hatte, zum König gewählt. Der Fuchs missgönnte ihm das Amt. Als er Fleisch in einer Falle entdeckt hatte, führte er den Affen an die Fundstelle und sagte, er habe die kostbare Beute zwar gefunden, aber nicht verzehrt. Vielmehr habe er sie für den Affen als Ehrengabe verwahrt, die dem Königsamt gebühre. Und er forderte den Affen auf, sie zu nehmen. Der Affe ging arglos an die Beute heran und verfing sich in der Falle. Als er daraufhin den Fuchs beschuldigte, dass er ihn in einen Hinterhalt gelockt habe, entgegnete dieser: »O Affe, bei soviel Torheit bist du König der Tiere?«

So ernten auch Menschen, die ohne Umsicht vorgehen, zum Schaden noch den Spott.

Das Rhema R der Lehre könnte wie folgt lauten:

Jemand handelt ohne die gebotene Umsicht, erleidet Schiffbruch und wird verspottet.

In diesem Fall führt der Weg von F_n nach R aus einem dichten Wald in einen spärlich begrünten Vorgarten. Aus dem königlichen Affen, der in eine Falle tappt und auch noch den Spott dessen ertragen muss, der ihm das Missgeschick bereitet hat, wird irgendein Pechvogel, der es an Umsicht hat fehlen lassen und außer dem Schaden auch noch den Spott eines zufälligen Augenzeugen erleidet. Der Fuchs, der den Affen arglistig in eine Falle lockt, weil er ihm das Königsamt missgönnt, verblasst zu einem schemenhaften Vertreter der spottenden Mitwelt. Die Königswürde des Hereingelegten hinterlässt in der Lehre keinerlei sichtbare Spuren. Die Wahl des Affen zum König und die List des neidischen Fuchses, die Anfang und Mittelteil des erzählten Hergangs bilden, fallen einer materialen Abstraktion zum Opfer. Die im Äsop-Epimythion angebotene Lehre könnte auch aus folgender Fassung des bloßen Fabelschlusses hervorgehen:

> Ein Affe griff unbedacht nach einem Stück Fleisch, das in einer Falle lag, und die Falle schnappte zu. Ein Fuchs, der den Vorfall beobachtet hatte, verspottete den Pechvogel wegen seiner Torheit.

Zur Ermittlung des Prozentsatzes an semantischer Substanz, die auf dem Weg von F_n nach R – in einem bestimmten Fall oder im Allgemeinen – verloren geht, gibt es kein exaktes Messverfahren. Die Feststellung, ob in einem bestimmten Fall der Zuordnung von Stoff und Lehre der Verlust an semantischer Substanz besonders groß ist oder im Rahmen des Üblichen verbleibt, obliegt der Intuition des Lesers. Im Falle von Fuchs und Affe scheint der Schwund ungewöhnlich hoch: Der Weg von F_n nach R ist allzu weit.

Der Abstand zwischen inkludierendem und inkludiertem Beschreibungsinhalt bemisst sich nicht nur nach der Menge, sondern auch nach dem Gewicht der gestrichenen Informationen. Dass die sprechenden Tiere ihrer biologischen Besonderheiten entkleidet werden, dass der Affe in der Lehre nicht mehr als Affe und der Fuchs nicht mehr als Fuchs erscheint, nimmt der Leser als selbstverständliches Gebot der Gattung hin. Er möchte jedoch die Züge, die der erzählten Geschichte ihr unverwechselbares Gepräge geben, in der Lehre wenigstens *per analogiam* wiederfinden. Deshalb sollte z.B. das Königsamt des Affen nicht gänzlich hinwegabstrahiert werden, ebenso wenig wie der Neid und die List des Fuchses. Eine Lehre, die den Abstand zwischen F_n und R verringert, könnte wie folgt lauten:

> Die Träger hoher Ämter sind den hinterlistigen Machenschaften derer ausgesetzt, die ihnen das Amt missgönnen.

Der in der Formel $R \subset F_n \supset F_0$ ausgedrückte Zusammenhang zwischen Erzähltext und Rhema bildet die semantische Motivation der Lehre. Die Lehre ist dem Stoff nicht willkürlich (›arbiträr‹) zugeordnet, insofern das, was sie über reale Fälle sagt, aus den – eventuell um Interpolationen angereicherten – Beschreibungsinhalten herausgefiltert ist, die der Fabeltext dem erzählten fiktiven Fall zuordnet. Die semantische Motivation kann jedoch stärker oder schwächer sein. Sie wird schwächer bei zunehmender und stärker bei abnehmender Entfernung zwischen den in der Relationenkette benachbarten Beschreibungsinhalten R, F_n und F_0.

Die Frage der Zuordnung von Stoff und Lehre kann von zwei Seiten her gestellt werden: Entweder sucht ein Philosoph, Redner oder Dichter zu einer gegebenen Lehre den passenden Fabelstoff, oder ein Interpret sucht zu einem gegebenen Fabelstoff die passende Lehre. In beiden Fällen spielt die semantische Motivation eine wichtige Rolle. Wenn die Lehre feststeht, kann ein bestimmter Stoff, und wenn der Stoff feststeht, kann eine bestimmte Lehre wegen der stärkeren semantischen Motivation den Konkurrenten vorgezogen werden. Die Auswahl einer Lehre zu einem gegebenen Stoff ist jedoch im Normalfall nicht nur semantisch, sondern auch pragmatisch motiviert: Aus der Vielzahl semantisch motivierter Lehren wählt der Interpret diejenige aus, die er für den interessantesten Kommunikationsbeitrag hält und deren Veranschaulichung durch eine Fabel ihm am ehesten der Mühe wert scheint. Es gibt verschiedene Eigenschaften, an denen die Veranschaulichungs- oder Vermittlungswürdigkeit einer Lehre gemessen werden kann. Zu ihnen gehören die Weite des Anwendungsbereiches, die Häufigkeit der Anwendungsgelegenheiten und der Nutzen der Anwendung. Eine Lehre, deren Anwendungsbereich den einer anderen in sich einschließt, ist – *ceteris paribus* – pragmatisch stärker motiviert als die andere. Ebenso wächst die pragmatische Motivation mit der Zahl der Anwendungsfälle und mit dem Nutzen der Anwendung. Eine Lehre, zu deren segensreicher Anwendung häufig Gelegenheit besteht, ist – wiederum *ceteris paribus* – vermittlungswürdiger als eine Lehre mit selten vorkommenden Anwendungssituationen oder geringem Anwendungsnutzen. Einen weiteren Messwert für die Stärke der pragmatischen Motivation liefert die Neuartigkeit der Lehre. Ein großer Teil der Lehren des Äsop kommt dem heutigen Leser zwar nach wie vor beherzigenswert, aber dennoch abgedroschen vor. Er reicht das Fabelbuch deshalb an seine Kinder weiter, denen die Lehren vielleicht noch neu sind. In Lessings Prosafabeln ist das Bemühen spürbar, den Weisheitsschatz der Fabeltradition um neuartige Lehren zu bereichern.

Minerva

Laß sie doch, Freund, laß sie, die kleinen hämischen Neider deines wachsenden Ruhmes! Warum will dein Witz ihre der Vergessenheit bestimmte Namen verewigen?

> In dem unsinnigen Kriege, welchen die Riesen wider die Götter führten, stellten die Riesen der Minerva einen schrecklichen Drachen entgegen. Minerva aber ergriff den Drachen und schleuderte ihn mit gewaltiger Hand an das Firmament. Da glänzt er noch; und was so oft großer Taten Belohnung war, ward des Drachen beneidenswürdige Strafe.

Der Anwendungsbereich der Lehre (II,30) ist begrenzt. Nur ein Bruchteil der Fabelleser sieht – wie Lessing selbst – seinen wachsenden Ruhm dem Neid unbedeutender Kritiker ausgesetzt. Noch weniger Leser laufen Gefahr, die Namen ihrer Kritiker durch eine weit in die Nachwelt hinüberhallende Replik zu verewigen. Aber die Neuartigkeit der Lehre und ihre starke semantische Motivation machen die Begrenzung des Anwendungsbereiches wett.

Eine Lehre ist ›absolut‹ neu, wenn ihr Inhalt nicht zum aufbereiteten Erfahrungsschatz der Leserschaft gehört; sie kann darüber hinaus ›relativ‹ neu sein durch die Zuordnung zu einem Fabelstoff, den die Leserschaft bisher nur als Träger einer anderen Lehre kannte. Anouilh (Fables) liebt es, alte Fabelstoffe mit schockierend neuen Lehren zu versehen. Das Schilfrohr, das ältere Fassungen des Stoffes (Chambry 143, Babrios 36, La Fontaine I,22) dem Leser als leuchtendes Beispiel kluger Nachgiebigkeit vor Augen hielten, wird bei Anouilh zum verächtlichen Beispiel opportunistischer Prinzipienlosigkeit (›Le chêne et le roseau‹; Anhang 3). Auch La Fontaine weiß alten Fabelstoffen neue Lehren abzugewinnen. Im Äsop findet sich folgende Fabel (Chambry 266):

> Der Esel, der eine Götterskulptur trug
>
> Jemand hatte einem Esel eine Götterskulptur aufgepackt und ging mit ihm in die Stadt. Als die Entgegenkommenden sich vor der Skulptur auf die Knie warfen, glaubte der Esel, die Huldigung gelte ihm. Da blähte Stolz seine Brust, und er weigerte sich weiterzugehen. Doch der Eselstreiber erkannte, was im Kopf des Tieres vorgegangen war, hieb mit dem Knüppel auf es ein und sagte: »Das hätte noch gefehlt, dass Menschen vor einem Esel auf die Knie fallen!«

> Die Fabel gibt zu erkennen, dass Menschen, die sich die Verdienste anderer zurechnen, bei denen, die sie kennen, Spott ernten.

La Fontaine erzählt den Hergang ähnlich (V,14), aber mit folgender Lehre:

> Der Gruß, den ein unfähiger Amtsträger entgegennimmt, gilt nur der Robe.

Die Lehre La Fontaines beleuchtet einen kleinen Ausschnitt aus dem großen Anwendungsbereich der Lehre des Äsop. Auch der unfähige Amtsträger, dem der respektvolle Gruß der Entgegenkommenden schmeichelt, hält sich etwas zugute, was nicht seiner Person gilt. Er ist nur der Träger eines respektierten Amtes, wie der Esel der Träger einer Götterskulptur ist, der die Huldigung der Entgegenkommenden gilt. Insofern die La Fontaine'sche Lehre in der Äsop'schen eingeschlossen ist, müsste sie eigentlich an Kraft der pragmatischen Motivation hinter der Äsop'schen zurückbleiben. Insofern der eingeschlossene Teil jedoch bei Äsop in der Fülle des Ganzen unterging, sagt La Fontaine auch dem Äsopkenner etwas Neues und Unerwartetes. Die starke pragmatische Motivation seiner Lehre verdankt sich nicht der Weite des Anwendungsbereichs, sondern dem Umstand, dass ein dunkler Winkel des Anwendungsbereichs einer längst bekannten Lehre plötzlich ins helle Licht tritt.

Außer der Neuartigkeit kann auch die Aktualität zur pragmatischen Motivation einer Lehre beitragen. Eine Lehre ist aktuell, wenn die jüngste Geschichte einen Anwendungsfall bereithält, der die Gemüter der Leserschaft bewegt. Der große La Fontaine nimmt eine auffällige Schwäche der semantischen Motivation in Kauf, um seiner Fabel vom Krebsgang (XII,10) eine Lehre beizugeben, die eine viel beredete und zunächst rätselhafte Entscheidung Ludwigs XIV. als strategisches Meisterstück feiert. Im Krieg gegen die (›hundertköpfige‹) Augsburger Liga zog Ludwig XIV. seine Truppen im Jahre 1690 überraschend vom rechten auf das linke Rheinufer zurück. Darauf nimmt La Fontaines Fabel Bezug (Grimm 1987, 372 f.).

Mutter und Tochter Krebs

Die Weisen gehen manchmal rückwärts
wie der Krebs und kehren dem Hafen das Heck zu.
Das ist die Kunst der Seeleute; es ist auch ein Kunstgriff
jener, die, um eine gewaltige Kraftanstrengung zu tarnen,
auf einen genau entgegengesetzten Punkt blicken
und dorthin den Gegner laufen lassen.
Mein Stoff ist an sich unbedeutend, aber dieser Nebenumstand ist von Bedeutung.
Ich könnte ihn auf einen gewissen Eroberer anwenden,
der allein eine hundertköpfige Liga zu Paaren treibt.
Was er unterlässt und was er unternimmt,
ist zunächst nur ein Rätsel, dann jedoch werden daraus Eroberungen.
Vergebens sucht man mit dem Blick zu durchdringen, was er verbergen will.
Es sind Ratschlüsse des Schicksals, das man nicht aufhalten kann.
Der Sturzbach wird zuletzt unbezähmbar.
Hundert Götter vermögen nichts gegen den einen Jupiter.
Ludwig und das Schicksal scheinen mir gemeinsam
die Welt zu bewegen. Doch kommen wir zu unserer Fabel!
Mutter Krebs sagte eines Tages zu ihrer Tochter:
»Wie gehst du denn, gütiger Gott, kannst du nicht vorwärts gehen?«
»Schaut doch, wie Ihr selbst geht!« sagte die Tochter.
»Kann ich anders gehen als meine Familie?
Soll ich geradeaus gehen, wenn man dort im Zickzack geht?«
Sie hatte Recht; die Kraft
des Beispiels aus der eigenen Familie
ist unbegrenzt und wirkt
im Guten, im Bösen, in allem; sie macht Menschen zu Weisen und zu Toren;
häufiger zu letzteren. Was nun die Frage betrifft, ob man dem Ziel

den Rücken zukehren soll, so komme ich darauf zurück. Die
Methode ist gut,
besonders in der Kriegskunst.
Man darf sie aber nur bei passender Gelegenheit anwenden.

In der oft erzählten Geschichte (Chambry 151; Babrios 109), die bei La Fontaine nur den kleineren Teil des Textes ausmacht, ist keine Rede davon, dass der Krebsgang in irgendeiner Hinsicht vorteilhaft wäre. La Fontaine muss diesen Gedanken interpolieren und damit F_n weit von F_0 fortrücken. Ebenso muss für das Lob Ludwigs XIV. der Abstand zwischen F_n und R durch eine ›materiale‹ Abstraktion überdehnt werden, die kaum mehr als den interpolierten Gedanken übrig lässt. Der Aktualitätsbezug der Fabel wird durch einen geradezu parodistischen Schwund an semantischer Motivation erkauft. Das Herrscherlob hat so wenig mit der erzählten Geschichte gemeinsam, dass es an den Haaren herbeigezogen wirkt. Wollte La Fontaine am Ende spüren lassen, dass sein Fabelwerk Ludwig XIV. nicht geradeheraus, sondern allenfalls im Krebsgang loben kann?

Während La Fontaine einem traditionellen Stoff einen künstlichen Aktualitätsbezug gibt, erfindet Günther Anders einen neuen Stoff mit der vorgefassten Absicht, ihn auf ein Ereignis der jüngsten Geschichte anzuwenden. Unter der Überschrift ›Was Humanität ist‹ (52f.) erzählt er, wie ein Mafiaboss einen Kaufmann feierlich um Entschuldigung bittet, als dessen Sohn einem missverstandenen Tötungsauftrag zum Opfer gefallen ist. Ein kleingedruckter Vorspruch zum Fabeltext beschreibt einen Vorfall aus dem Vietnam-Krieg, der dem Stoff Aktualität verleiht:

> Nachricht aus Saigon: U.S.-Kampfflugzeuge richteten Ende Oktober irrtümlicherweise einen Luftangriff auf das südvietnamesische Dorf De Duc, wobei 48 Zivilisten getötet und 55 verletzt wurden. Überflüssig zu betonen, daß unverzüglich amerikanische Medikamente an den betroffenen Platz geflogen worden sind und daß die südvietnamesischen Regierungsstellen den Amerikanern sofort ihren Dank für diese Hilfeleistung ausgesprochen haben.

Die verschiedenen Eigenschaften, auf denen die Stärke der pragmatischen Motivation beruht, können unabhängig voneinander auftreten oder gar miteinander in Konflikt geraten. Eine Lehre, zu deren segensreicher Anwendung häufig Gelegenheit besteht, kann abgedroschen und ohne spektakulären Aktualitätsbezug sein; umgekehrt ist eine aktuelle Lehre nicht notwendig neu oder von weitreichender Anwendbarkeit. Manchmal muss Neuartigkeit mit der Begrenzung des Anwendungsbereichs erkauft werden, und eine altbekannte Lehre kann durch ein Ereignis der jüngsten Geschichte unversehens Aktualität gewinnen.

Die Literaturgeschichte liebt es, nach aktuellen Ereignissen zu fahnden, auf die eine Fabel – mehr oder weniger verschlüsselt – reagiert. Im Falle La Fontaines gelten Sturz (1661) und Verbannung (1664) seines Gönners, des Finanzministers Foucquet, als Auslöser und heimlicher Gegenstand eines großen Teils seiner Fabelproduktion (vgl. insbesondere Jasinski). Nun ist jedoch kaum eine der veröffentlichten Fabeln La Fontaines mit unverkennbarer Eindeutigkeit auf den Fall Foucquet zugeschnitten. Andererseits lassen sich zahlreiche Fabeln nennen, in deren weit gefasstem Anwendungsbereich auch der Fall Foucquet Platz findet. Man kann den mutmaßlichen historischen Auslöser dann als einen privilegierten Anwendungsfall betrachten, der bei eingeweihtem Publikum die pragmatische Motivation der Lehre erhöht.

Die Stärke der pragmatischen Motivation wechselt mit den individuellen Interessen, aber auch mit der historischen, kulturellen und sozialen Zugehörigkeit der Fabelleser. Die Befolgung einer ehemals nützlichen Lehre kann unter veränderten Bedingungen ins Verderben führen. Ebenso kann eine Lehre, die ihren ersten Lesern als Offenbarung erschien, späteren Generationen schal vorkommen: Die wachsende Verbreitung einer Fabel schwächt die pragmatische Motivation ihrer Lehre. Der spektakuläre Anwendungsfall, der einer Fabel Aktualität verleiht, ist immer nur einem Bruchteil der Leserschaft bekannt (wenn er nicht – wie bei Günther Anders – hinzuerzählt wird). Angesichts der wechselnden Konditionierung der Leserschaft ist eher das immer noch wache Interesse am Weisheitsschatz der antiken Fabeln erklärungsbedürftig als ihr ebenso unleugbarer Ruch des Abgestandenen.

2.3.3 Verdeutlichung der Lehre im Erzähltext

Als Lehre einer Fabel kann man, wie erläutert, eine Aussage der Form $((r)V)^Q R$ akzeptieren, falls R in einem Beschreibungsinhalt F_n inkludiert ist, der seinerseits alle Beschreibungsinhalte inkludiert, die der Erzähltext dem geschilderten Fall zuordnet. Die genannte Akzeptabilitätsbedingung wird bei gegebenem Stoff von einer Vielzahl verschiedener Lehren erfüllt. Nun zielt der Erzähler in aller Regel auf eine bestimmte Lehre ab und nicht auf eine unbestimmte Vielzahl möglicher Lehren. Er muss deshalb versuchen, die gemeinte Lehre aus der Fülle der möglichen herauszuheben. Die klassische Lösung dieses Problems besteht in der Beigabe eines Kommentars zum Erzähltext – etwa in der Form eines Pro- oder Epimythions. Außerdem kann aber auch die Erzählung selbst eine bestimmte Lehre – aus den vielen, die der Stoff hergäbe – so nahe legen, dass ein Pro- oder Epimythion sich erübrigt. Tatsächlich fehlt der deutende Kommentar in so vielen Fabeltexten, dass Lindner, wie wir sahen (vgl. 1.1), einen gesonderten Moralteil nicht zu den notwendigen Merkmalen der Gattung zählt.

Maßnahmen zur Vereindeutigung der Lehre sind in der belehrenden Fabel, zumal wenn sie auf Pro- und Epimythion verzichtet, weitaus nötiger als in der rhetorischen. Bei der belehrenden Fabel besteht das Problem des Interpreten in der Bestimmung des Themas $((r)V)^Q$ sowie des Rhemas R. Dem Thema entspricht bei der rhetorischen Fabel der strittige Fall (S), der keine Identifikationsmühen erfordert, da er allen Verhandlungsteilnehmern als das, worüber verhandelt wird, vor Augen steht. Dem Rhema R entspricht im Fall der rhetorischen Fabel eine Vereinigung der Begriffe M und P (2.1). Für die Bestimmung des Rhemas R der belehrenden Fabel gibt es nur einen ›geometrischen Ort‹: die Menge aller in F_n inkludierten Beschreibungsinhalte. Für die Festlegung des M der rhetorischen Fabel gibt es dagegen zwei geometrische Örter: die Menge der Beschreibungsinhalte, die in den Aussagen über den fiktiven Gegenstand der Fabel enthalten sind, und die Menge der unstrittigen Eigenschaften des strittigen Falles. Der Hörer einer rhetorischen Fabel kommt sehr nahe an das gesuchte M heran, wenn er die Gemeinsamkeiten des erzählten Fabelhergangs und des strittigen Falles erkennt. Das P, das einem Teil des Rhemas der belehrenden Fabel entspricht, kennt der Hörer der rhetorischen Fabel von vornherein als die Eigenschaft, über deren Zusprechbarkeit an den strittigen Fall die Debatte geführt wird (vgl. 2.1.2). Trotz des Vorteils gegenüber dem Leser einer belehrenden Fabel ist auch für den Hörer einer rhetorischen Fabel die Bestimmung des M nicht ganz unproblematisch. Er kann wesentliche Gemeinsamkeiten der beiden Fälle übersehen oder durch unwesentliche irregeleitet werden. Deshalb hilft der Redner seinen Hörern auf die Sprünge, indem er Detailanalogien zwischen fiktivem und realem Fall hervorhebt – wie Stesichoros bei Aristoteles und Menenius Agrippa bei Livius – oder indem er gar die wichtigste Gemeinsamkeit am Schluss seines Vortrags benennt – wie der Fabelerzähler Äsop, der in einer Fabel des Phaedrus leibhaftig auftritt (I,2): Als die Athener über die vergleichsweise milde Tyrannei des Peisistratos klagen, trägt Äsop ihnen die Fabel von den Fröschen vor, die Jupiter um einen König bitten. Der Göttervater wirft ihnen daraufhin einen Balken ins Wasser. Zunächst behandeln die Frösche den Balken mit Ehrfurcht. Als sie jedoch nach und nach merken, dass er ihnen nichts anhaben kann, hüpfen sie ungeniert auf ihm herum und bitten Jupiter um einen mächtigeren Herrscher. Der sendet ihnen diesmal eine Schlange, die einen Frosch nach dem anderen verschlingt. Auf die neuerliche Bitte um Abhilfe erwidert Jupiter:

> Da ihr nicht hinnehmen wolltet, was gut für euch war, ertragt nun das Schlechte!

Dem Schlusswort des Jupiter fügt der – von Phaedrus eingeführte – Erzähler Äsop noch eine Mahnung an die Athener hinzu:

> So duldet auch ihr, Bürger, den jetzigen Zustand, damit euch nichts Schlimmeres widerfahre.

Damit ist die Fabel für die Zuhörer gedeutet. Die Kennzeichnung M, die sowohl auf den Fall der Frösche wie auch auf den der Athener zutrifft, lautet etwa:

> Nach der Entmachtung eines erträglichen Herrschers droht die Machtergreifung eines grausameren.

Die Athener sollen deshalb ihren Peisistratos nicht verjagen.

Im Allgemeinen wird eine belehrende Fabel ohne die Schilderung eines Anwendungsfalles dargeboten, die dem Leser bei der Festlegung von Thema und Rhema der Lehre helfen könnte. Die belehrende Fabel muss daher massivere Deutungshilfen anbieten als die rhetorische. Alle Äsoptexte schließen mit einem Epimythion, das die Lehre der Fabel – nicht immer unter dem Beifall des Lesers – festlegt. Phaedrus verwendet in einigen Fabeln Pro-, in anderen Epimythien. Bis heute gilt eine von der Erzählung deutlich abgehobene Moral als ein typischer Bestandteil der Fabel. Dass sie auch ein notwendiger Bestandteil sei, wird allerdings bestritten. Lessing fordert, die Fabel so anzulegen, dass sie deutlich auf eine einzige Lehre zulaufe. Wird diese Forderung erfüllt, bedarf es keines Pro- oder Epimythions zur Vereindeutigung der Lehre. In der Tat hat Lessing in vielen, wenn auch längst nicht in allen seiner Prosafabeln auf einen gesonderten Moralteil verzichtet.

Mit welchen Mitteln aber kann das bloße Erzählen des fiktiven Falles den Blick des Lesers auf eine bestimmte unter den zahlreichen Lehren lenken, die der Stoff hergäbe? Im Folgenden sollen drei Verfahren vorgestellt werden, die eine bestimmte Deutung schon im Verlauf der Falldarstellung privilegieren. Die Verfahren laufen darauf hinaus, der gemeinten Lehre eine stärkere semantische Motivation zu verschaffen als ihren Konkurrentinnen.

2.3.3.1 Auffällige Anthropomorphismen

Die unrealistische Vermenschlichung eines menschenfernen Milieus kann der Schatten sein, den die Lehre auf den Erzählteil der Fabel wirft. Was in die erzählte Welt eigentlich nicht passt, scheint hineingesteckt, damit die Lehre es wieder herausholt. Aus dem Inhalt einer Tierfabel können keine Elemente in die Lehre eingehen, die nur auf die Tierwelt und nicht auch auf die Menschenwelt passen. Es wäre deshalb höchst verwunderlich, wenn die Fabel ›Rabe und Fuchs‹ den biologischen Gegensatz zwischen dem eierlegenden Vogel und dem lebendgebärenden Säuger in die Lehre übernähme. Der Zusammenhang zwischen Erzählung und Lehre lebt von Beschreibungselementen, die sowohl auf die fiktive Welt der Erzählung wie auch auf die reale Welt der Lehre passen, insbesondere von den Elementen, die *contra naturam* in das Milieu der Erzählung eingebracht wurden und, wenn man mit der Elle des Naturkundlers misst, nur in die Menschenwelt passen. So wäre es wiederum verwunderlich, wenn in der Lehre der Fabel ›Rabe und Fuchs‹ die hinterlistige Schmeichelrede nicht vorkäme. Es gibt verschiedene Konventionalitätsgrade der Anthropomorphismen. Dass Tiere sprechen, gehört – wie die Übertragung der erzählten Geschichte auf die Menschenwelt – zu den Gattungsgepflogenheiten der Tierfabel und verrät nicht allzuviel über die Besonderheit der jeweiligen Lehre. In vielen Fabelstoffen jedoch versuchen Raubtiere den rücksichtslosen Gebrauch ihrer physischen Überlegenheit mit wohlgesetzten Worten als rechtmäßig hinzustellen (etwa in ›Wolf und Lamm‹, Chambry 221; Anhang 4). Wirkliche Tiere kennen und anerkennen zwar Machtverhältnisse, aber sie messen sie nicht am Begriff des Rechts. Der Drang, die Machtausübung als rechtmäßig hinzustellen, scheint daher um der Lehre willen in die Fabelwelt hineingetragen. Es gibt besonders auffällige Anthropomorphismen, die über die konventionelle Menschenähnlichkeit der Fabeltiere wirkungsvoll hinausgehen und dem Interpreten einen Wink mit dem Zaunpfahl geben. In La Fontaines Fabel ›Katze, Wiesel und Kaninchen‹ (VII,16) besetzt ein Wiesel den Bau eines Kaninchens während der Abwesenheit des Hausherrn. Bei seiner Rückkehr besteht das verdutzte Kaninchen, das auf den Namen Jean Lapin hört, vergeblich auf sofortiger Räumung. Da beide Parteien sich im Recht glauben, kommen sie überein, ihren Streitfall von einem Kater als unparteiischem Richter entscheiden zu lassen. Der Kater schafft den Fall aus der Welt, indem er beide Parteien totbeißt und auffrisst. Den Streit der Tiere um den Bau wird ein Fabelleser noch als milieugerecht empfinden können. Die Anrufung eines Richters wirkt jedoch schon als deutliche Anleihe aus der Menschenwelt. Die Lehre wird dieses Element aufnehmen müssen. Von geradezu grotesker Menschenähnlichkeit ist jedoch der diplomatenhafte Austausch der Argumente zwischen den streitenden Parteien. Das Kaninchen droht, sich mit den Ratten zu verbünden, die in der Fabelwelt als Erbfeinde der Wiesel gelten. Die Besetzerin lässt sich jedoch nicht einschüchtern.

> Die spitznasige Dame erwiderte, das Land
> gehöre dem [jeweils] ersten Besetzer.
> Das sei ihr ein schöner Kriegsgrund,

ein Quartier, in das er selbst nur kriechend hineingelange!
»Aber selbst wenn es ein Königreich wäre,
so wüsste ich gern«, sagte sie, »welches Gesetz
es [ausgerechnet] Jean, dem Sohn oder Nachkommen des Pierre
oder des Guillaume, auf ewig zugesprochen hat
– und nicht etwa [irgendeinem] Paul oder auch mir.«
Jean Lapin führte Gewohnheitsrecht und Brauch ins Feld.
»Ihre Gesetze sind es«, so sprach er, »die mich zum Herrn
und Eigentümer dieses Quartiers gemacht haben und die es
in direkter männlicher Erbfolge von Pierre auf Simon
und von Simon auf mich, Jean, übertragen haben.
Ist der Grundsatz des ersten Besetzers etwa ein weiseres Gesetz?«

Der Streit zweier Tiere um einen Bau könnte als Bild eines zivilrechtlichen Eigentumskonfliktes dienen. Dieser Deutung widerspricht jedoch die Art der vorgebrachten Argumente, die ziemlich genau an widerstreitende Territorialansprüche zweier Landesherren erinnern: Das Kaninchen droht mit einem Koalitionskrieg, das Wiesel beruft sich auf den völkerrechtlichen Grundsatz des ersten Besetzers (*ius primi occupantis*), der angesichts fehlender förmlicher Besitztitel gelten müsse. Jean Lapin hält dagegen, dass der seit Generationen bestehende Besitz durch das Gewohnheitsrecht abgesichert sei. Der auffällige Anthropomorphismus des Wortwechsels prägt die Lehre vor, die das Epimythion dann auch eindeutig festlegt:

Dies ähnelt sehr den Auseinandersetzungen, die gelegentlich
kleine Landesfürsten miteinander führen und vor den König bringen.

Dass auffällige Anthropomorphismen des Erzählhergangs zur Übernahme in die Lehre bestimmt sind, ist freilich nur eine heuristische Faustregel, kein blind waltendes Gesetz. In vielen äsopischen Fabeln bringen Tiere ihre Streitigkeiten vor Gericht. Die Lehre dieser Fabeln betrifft zwar in der Regel, aber keineswegs immer das menschliche Justizwesen oder zumindest die Bedeutung des Rechts in der menschlichen Gesellschaft. In folgender Phaedrusfabel (I,10) jedoch kommt ein Gerichtsverfahren vor, das nicht in die Lehre übernommen wird.

> Wolf und Fuchs vor dem Richterstuhl des Affen
>
> Wer erst einmal im Ruch des schimpflichen Betruges steht,
> findet keinen Glauben, auch wenn er die Wahrheit spricht.
> Dies bezeugt eine kurze Fabel des Äsop:
>
> Der Wolf bezichtigte den Fuchs eines verbrecherischen Diebstahls;
> der Fuchs jedoch erklärte sich für unschuldig.
> Daraufhin kam der Fall vor den Richterstuhl des Affen.
> Nachdem beide ihre Sache bis zu Ende vorgetragen hatten,
> soll der Affe folgenden Richterspruch gefällt haben:
> Du [Wolf] scheinst mir gar nicht verloren zu haben, was du zurückforderst,
> und von dir [Fuchs] glaube ich, dass du es gestohlen hast,
> so geschickt du dies auch bestreitest.

Von Gericht und Recht ist im Promythion nicht die Rede. Es geht stattdessen um die Kraft eines gefestigten Rufes der Verlogenheit. Der in der Fabel auftretende Richter bezeugt diese Kraft, wenn er lieber in seinem Urteil einen flagranten Widerspruch in Kauf nimmt, als einer der beiden Parteien Glauben zu schenken. Der Richterspruch ist ein gut gewähltes, aber im Prinzip austauschbares Beispiel für die Wirkung eines schlechten Rufes. Die Fabel will keineswegs besagen, dass der Ruf der Verlogenheit sich besonders vor Gericht auswirkt oder dass er ein Rechtsproblem darstellt. Der Anthropomorphismus, der in der Anrufung eines Gerichtes besteht, geht nicht in die Lehre ein.

2.3.3.2 Begriffliche Anpassung der Erzählung an die Lehre

Die erzählerische Darbietung des Fabelhergangs kann zur Überbrückung der Kluft zwischen Stoff und gemeinter Lehre beitragen, wenn Figuren und Sachverhalte schon in der Erzählung unter die Begriffe gefasst werden, auf die das Rhema der Lehre sie reduziert. Die Abstraktionsbemühungen des Fabeladressaten, der nach anwendbaren Oberbegriffen des erzählten Falles sucht, werden auf diese Weise in die vom Autor gewünschte Richtung gelenkt. Drei Beispiele aus dem Fabelwerk des Phaedrus sollen dieses Verfahren veranschaulichen.

Die Fabel vom Hund, der seinem Spiegelbild die Beute entreißen will, erhält bei Phaedrus folgende Fassung (I,4):

> Canis per fluvium carnem ferens
>
> Amittit merito proprium qui alienum adpetit.
> Canis per flumen carnem cum ferret natans,
> lympharum in speculo vidit simulacrum suum,
> aliamque praedam ab altero ferri putans
> eripere voluit; verum decepta aviditas
> et quem tenebat ore dimisit cibum,
> nec quem petebat adeo potuit tangere.

> Der Hund, der ein Stück Fleisch durch einen Fluss trägt
>
> Zu Recht verliert das Eigene, wer es auf Fremdes abgesehen hat.
> Als ein Hund ein Stück Fleisch schwimmend durch einen Fluss trug,
> Sah er im Spiegel des Wassers sein eigenes Bild.
> Er glaubte, ein zweiter Hund führe ebenfalls Beute mit sich;
> die wollte er ihm entreißen; aber die blinde Habgier
> ließ die Nahrung fahren, die sie schon im Maul hielt,
> und konnte auch die nicht fassen, auf die sie es so sehr abgesehen hatte.

Im Schlusssatz benennt Phaedrus den Hund anhand der Eigenschaft, für die er steht: Der ›blinden Habgier‹, nicht dem gierigen Hund, fällt die schon sichere Beute aus dem Maul. Die Lehre der Fabel kommt hier deutlicher zum Ausdruck als im Promythion: Ungezügelte Gier ist verblendet; sie trachtet nach dem illusionären Gut eines anderen und verliert dabei das handfeste eigene. Das satzfunktionale Thema der Lehre wäre auch erkennbar – und der Stil glatter –, wenn Phaedrus statt der Eigenschaft den Träger genannt hätte. Nicht die ›blinde Habgier‹ (*decepta aviditas*), sondern ›der blind Habgierige‹ (*deceptus avidus*) hat es auf die fremde Beute abgesehen. Man kann jedoch der kühnen Metonymie, die den konkreten Träger anhand der abstrakten Eigenschaft bezeichnet (Lausberg 1990: § 568), einen guten Sinn abgewinnen: Es geht in der tiefsten Schicht der Lehre nicht um Handlungsträger, sondern um Handlungsantriebe. Die Lehre handelt von den Auswirkungen der *aviditas*. Wen die Gier jeweils packt, liefert – wie der Schauplatz der Handlung – nur ein austauschbares Inkarnationsmilieu, über das die Lehre abstrahierend hinaussteigt. Die Lehren des Phaedrus lassen sich oft als Aussagen über die Beziehung zwischen abstrakten Sachverhalten verstehen. Darum ist die für ihn typische Art der Metonymie keine stilistische Marotte, sondern ein Hinweis auf die zugrunde liegende Konzeption der Lehre. Phaedrus stellt – im Einklang mit Lessings Fabeltheorie – die Zusammengehörigkeit abstrakter Sachverhalte – unabhängig von ihrem Konkretisationsmilieu heraus (Blinde Gier bringt Verlust). Die Erzählung der Hundegeschichte ist terminologisch nicht nur mit der abstrakten Tiefenschicht der Lehre verklammert, sondern auch mit dem Promythion, das die Lehre ein wenig konkretisiert: Wie die blinde Habgier das eigene Gut aus den Händen gleiten lässt (a*mittit*), so ließ der Hund seine Beute aus dem Maul gleiten (di*misit*), und wie der Habgierige es immer auf fremdes Gut abgesehen hat (ad*petit*), so auch der Hund in der Fabel (*petebat*).

Dass Phaedrus seine Lehren auf die Zusammengehörigkeit von Abstrakta zuspitzt, zeigt sich besonders deutlich im Epimythion der Fabel vom falschen Arzt (I,14):

> Hoc pertinere vere ad illos dixerim,
> quorum *stultitia* quaestus *impudentiae* est.
>
> Ich darf wohl sagen, dass dies auf jene zutrifft,
> deren Torheit der Gewissenlosigkeit Gewinn verschafft.

Torheit, so die Lehre, ist die Erwerbsquelle der Gewissenlosigkeit. Wenn Torheit und Gewissenlosigkeit sich in Handlungsträgern inkarnieren, kommt es in der menschlichen Gesellschaft zu Toren, die von Gaunern ausgenommen werden, und in der Welt der Fabel zu einem

Schuster, der gegen Honorar als Arzt praktiziert. Eine begriffliche Brücke zwischen Erzählung und Epimythion schlagen die Wörter *stupor* und *dementia* (Dummheit bzw. Unvernunft). Das erste wendet der entlarvte Scharlatan auf die betrogenen Patienten an (*stupore vulgi [se] factum nobilem*), das zweite der König, der den Betrug aufgedeckt hat: Wie groß, glaubt ihr, muss eure Unvernunft sein (*quantae putatis esse vos dementiae)*?

Auch in der Fabel vom Löwenanteil (I,5) ist der begriffliche Widerhall der Lehre im Erzählteil deutlich zu hören:

Vacca et capella, ovis et leo

Numquam est fidelis cum potente societas.
testatur haec fabella propositum meum.
Vacca et capella et patiens ovis iniuriae
socii fuere cum leone in saltibus.
hi cum cepissent cervum vasti corporis,
sic est locutus factis partibus leo:
«Ego primam tollo nomine hoc quia rex cluo;
secundam, quia sum consors, tribuetis mihi;
tum, quia plus valeo, me sequetur tertia;
malo adficietur, si quis quartam tetigerit.»
sic totam praedam sola improbitas abstulit.

Kuh, Ziege, Schaf und Löwe

Eine Partnerschaft mit dem Mächtigen ist nie vertragsfest.
Die folgende kleine Fabel bestätigt meine These.
Die Kuh, die Ziege und das kummergewohnte Schaf
gründeten auf freier Wildbahn mit dem Löwen eine Jagdgemeinschaft.
Als sie einen gewaltigen Hirsch erlegt hatten,
hielt der Löwe nach Aufteilung der Beute folgende Rede:
»Ich nehme den ersten Teil kraft meines Titels, weil ich König heiße;
den zweiten werdet ihr mir zuerkennen, weil ich euer Partner bin;
ferner fällt mir der dritte zu, weil ich der Stärkste bin;

und schlecht wird es dem ergehen, der den vierten anrührt.«
So zog die Unmoral allein mit der ganzen Beute davon.

Das Promythion (1) formuliert als Lehre, dass der Mächtige in einer Partnerschaft mit Schwachen die Vertragstreue verletzt. Die Schlüsselwörter lauten *potens*, *societas* und *numquam fidelis*. Zu diesen Wörtern stellt die Erzählung deutliche Verbindungen her:

Die harmlosen Wiederkäuer Kuh, Ziege und Schaf (3) werden zu *socii* (Vertragspartnern) des mächtigen Löwen. Nach der Voraussage des Promythions haben sie daher einen Vertragsbruch zu gewärtigen, der sich in der Kennzeichnung des Schafes schon andeutet: *patiens iniuriae*. Dem Schaf wird es in der Fabel nicht anders ergehen als sonst: Unrecht wird es erleiden müssen, diesmal vom Löwen. Die Parallele *cum potente / cum leone* (1/4) zeigt an, dass der Löwe zu den Mächtigen gehört, die nach Auskunft des Promythions Verträge nicht einhalten. Dass er sich um keine Verpflichtungen schert, ist geradezu das Wesen des mächtigen Löwen: Die Vertragspartner gehen leer aus, und die ›Unmoral‹ (*improbitas*) schleppt die ganze Beute davon, wie Phaedrus mit der für ihn typischen Metonymie sagt (11). Die Erzählung verknüpft das Bild des Löwen mit dem Begriff der Macht, den wiederum das Promythion mit dem Begriff des Vertragsbruchs und der Schlussvers mit dem Begriff der Unmoral verknüpft.

2.3.3.3 Das Schlusswort einer Fabelfigur

Viele Fabelerzählungen schließen mit der wörtlich zitierten Rede einer am Geschehen beteiligten Figur. Das noch innerhalb der Erzählung stehende Schlusswort scheint sogar einer älteren Tradition anzugehören als das außerhalb der Erzählung stehende Pro- oder Epimythion (Perry 1940, 398ff.). Der Funktion nach ist das interpretierende vom handlungsvollendenden Schlusswort zu unterscheiden. Das interpretierende hilft dem Leser, aus den vorher erzählten Handlungsteilen das Rhema abzuleiten; das handlungsvollendende bildet einen notwendigen Schluss der Geschichte, ohne den das Material, aus dem das gewünschte Rhema hervorgehen soll, nicht vollständig wäre.

Im interpretierenden Schlusswort fasst eine Fabelfigur zusammen, was sie aus der vorangehenden Handlung gelernt hat.

> Löwe und Hase
>
> Ein Löwe traf auf einen schlafenden Hasen und wollte ihn fressen. Da er aber unterdessen einen Hirsch hatte vorbeilaufen sehen, ließ er den Hasen liegen und jagte den Hirsch. Der Hase jedoch schreckte von dem Lärm auf und entfloh. Da der Löwe den Hirsch trotz langer Jagd nicht zu fassen bekam, kehrte er zur Lagerstätte des Hasen zurück. Als er sah, dass auch der entflohen war, sagte er: »Es geschieht mir nur recht. Das Fressen, das ich schon in den Pranken hielt, habe ich losgelassen, weil mir die Aussicht auf Besseres lieber war.«
>
> So geben sich auch manche Menschen mit einem mäßigen Gewinn nicht zufrieden. Unversehens jagen sie schöneren Hoffnungen nach und verlieren darüber, was sie schon in Händen hielten. (Chambry 204)

Das Schlusswort des Löwen liefert keine Handlungsteile nach, die für die Lehre gebraucht würden. Das Rhema der Lehre ließe sich vollständig aus den Handlungsteilen ableiten, die dem Schlusswort vorausgehen: Jemand verliert einen kleineren Gewinn, der ihm schon sicher war, weil er der Hoffnung auf einen größeren nachjagt, der ihm ebenfalls entgeht. Das dem Epimythion zugrunde liegende Rhema ist nur eines von vielen, die ohne das Schlusswort aus der Geschichte ableitbar wären. Ein anderer Autor könnte anhand derselben Geschichte zeigen wollen, dass größere Gewinne schwerer zu erzielen sind als kleinere oder dass die Sicherung des Lebensunterhalts auch dem Mächtigen Sorgen bereitet. Anstatt die Geschichte zu vervollständigen, lenkt das Schlusswort den Blick des Lesers auf die Züge der Handlung, aus denen die vom Autor gemeinte Lehre abzuleiten ist: Wer die Wahl hat zwischen einer kleineren Beute, die sicher ist, und einer größeren, die nur erst in Aussicht steht, und dann der größeren Beute nachjagt, läuft Gefahr, dass ihm sowohl die größere wie auch die kleinere entgeht. Wenn der Löwe im Schlusswort sein Erlebnis überdenkt, nimmt er dem Leser einen Teil, jedoch nicht die

Gesamtheit der Abstraktionsarbeit ab, die nötig ist, um die gewünschte Lehre aus der Fabel zu ziehen. Die Erkenntnis, die der Löwe gewinnt, bleibt seinem Lebenskreis verhaftet: Es war falsch, die Beute, die *ich* schon in den Pranken hielt, loszulassen, um einer größeren Beute nachzujagen, die mir noch keineswegs sicher war. Um das Rhema der gewünschten Lehre zu bilden, muss der Leser die Jagd des Löwen nach fressbarer Beute zu dem Gewinnstreben eines unbestimmten Handlungsträgers verallgemeinern. Dabei verwandeln sich die Pranken des Löwen in ein unbestimmtes Mittel, den bereits sicheren Gewinn festzuhalten. Das Schlusswort des Löwen ist also noch nicht die Lehre der Fabel, aber es steuert sie an. Wer es zur Kenntnis genommen hat, weiß, welche Elemente der Geschichte er verallgemeinern muss, um das Rhema der Lehre zu treffen, die dem Autor vorschwebte.

Das Schlusswort ist aber nicht nur Mittler zwischen Geschichte und Lehre, es gibt der Geschichte auch eine neue Dimension. Die Erzählung, die ohne das Schlusswort nur ein Abbild der Lehre gewesen wäre, wird mit dem Schlusswort auch zum Abbild des Erkenntnisvorgangs, den die Fabel auslösen soll. Der Leser, dem die erzählte Geschichte eine nützliche Erkenntnis vermittelt, findet sein Gegenstück in dem Löwen der Fabel, der aus erlittenem Schaden klug wird. Das Schlusswort macht die Fabel zum Spiegel ihrer eigenen Funktion. Allerdings besteht zwischen den Belehrten ein Unterschied: Der Löwe muss Lehrgeld zahlen, während der Fabelleser durch rechtzeitige Belehrung vor Schaden bewahrt wird. Der Bericht über die verspätete Einsicht der fiktiven Figur soll dem realen Leser zu rechtzeitiger Einsicht verhelfen.

Ein weiteres Beispiel für die Mittlerrolle des Schlusswortes liefert Äsops Fabel über die gefährlichen Freunde (Chambry 28). Ein Eisvogel baut aus Furcht vor den Landbewohnern sein Nest auf einem Felsen über dem Meer. Eines Tages wird das Nest vom aufgewühlten Meer überspült, und die Brut ertrinkt. Die Geschichte endet mit folgenden Worten des Eisvogels:

> Ich Unseliger! Um mich vor den Gefahren des Landes zu schützen, bin ich ans Meer geflohen, das mir weitaus tückischer begegnete.

Das Epimythion lautet:

> So geraten auch manche Menschen, wenn sie sich gegen ihre Feinde schützen wollen, unversehens in die Fänge von Freunden, die weitaus schlimmer sind als die Feinde.

Als Rhema der Lehre könnte etwa folgende Fallbeschreibung dienen:

> Was jemand zu seinem Schutz aufsucht, erweist sich als weitaus gefährlicher denn das, wogegen es Schutz bieten sollte.

Das Schlusswort des Eisvogels enthält bereits den Begriffszusammenhang des Rhemas, jedoch auf geringerer Abstraktionshöhe:

> Das *Meer*, das *ich* zum Schutz aufgesucht habe, erwies sich als weitaus gefährlicher denn das *Land*, gegen das es Schutz bieten sollte.

Wiederum ist das Schlusswort noch nicht die Lehre; denn die Lehre der Eisvogelgeschichte warnt vor gefährlichen Freunden. Es bietet jedoch die Konstellation der Begriffe, deren Verallgemeinerung das Rhema ergibt, das in der Lehre auf eine reale Fallmenge angewendet wird: Bei den Menschen ist die Flucht vom Feind zum Freund – ((r)V) – oftmals – Q – ein Fall, der in die durch das Rhema R beschriebene Klasse gehört: $((r)V)^{Q}$ R. Auch in dieser Fabel kommt der Protagonist erst nach erlittenem Schaden zur Einsicht. Immerhin kann er in seinem weiteren Leben die gewonnene Erfahrung nutzen. In anderen Fabeln kommt die Einsicht erst mit dem Tod. Das Schlusswort wird dann zum Vermächtnis eines Sterbenden an die fabellesende Nachwelt. Äsop berichtet von einem Hirsch, der sich an seinem prächtigen Geweih erfreut, sich seiner dünnen Läufe jedoch schämt (Chambry 102). Als er aber von einem Löwen gejagt wird, retten ihn die dünnen Läufe, solange die Flucht über freies Gelände geht. Im Wald dagegen behindert ihn das Geweih; der Löwe holt ihn ein und zerfleischt ihn. Sterbend sagt der Hirsch zu sich selbst:

> Ich Unseliger! Was mich eigentlich hätte ins Unglück stürzen müssen, rettete mich, und worauf ich fest vertraut habe, richtet mich zugrunde.

Das Epimythion lautet:

> So erweisen sich oft Freunde, denen man nicht traute, als Retter – und Freunde, auf die man sich fest verließ, als Verräter.

Wiederum hebt das Schlusswort den antithetischen Begriffszusammenhang heraus, der das Rhema der Lehre kennzeichnet:

> Das scheinbar Unzuverlässige erweist sich als segensreich – und das scheinbar Zuverlässige als verderblich.

Weil das Schlusswort zur Bezeichnung der Läufe und des Geweihs Relativpronomina im Neutrum verwendet, reicht seine Formulierung fast an die Abstraktionshöhe des Rhemas heran. Wenn es den Betroffenen nicht mit der ersten Person Singular, sondern etwa mit einem indefiniten Pronomen bezeichnete, könnte es geradezu als Formulierung des Rhemas dienen. Das Thema, auf das dieses Rhema angewandt wird, ist das soziale Umfeld des Menschen. Es gibt Mitmenschen, die verlässlich scheinen, und andere, denen man nicht über den Weg traut. Da kann es dann vorkommen, dass ...

Die zu späte Einsicht des Hirsches erinnert an die ›*opsé*‹-Struktur griechischer Tragödien: Die richtige Beurteilung der Sachlage (Anagnorisis) stellt sich erst ein, wenn die Katastrophe nicht mehr aufzuhalten ist. Die Fabel erzählt eine unernste Tragödie, um im Leser eine rechtzeitige Anagnorisis auszulösen, die ernsthafte Katastrophen noch abwenden kann.

Viele Fabeln des Äsop schließen mit einer verspäteten Anagnorisis der Hauptfigur: Ein Art- und Schicksalsgenosse des vom Löwen ereilten Hirsches (Chambry 102) flieht vor menschlichen Jägern (Chambry 103). Ein Weinstock bietet sich ihm als Versteck. Als die Jäger vorübergezogen sind, beginnt der Hirsch im Gefühl der überstandenen Gefahr an den Weinblättern zu knabbern. Die Bewegung des Weinlaubs aber verrät den zurückblickenden Jägern das Versteck des Wilds. Der Hirsch stirbt unter dem Pfeilhagel seiner Verfolger.

> Sterbend sagte er: »Recht geschieht mir. Ich hätte meinem Retter keinen Schaden zufügen sollen.«
>
> Die Fabel zeigt, dass von Gott bestraft wird, wer seinem Wohltäter Unrecht tut. (Chambry 103)

Es kommt vor, dass eine Fabelfigur – sei es am Schluss, sei es an einer früheren Stelle der Erzählung – das Rhema der Lehre oder gar die Lehre selbst in schlackenloser Reinheit formuliert. La Fontaines Fassung des Fabelstoffes ›Rabe und Fuchs‹ enthält folgende Rede des Fuchses an den überlisteten Raben:

> Nehmt zur Kenntnis, dass jeder Schmeichler
> Auf Kosten dessen lebt, der ihm zuhört.
> Diese Lektion ist sicher gut und gern einen Käse wert.

La Fontaine könnte die Lehre in einem Epimythion nicht sauberer herausschälen als der Fuchs, der seinem Opfer – gewissermaßen als Entschädigung für die abgelistete Beute – eine Lektion erteilt. Aber, wie es im Sprichwort heißt, wenn zwei dasselbe tun, so ist es nicht dasselbe. Für den Leser spielt die Geschichte von Rabe und Fuchs in einer ›anderen Welt‹, die zwar manche Züge der wirklichen Welt nachbildet, aber keinerlei räumliche oder zeitliche Beziehung zu ihr unterhält. Der Leser blickt wie von der Galerie eines Theaters in die fiktive Welt der Fabel hinab; aber der Fuchs blickt nicht aus seiner Welt in die des Lesers zurück. In den Augen des Lesers ist der Fuchs eine imaginäre Figur, die gar nicht weiß, dass sie sich einer anderen Welt zur Schau stellt. Auf die andere Welt, von der aus er selbst und seine Welt imaginiert werden, hat der Fuchs, so wie der Leser sich ihn vorstellt, keinen gedanklichen Zugriff. Die Aussagen des Fuchses können daher auch nicht die wirkliche Welt des Fabellesers beschreiben, selbst wenn ihr Wortlaut von anderen Standorten aus zu einer solchen Beschreibung gebraucht werden kann. Der Sprecher eines Epimythions dagegen teilt den Standort des Lesers. Er blickt mit ihm aus einer gemeinsamen wirklichen in eine gemeinsam imaginierte – und als gemeinsam imaginiert verstandene – Welt hinab, in der Schmeichler auf Kosten ihrer Opfer leben. Wenn der Sprecher eines Epimythions seinem Leser sagt, dass jeder Schmeichler auf Kosten dessen lebt, der ihm zuhört, so bezieht er sich auf die wirkliche Welt: Er überträgt einen Zug der imaginierten Welt auf die Wirklichkeit. Wenn dagegen der Fuchs sagt, dass jeder Schmeichler auf Kosten seines Opfers lebt, so gilt diese Feststellung nur für seine eigene Welt. Eine etwaige Übertragung auf die wirkliche Welt bleibt dem Leser überlassen. Fabeln können bei der Beschreibung fiktiver Welten Sätze benutzen, die sich ohne Verletzung der Wahrheit auch auf die Wirklichkeit anwenden ließen. Innerhalb der erzählten Geschichte kann diese Anwendung jedoch nicht stattfinden, sie wird allenfalls vom Erzähler stillschweigend nahe gelegt. Der Verfasser eines Pro- oder Epimythions dagegen wendet Aussagen auf die Wirklichkeit an, die er der Beschreibung einer fiktiven Welt entnommen hat. Der Unterschied zwischen einer Lehre, die innerhalb der erzählten Geschichte geäußert wird, und einer Lehre, mit der ein Pro- oder Epimythion unmittelbar die wirkliche Welt beschreibt, ist für den Leser freilich eine bloße Formsache. Die Fabel will Einsichten wecken und nicht *ex cathedra* Wissensstoff verbreiten. Folglich muss der Leser die Lehre in jedem Fall an seiner Erfahrung messen. Wird sie innerhalb der fiktiven Welt formuliert, muss der Leser entscheiden, ob sie übertragenswert ist; wird sie in einem Pro- oder Epimythion von vornherein auf die Wirklichkeit bezogen, bleibt ihm die Entscheidung, ob er sie für die Wirklichkeit anerkennen will, auch nicht erspart.

Eigentlich ist es unnötig, dieselbe Lehre zweimal vorzutragen – als Erkenntnis einer Fabelfigur und als Weisheit des Erzählers. La Fontaines Fabel von Rabe und Fuchs verzichtet daher auf Pro- und Epimythion. Bei Äsop hat die Doppelung von Schlusswort und Epimythion ihren Sinn, wenn das Schlusswort nicht schon die Lehre vorwegnimmt, sondern nur die Abstraktionsrichtung anzeigt, in der sie zu finden sein wird. In dem Maße, wie die Lehre durch das Schlusswort bereits festgelegt wird, verliert das Epimythion seine Berechtigung. Unnötige Doppelungen, die auch ein wohlwollender Leser bei Äsop finden wird, erklären sich nach Perry (1940) aus der Überlappung zweier Traditionen: einer älteren, in der die erzählte Geschichte ihre Lehre ohne anschließendes Epimythion in einem Schlusswort festlegte, und einer jüngeren, die auf das interpretierende Schlusswort verzichtete und die Formulierung der Lehre einem Epimythion übertrug.

Das Schlusswort einer Fabelfigur ›vollendet‹ die erzählte Handlung, wenn seine Äußerung der Geschichte ein Element hinzufügt, ohne das die gewünschte Lehre nicht aus ihr ableitbar wäre.

Der alte Mann und der Tod

Ein alter Mann hatte Holz geschlagen und trug es eine lange Strecke Weges. Vom Marsch erschöpft warf er schließlich seine Last ab und rief den Tod herbei. Als der Tod jedoch erschien und fragte, weshalb man ihn angerufen habe, antwortete der alte Mann: »Damit du mir die Last auf den Rücken hebst.«

Die Fabel zeigt, dass jeder Mensch das Leben liebt, auch wenn es ihm schlecht geht. (Chambry 78)

Der über alle Verzweiflung triumphierende Lebenswille, von dem das Epimythion spricht, käme ohne das Schlusswort in der Geschichte gar nicht vor. Weder enthält das Schlusswort die Lehre, noch gibt es den Weg an, der von den vorangehenden Handlungsteilen zur Lehre führt. Es interpretiert nicht, sondern liefert interpretationsfähiges Material nach, ohne das die gewünschte Lehre in der Geschichte nicht zu verankern wäre.

Auch das handlungsvollendende Schlusswort leistet in gewisser Weise Interpretationshilfe – nicht jedoch, indem es das vorher Erzählte für die Übernahme ins Rhema aufbereitet, sondern indem es sich selbst zur Übernahme ins Rhema empfiehlt: Die doppelte Hervorhebung – durch Endstellung und wörtliche Rede – deutet an, dass die Antwort des Holzfällers entscheidend zur Bildung des Rhemas beitragen soll. Dasselbe gilt von der Schlussrede des Äsop'schen Fuchses, der nicht an die Trauben herankommt: »Sie sind unreif.« (Chambry 32). In dieser Äußerung liegt die falsche Beschuldigung der Verhältnisse, die das Epimythion anprangert.

Wenn man die Vollständigkeit der Handlung an der Ableitbarkeit der Lehre misst, kann ein Schlusswort je nach der gemeinten Lehre handlungsvollendend oder interpretierend sein.

Ein Bär rühmte sich seiner ungewöhnlichen Menschenfreundlichkeit.
Denn einen toten Menschen, so sagte er, falle er nicht an.
Ihm antwortete ein Fuchs: »Ich hielte es für besser,
wenn du den toten Menschen als Nahrung nähmst, dafür aber den lebenden nicht anrührtest.«

> Wer dem Lebenden ans Leder will, soll den Toten nicht beweinen. (Babrios 14)

Die Antwort des Fuchses bereitet die im Epimythion formulierte Lehre vor: Sie holt den Gegensatz zwischen der Behandlung toter und lebender Menschen ans Licht, der den Bären als falschen Menschenfreund entlarvt. Die Lehre, dass den Toten nicht aufrichtig ehren kann, wer dem Lebenden nachstellt, ließe sich zur Not auch ohne die Schlussrede aus der Beschreibung des Bärenverhaltens ableiten. Der Bär hält sich zugute, dass er tote Menschen in Ruhe lässt; dass er im Übrigen, wie jedermann weiß, lebende anfällt, bestreitet er nicht. Der verräterische Gegensatz, auf dem die Lehre beruht, ist auch ohne das Schlusswort in der Fabel implizit enthalten. Ein anderer Bearbeiter desselben Stoffes könnte die Gefahr der Entlarvung des Heuchlers in die Lehre hineinnehmen wollen: Wer dem Lebenden vor aller Augen nachgestellt hat und den Toten zu ehren vorgibt, läuft Gefahr, als falscher Freund des Toten entlarvt zu werden. Bei einer solchen Lehre wäre die Schlussrede des Fuchses nicht mehr nur interpretierend, sondern auch handlungsvollendend, weil ohne sie keine Entlarvung stattgefunden hätte.

Unter die Äsop'schen Fabeln haben sich einige Texte gemischt, die eigentlich zur Gattung der Chrie gehören (Lausberg 1990: §§ 1117 – 1120; Perry 1959:19). Solche Fabeln setzen berühmte Persönlichkeiten in Szene, denen die geschilderte Situation Gelegenheit zu einem geistreichen Spruch oder einer schlagfertigen Antwort gibt.

> Diogenes und der Kahlkopf
>
> Diogenes, der kynische Philosoph, wurde von einem kahlköpfigen Menschen beschimpft. Darauf sagte er: »Ich schimpfe nicht zurück. Das sei ferne von mir! Vielmehr lobe ich die Haare, die sich von einem bösen Haupt losgesagt haben.« (Chambry 97)

In den Chrien bildet das Schlusswort eine Pointe, um deretwillen die ganze Geschichte überhaupt erzählt wird. Insofern ist das Schlusswort notwendig und, wenn man so will, handlungsvollendend. Allerdings liefert es – im Gegensatz zu den vorher besprochenen Beispielen handlungsvollendender Schlussworte – kein notwendiges Material zur Ableitung einer Lehre. Bei Chrien ist auch gar nicht vorgesehen, dass aus der erzählten Geschichte eine Fallklassenbeschreibung herausgefiltert und auf reale Fälle angewandt wird. Die zitierte Diogenes-Anekdote gehört folgerichtig zu den seltenen Äsoptexten ohne Epimythion. Chrien sind streng genommen keine Fabeln. Deshalb sind auch ihre Schlussworte in unserem Sinne weder interpretierend noch handlungsvollendend.

2.3.4 Die Überzeugungskraft der belehrenden Fabel

Eine Fabel beweist nicht die Wahrheit ihrer Lehre. Eine Aussage darf nicht schon deshalb als wahr gelten, weil es eine erfundene Geschichte gibt, zu der sie als Lehre passt. Dennoch will – und kann – auch die belehrende Fabel Überzeugungen bestärken oder gar erst schaffen. Die Fabel wird erzählt, damit dem Adressaten die Lehre nicht nur zur Kenntnis gelangt, sondern auch einleuchtet. Wie in 2.3.2 näher ausgeführt, wendet die Lehre einer Fabel auf reale Verhältnisse einen Beschreibungsinhalt an, der auf dem Wege der Abstraktion aus der erzählten Geschichte gewonnen wurde. Den Beschreibungsinhalt nannten wir das Rhema der Lehre, die realen Verhältnisse, auf die er angewandt wird, das Thema. Die Lehre überzeugt, wenn der Leser aus eigener Einsicht die Anwendung des Rhemas auf das Thema als zutreffende Beschreibung menschlicher Wirklichkeit anerkennt. Dazu muss er das Rhema präzise erfassen, die im Rhema etwa ausgesagten Merkmalabhängigkeiten bejahen und das Thema als einen Realisierungsfall des Rhemas durchschauen.

2.3.4.1 Klarheit des Rhemas

Das Rhema definiert eine Klasse von Fällen, in die sowohl das erzählte Geschehen wie auch das Thema der Lehre gehören. Den Definitionsinhalt kann man als Fallmuster, als Sachverhaltsschema oder als Merkmalkomplex bezeichnen. Die einzelnen Fälle der definierten Klasse verwirklichen das Fallmuster, konkretisieren das Sachverhaltsmuster und sind Träger des Merkmalkomplexes, der die Klasse definiert. Aber nicht alle Konkretisationen desselben Schemas lassen dessen Konturen gleich gut erkennen. Nicht alle Fälle derselben Klasse tragen das gemeinsame Klassenkriterium mit gleicher Deutlichkeit zur Schau. Der Fabelautor wählt einen konkreten, wenn auch fiktiven Fall, in dem der Merkmalkomplex, den das Rhema dem Thema zuordnen soll, besonders einprägsam zutage tritt.

Eine Kurzfassung des Rhemas, das der Leser aus der schon angeführten Lessingfabel ›Der Springer im Schache‹ (I,29) bilden soll, könnte wie folgt lauten:

> System mit hierarchisierten Funktionsträgern, in dem die Funktion einer höheren Hierarchiestufe ohne Schaden oder gar mit Gewinn für das System an eine niedere Hierarchiestufe übergeht.

Für die so definierte Fallklasse ersinnt Lessing ein durchsichtiges Beispiel, in dem Unschädlichkeit und Zweckmäßigkeit der neuen Funktionszuordnung auf den ersten Blick erkennbar sind: Zwei Knaben, denen zum Schachspielen ein Springer fehlt, verwenden einen entsprechend markierten überzähligen Bauern in der Funktion der fehlenden Figur. Der erzählte Fall repräsentiert seine Klasse deutlicher und unstrittiger als die Fälle, auf die Lessing das Rhema anwenden will: Ein Monarch überträgt Aufgaben, die bisher dem Adel vorbehalten waren, an Bürgerliche. Auf den ersten Blick leuchtet ein, dass die besondere Gestalt, durch die sich der Bauer vom Springer unterscheidet, die Wahrnehmung der Springerfunktion nicht beeinträchtigt (solange die Funktionszuteilung eindeutig erkennbar ist). Dass für die niedere Herkunft eines Amtsträgers dasselbe gilt, war für Lessings Zeitgenossen weit weniger gut erkennbar. Die Fabel kann allerdings nicht beweisen, dass die Fälle überhaupt gleichartig sind. Wenn der Leser die suggerierte Klassengleichheit nicht anerkennt, bleibt die Fabel wirkungslos.

2.3.4.2 Anerkennbarkeit eines dargestellten Bedingungsverhältnisses

Oft ist einem Fabelautor daran gelegen, ein Stück Wirklichkeit nicht nur durch das gemeinsame Vorkommen bestimmter Merkmale zu beschreiben (Verlässlich scheinende Freunde erweisen sich in der Not als treulos *und* treulos scheinende als verlässlich), sondern auch durch die natürliche Zusammengehörigkeit dieser Merkmale. Die Lehre soll nicht nur aussagen, dass bestimmte reale Fälle die Merkmale X und Y aufweisen, sondern auch, dass eine natürliche Vorkommensabhängigkeit zwischen den Merkmalen X und Y besteht, dass, wo X erscheint, auch Y zu erwarten ist. Der Merkmalkomplex, der das Rhema bildet, hat in diesem Fall eine implikative Struktur, wenn man den Begriff der Implikation nicht allzu streng fasst: Liegt X vor, kann man zwar nicht mit letzter Gewissheit auf das Vorliegen von Y schließen, aber man tut gut daran, mit dem Vorliegen von Y zu rechnen. Die implikativ strukturierten Rhemata verlangen, wenn die funktionale Satzperspektive der Lehre (vgl. 2.3.2.6) richtig wiedergegeben werden soll, eine Zerlegung in R_1 (das Bedingende) und R_2 (das Bedingte). Die folgenden Ausführungen prüfen, mit welchen Mitteln ein Leser zur Anerkennung der im Rhema enthaltenen Implikation geführt werden kann.

> Der Affe und seine zwei Junge [sic]
>
> Ein Affe hatte zwei Junge; in das eine war er ganz vernarrt, um das andre aber bekümmerte er sich wenig oder gar nicht. Einstmals überfiel ihn ein plötzlicher Schreck; schnell sprang er auf und nahm sein Schoßkind unter den Arm, ohne auf das andre acht zu haben, welches ihm in der Geschwindigkeit auf die Achsel hockte. In dieser Eilfertigkeit lief er fort und stieß, ganz blind vor Furcht, mit dem Kopfe seines Lieblings wider einen Stein, daß das Gehirn heraussprang, da unterdessen das andre Junge, welches ihm auf dem Rücken saß, glücklich und unbeschädiget davonkam.
>
> LEHRE: Verzärtelte Kinder werden gemeiniglich unglücklich; und die, auf welche man am wenigsten gehalten hat,

> werden meistenteils die besten Leute. (Richardson, Fabel 187)

Die Lehre stellt, wenn man so will, eine doppelte Implikation heraus: Übertriebene Fürsorge schadet ihrem Gegenstand, karg bemessene dagegen erhöht dessen Lebens- und Glückschancen. Die erzählte Geschichte stellt nicht nur zwei Affenjunge nebeneinander, deren eines bei einem Übermaß an mütterlicher Zuwendung zugrunde geht, während das andere bei mangelnder Zuwendung glücklich davonkommt; sie legt auch den Finger auf das Bedingungsverhältnis zwischen dem Maß an gewährter Fürsorge und den erhöhten oder verminderten Lebens- und Glückschancen. Das eine Junge stirbt, *weil* es mit blinder Fürsorge überschüttet wird; das andere überlebt, *weil* ihm die blinde Fürsorge erspart geblieben ist. Wie kann die erzählte Geschichte glaubhaft machen, dass der nahe gelegte Zusammenhang nicht nur in dem beschriebenen Einzelfall gilt, sondern die Regel ist, wo immer der Begriff der übermäßigen Fürsorge zur Anwendung kommt? Was kann den Fabelleser davon überzeugen, dass nicht nur in dem erzählten Einzelfall das Verhalten der Äffin den Tod des Schoßkindes verschuldet hat, sondern dass *in aller Regel* übersteigerte Fürsorge ihrem Gegenstand zum Schaden gereicht? Auf diese Frage antwortet der Philosoph Christian Wolff (1679 – 1754), indem er die Fabel als Anwendung des Reduktionsprinzips kennzeichnet. Die Antwort, die auch Lessing – mindestens nominell – übernimmt (143ff.), verdient eine genauere Erörterung.

Den Begriff des Reduktionsprinzips erläutert Wolff in seiner ›Psychologia empirica‹ (1968, § 472):

> Als Reduktionsprinzip bezeichne ich einen Kunstgriff, durch den ich einen Gegenstand, an dem etwas in Frage steht, neben einen zweiten stelle, der mit dem ersten unter einen gemeinsamen Begriff fällt, sodass alles, was wir an dem zweiten Gegenstand [als durch den gemeinsamen Begriff verbürgt] erkennen, kraft des gemeinsamen Begriffs auch auf den ersten übertragen werden kann. [...] In der Geometrie wird [so] der Kreis neben das Vieleck gestellt, sodass von dorther die Art der Kreisflächenberechnung erschlossen werden kann.

Dass auch die Fabel das Reduktionsprinzip anwendet, sagt Wolff im zweiten Teil der ›Philosophia practica‹ (1979, § 310), der die Fabel als Lehrmittel der Moral ausführlich behandelt:

> Fabeln werden unter Anwendung des Reduktionsprinzips erdacht. Denn eine Fabel wird erdacht, wenn ein [realer] Anwendungsfall einer bestimmten allgemeinen Wahrheit neben einen anderen, nur erfundenen gestellt wird, der jedoch wie der erste unter den Begriff dieser allgemeinen Wahrheit fällt. Denn das Reduktionsprinzip ist ein Kunstgriff, durch den ich einen Gegenstand [usw. wie oben].

Das Wolffsche Reduktionsprinzip unterscheidet zwischen zwei Anwendungs- bzw. Manifestationsfällen derselben Gesetzmäßigkeit: dem problematischen Fall, der die problemlösende Gesetzmäßigkeit nicht ohne weiteres erkennen lässt, und dem klareren Parallelfall, an dem die Geltung dieser Gesetzmäßigkeit mühelos ablesbar ist. Das Reduktionsprinzip reduziert sozusagen den problematischen Fall auf den klareren Parallelfall. Durch ihn verschafft es die ›anschauende Erkenntnis‹ der Gesetzmäßigkeit, aus der sich die Lösung des problematischen Falles ergibt. Die Lehre einer Fabel entspricht nach Wolff der problemlösenden Gesetzmäßigkeit; der fiktive Fall, den die Fabel erzählt, entspricht dem klareren Parallelfall, der die Gesetzmäßigkeit zu erkennen gibt, und der problematische Fall entspricht einem realen Anwendungsfall der Lehre. Die Fabel stellt reale Fälle in das Licht einer Gesetzmäßigkeit, deren Erkenntnis am fiktiven Fall gewonnen wird. Der problematische Fall, an dem Wolff die Anwendung des Reduktionsprinzips veranschaulicht, ist die Berechnung des Kreisflächeninhalts bei bekanntem Kreisumfang. Die Gesetzmäßigkeit, aus der die Problemlösung hervorgeht, ist eine für alle regelmäßigen Vielecke geltende Relation zwischen Umfang und Flächeninhalt. Diese Relation gilt auch für den Kreis, der als ein regelmäßiges Vieleck anzusehen ist, dessen Eckenzahl gegen unendlich und dessen Seitenlänge gegen null geht. Die Geltung der problemlösenden Relation ist jedoch im Fall des Kreises weniger offensichtlich als im Fall etwa des Sechsecks. Deshalb soll uns das Sechseck als der klarere Parallelfall dienen, an dem die Gesetzmäßigkeit ablesbar ist, die auch das Problem der Kreisflächenberechnung löst. Wir wollen nicht davor zurückscheuen, im Einzelnen darzustellen, wie die Einsicht in eine für alle regelmäßigen Vielecke geltende Gesetzmäßigkeit sich aus der Betrachtung des Sechsecks ergibt. Der etwas laboriöse Abstecher in eine fremde Wissenschaft soll klären helfen, ob tatsächlich, wie Wolff unterstellt, aus dem erzählten fiktiven Fall die Einsicht in die Wahrheit der Lehre auf ähnliche Weise hervorgeht wie im Bereich der Geometrie aus dem klareren Parallelfall die Einsicht in die Geltung einer Gesetzmäßigkeit.

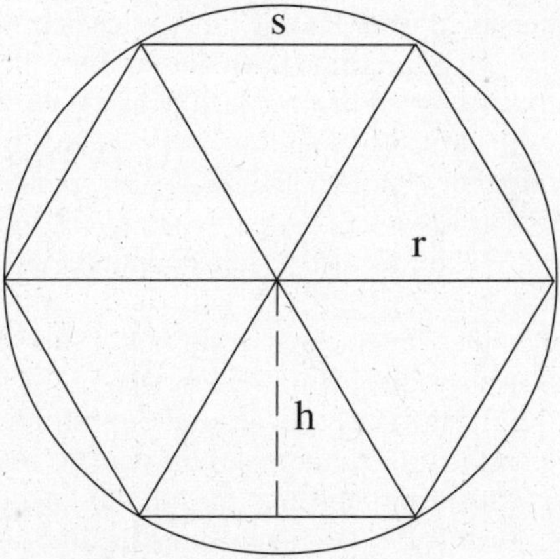

Ein regelmäßiges Sechseck hat, wie der Name sagt, sechs Ecken und außerdem sechs gleich lange Seiten. Es setzt sich, wie die Abbildung zeigt, aus sechs gleichschenkligen, kongruenten Dreiecken zusammen, deren Grundseite aus einer Seite des Sechsecks besteht. Der Flächeninhalt jedes dieser Dreiecke macht die Hälfte des Produkts aus Grundseitenlänge (s) und Höhe (h) des Dreiecks aus: s · h · ½. Der Flächeninhalt des Sechsecks, das aus sechs solcher Dreiecke besteht, beträgt folglich 6 · s · h · ½. Wenn die Formel für alle Vielecke gültig sein soll, muss 6 durch die Variable n ersetzt werden, die die jeweilige Zahl der Ecken bzw. Seiten vertritt, also: n · s · h · ½. In dieser Formel bezeichnet n · s den Umfang des Vielecks. Der Flächeninhalt eines regelmäßigen Vielecks beträgt folglich die Hälfte des Produkts aus Umfang und Höhe. Dieses feste Verhältnis zwischen Umfang und Flächeninhalt gilt, wie am Fall des Sechsecks erkennbar, für alle regelmäßigen Vielecke, also auch für den Kreis. Der Umfang des Kreises beträgt, wie man weiß, $2\pi r$. Die Höhe fällt bei unendlich großer Zahl der Ecken und folglich unendlich kleiner Grundfläche der Dreiecke mit dem Radius r des Kreises zusammen. Der Inhalt der Kreisfläche beträgt daher $2\pi r \cdot r \cdot \frac{1}{2}$, also πr^2.

Wenn die Fabel eine Anwendung des Reduktionsprinzips sein soll, muss die erzählte Geschichte der durchsichtigere Fall sein, an dem etwas deutlich wird, das für alle Anwendungsfälle derselben Lehre gilt. Der Fabelautor Samuel Richardson reduziert gewissermaßen das Problem der übersteigerten Fürsorge im Bereich der Menschenerziehung auf den Fall der Affenmutter. An diesem Einzelfall soll gezeigt werden, dass übersteigerte Fürsorge in aller Regel ihrem Gegenstand zum Schaden gereicht, so wie am Fall des regelmäßigen Sechsecks gezeigt wird, dass bei allen regelmäßigen Vielecken – und folglich auch im Fall des Kreises – der Flächeninhalt die Hälfte des Produkts aus Umfang und Höhe (der den Flächeninhalt bildenden Dreiecke) beträgt.

Der entscheidende Unterschied zwischen Fabel und geometrischem Beweis ist mit Händen zu greifen: Der Tod des Schoßkindes wird nicht mit vergleichbarer Strenge auf die konstitutiven Merkmale der übersteigerten Fürsorge zurückgeführt wie die Berechnungsformel des Flächeninhalts auf die konstitutiven Merkmale des regelmäßigen Vielecks. Zwar stirbt das Junge, dem die übersteigerte Fürsorge zuteil wurde; aber nichts verbietet dem Leser, wenn er sich an die Fakten hält, den Tod als unglücklichen Zufall aufzufassen anstatt als notwendige oder auch nur wahrscheinliche Folge der übersteigerten Fürsorge. Ein ähnlicher Zufall – etwa in Gestalt eines herabfallenden Steines – hätte das vernachlässigte Junge, das auf den Rücken der Mutter geklettert war, töten und das verhätschelte schonen können. Die Äsop'sche Fassung desselben Fabelstoffes (Chambry 307) unterstellt denn auch, dass der junge Affe nicht wegen, sondern trotz der übertriebenen Fürsorge des Muttertiers stirbt. Das Epimythion lautet:

> Die Fabel zeigt, dass der Zufall mächtiger ist als alle Vorsicht.

In der erzählten Geschichte ist die übersteigerte Fürsorge allenfalls eine notwendige, jedoch keine hinreichende Bedingung des Unglücks. Ohne sie hätte die Mutter das Jungtier vielleicht nicht unter den Arm genommen, sodass es mit dem Schädel gegen den Stein schlagen konnte. Zu den notwendigen Bedingungen des Unglücks zählt aber auch die Geburt des Verunglückten, ohne dass man folgern dürfte: Wer geboren wird, verunglückt. Der Zusammenhang zwischen dem regelmäßigen Vieleck und der Formel zur Berechnung seines Flächeninhalts ist analytischer Art. Aus den Eigenschaften des regelmäßigen Vielecks ergibt sich die gesuchte Formel denknotwendig. Ein Vieleck ohne die ermittelte Relation zwischen Umfang und Inhalt wäre ein Widerspruch in sich. Der Zusammenhang zwischen übersteigerter Fürsorge und Minderung der Lebenschancen des Umsorgten ist dagegen keineswegs denknotwendig, sondern bestenfalls eine Erfahrungstatsache. Dass übersteigerte Fürsorge ihrem Gegenstand schadet, lässt sich nicht analytisch aus ihren konstitutiven Eigenschaften ablesen, sodass man sich den Fall der Affenmutter nur genau ansehen müsste, um die allgemeingültige Verknüpfung von übersteigerter Fürsorge und Schädlichkeit zu erfassen. Fabeln vermitteln keine analytischen Wahrheiten, sondern Erfahrungswissen. Deshalb schon können die erzählten Geschichten nicht mit den klareren Parallelfällen verglichen werden, mit denen das Reduktionsprinzip arbeitet. Wolff und Lessing scheinen zu glauben, dass der – Abstrakta verknüpfende – moralische Lehrsatz einer Fabel auf Grund seiner bloßen begrifflichen Struktur als wahr zu erkennen sei und dass diese Struktur sich am gut ausgewählten Beispielfall offenbare. Um zu erkennen, dass der Flächeninhalt eines beliebigen Vielecks die Hälfte des Produkts aus Umfang und Höhe ausmacht, braucht man tatsächlich nur auf den einfachen Fall des Sechsecks zu blicken. Ebenso soll der durchsichtige Fall der Äffin, die den Tod des Lieblingskindes herbeiführt, die grundsätzliche Schädlichkeit übersteigerter Fürsorge enthüllen. Im Reich der Lebensklugheit geht es jedoch anders zu als im Reich der Geometrie. Die Lehre einer Fabel ist nicht durch den bloßen Blick auf ein vereinfachtes Modell ihres Inhalts als wahr auszuweisen. Sie bedarf der Bestätigung durch anderweitig erworbene Erfahrung, zu deren Mobilisierung die Fabel allerdings verhilft. Die Gleichsetzung des Fabelgebrauchs mit der Anwendung des Reduktionsprinzips ist daher irreführend. Der fiktive Fall verhilft zwar zur Erfassung der gemeinten Gesetzmäßigkeit, er gibt sie jedoch nicht als gültig zu erkennen.

Fabeln können jedoch ein sophistisches Gegenstück des Reduktionsprinzips anwenden, wenn sie am erzählten Einzelfall die allgemeine Geltung eines Bedingungsverhältnisses glaubhaft machen wollen. Nach unserer Theorie sind der fiktive Fall, den die Fabel erzählt, und der reale Gegenstand, den die Lehre beschreibt, einander analog, insofern beide unter einen gemeinsamen Beschreibungsinhalt R fallen. Dieser gemeinsame Beschreibungsinhalt ergibt sich nicht von selbst aus dem erzählten Stoff; vielmehr legt ihn der Interpret des Stoffes fest, indem er aus dem Inhalt der Erzählung herausabstrahiert, was er für die gewählte Lehre braucht. Der Beschreibungsinhalt R ist in der – unter Umständen durch Interpolationen angereicherten – Erzählung nur inkludiert, nicht mit ihr identisch. Bei der Erfassung dessen, was eine Erzählung inkludiert bzw. was aus ihr herausfilterbar ist, können jedoch Fehler unterlaufen, die der Lehre ein Stück Überzeugungskraft erschleichen. Richardson filtert in seiner Affenfabel aus dem Verhalten der Äffin – völlig zu Recht – den Begriff der übersteigerten Fürsorge heraus, den er auf den realen Gegenstand seiner Lehre anwendet. Nun führt in der erzählten Geschichte das Verhalten der Äffin zum Tod ihres Schoßkindes. Dieser Umstand kann den Interpreten dazu verleiten, den Tod des Jungen als typische Folge übersteigerter Fürsorge in den Beschreibungsinhalt R aufzunehmen. Bei Lichte besehen ist der Tod des Jungen jedoch keine Folge übersteigerter Fürsorge schlechthin, sondern der besonderen Umstände, unter denen sich die übersteigerte Fürsorge in dem erzählten Einzelfall manifestiert. Das allgemein gültige Bedingungsverhältnis kann aus der erzählten Geschichte nicht herausabstrahiert, sondern nur in sie hineininterpretiert werden. Der Interpret begeht den Fehler, die Konsequenz des Besonderen als Konsequenz des Allgemeinen hinzustellen. Manchmal zielen Fabeln auf diesen Trugschluss ab. Um glaubhaft zu machen, dass eine bestimmte Sachverhaltskategorie eine bestimmte Folge zeitigt, repräsentieren sie die Kategorie durch einen Beispielfall, dessen Besonderheiten die Folge als natürlich erscheinen lassen. Der Interpret soll dann die Folgeträchtigkeit, die auf den besonderen Umständen des Einzelfalles beruht, der allgemeinen Kategorie gutschreiben, die sich im erzählten Einzelfall verwirklicht. Die Glaubhaftigkeit des Bedingungsverhältnisses in der erzählten Geschichte soll sich auf das Bedingungsverhältnis im Rhema übertragen. In der Phaedrusfabel vom Hund, der ein Stück Fleisch durch einen Fluss trägt (I,4), soll das Schnappen nach dem Fleischstück des imaginären Artgenossen unter den weiten Begriff der Gier nach des Nächsten Hab und Gut gefasst werden. In der erzählten Geschichte führt diese Gier nicht ohne Plausibilität zum Verlust des eigenen Besitzes: Um nach dem Fleischstück des Artgenossen zu schnappen, muss der gierige Schwimmer das schon erbeutete Fleischstück aus dem Maul fallen lassen. Das Konsequenzverhältnis ist aber nur auf Grund der besonderen Umstände einsichtig, unter denen sich die Habgier in dem erzählten Einzelfall äußert, nicht auf Grund der allgemeinen Merkmale der Habgier. Nicht jeder, der nach des Nächsten Hab und Gut trachtet, muss dabei sein Maul öffnen, und nicht aller Besitz wird im Maul getragen und kann herausfallen. Dennoch schreibt das Epimythion den Verlust des Besitzes der Gier schlechthin zu:

> Mit Recht verliert das Eigene, wer nach Fremdem trachtet.

Das vom Fabelautor angewandte Verfahren lässt sich als sophistische Kompositionsanweisung formulieren: ›Um ein allgemeines Bedingungsverhältnis zwischen zwei Sachverhaltskategorien A und B glaubhaft zu machen, erzähle man einen konkreten Vorgang, in dem tatsächlich ein Unterfall von B als natürliche Folge eines Unterfalls von A erscheint. Auch wenn die Folge bei Lichte besehen nicht auf der allgemeinen Natur von A, sondern auf den besonderen Umständen des dargestellten Unterfalles beruht, lässt sich auf diese Weise der Eindruck eines allgemeinen Bedingungsverhältnisses erschleichen.‹ Nach dieser Regel verfährt auch die Fabel vom Frosch, der sich zur Größe eines Ochsen aufblähen will (Phaedrus I,24). Man findet es plausibel, dass ein Frosch platzt, wenn lange genug Luft in ihn hineingepumpt wird. Deswegen besteht jedoch kein gleiches Folgeverhältnis zwischen den Sachverhaltskategorien, als die Frosch, Aufblähen und Platzen in den Beschreibungsinhalt R und in die Lehre eingehen. Nur weil ein aufgeblasener Frosch platzt, braucht ein mittelloser Großtuer nicht zugrundezugehen, wie es das Promythion will:

> Wenn ein Mittelloser es einem Mächtigen gleichtun will, geht er zugrunde.

Der Tod des Sklaven, der sich als Herr aufspielt, und der Ruin eines kleinen Mannes, der sich als Krösus gebärdet, dürften ihre Plausibilität eigentlich nicht aus dem Beispiel des Frosches beziehen. Wenn die Fabel bei ihren legitimen Überzeugungsmitteln bleiben will, kann sie nur – anhand des Froschbeispiels – Erfahrungen des Lesers mobilisieren, die den Tod des hochmütigen Sklaven und den Ruin des protzigen Habenichts bestätigen.

2.3.4.3 Anerkennbarkeit des Themas als Realisierungsraum des Rhemas

Die Lehre einer Fabel leuchtet in dem Maße ein, wie die Welterfahrung des Lesers das Rhema als zutreffende Beschreibung des Themas bestätigt. Dazu müssen Thema und Rhema klar erfasst (vgl. 2.3.4.1) und ein im Rhema etwa enthaltenes Bedingungsverhältnis (vgl. 2.3.4.2) bejaht werden. Ein Leser, dessen Erfahrung nicht bestätigen kann, dass der Sachverhalt X ›gemeiniglich‹ den Sachverhalt Y nach sich zieht, wird auch nicht anerkennen, dass der thematische Wirklichkeitsausschnitt einen Schauplatz für diesen Zusammenhang abgibt. Aber auch wenn das Rhema kein strittiges Bedingungsverhältnis enthält, können Zweifel aufkommen, ob das Thema ein echter Realisierungsfall des Rhemas ist. La Fontaines Bearbeitung des Stoffes ›Bauch und Glieder‹ (III,2) legt etwa folgendes Rhema nahe:

> System mit zentraler Güterverteilungsstelle: Die Außenstellen leiten die erworbenen Güter an das Verteilungszentrum weiter, das sie seinerseits, wie das Wohl des Systems es gebietet, nach Bedarf und Verdienst an die Außenstellen verteilt. Wird das Verteilungszentrum nicht mehr beliefert, fällt die systemerhaltende Verteilung aus, und das System bricht zusammen.

Der Leser soll diesen Systembegriff auf den merkantilistischen französischen Staat und den Begriff der zentralen Verteilungsstelle auf das Königsamt Ludwigs XIV. anwenden:

> Das Erzählte lässt sich auf das hohe Königsamt anwenden.
> Es empfängt, und es gibt in dem Maße, wie es empfängt.
> Alles arbeitet für dieses Amt, und umgekehrt
> Wird alles von ihm ernährt.

Ein Zeitgenosse La Fontaines könnte die vorgesehene Anwendung verweigern, weil er die Tätigkeit Ludwigs XIV. anders erlebt hat: Die Einkünfte werden keineswegs zum Gesamtwohl derer genutzt, die sie erwirtschaftet haben; insbesondere fließt ein allzu großer Teil in die Hofhaltung des Königs. Nach der Französischen Revolution verteidigt Christian August Fischer (1771 – 1829) die Abschaffung der Monarchie in einer Fabel mit dem Titel »Die Revolution im Thierreiche, oder Der Magen und die Glieder« (38ff.). Der Fuchs will dem abgesetzten Löwen die Königswürde wieder beschaffen und trägt deshalb die Fabel von Bauch und Gliedern vor. Die Schlange jedoch lehnt es ab, den Begriff der alles nährenden Zentralstelle auf den König anzuwenden:

> Der Magen isset und nützet zugleich; die meisten Könige essen nur.

Sowenig eine erzählte Geschichte beweist, dass ein Merkmal Y für gewöhnlich nicht fehlt, wenn ein Merkmal X auftritt, sowenig beweist sie, dass ein aus ihr herausgefiltertes Rhema auf bestimmte reale Verhältnisse passt. In beiden Fällen muss die Welterfahrung des Lesers den fehlenden Beweis ersetzen.

> Die Wanderer und die Axt
>
> Zwei Wanderer zogen desselben Weges. Da fand einer von ihnen eine Axt, und der andere sagte: »Wir haben eine Axt gefunden!« Der erste aber belehrte ihn, er dürfe nicht sagen »wir haben gefunden«, sondern »du hast gefunden«. Kurz darauf trafen sie mit den Leuten zusammen, die die Axt verloren hatten. Da sagte der Wanderer, der die Axt in Händen hielt und deshalb in Bedrängnis geriet, zu seinem Gefährten: »Jetzt sind wir verloren.« Der Gefährte aber entgegnete: »Du solltest nicht sagen ›wir sind verloren‹, sondern ›ich bin

verloren‹; denn als du die Axt fandest, hast du mich nicht an dem Fund beteiligt.«

Die Fabel zeigt, dass, wer am Glück eines anderen keinen Anteil erhält, auch in dessen Unglück kein verlässlicher Freund ist. (Chambry 256)

Die Lehre, die ja nicht sagt, was mit Notwendigkeit geschieht, sondern nur, was üblicherweise zu erwarten ist, dürfte sowohl der Erfahrung wie auch dem Gerechtigkeitsempfinden des Durchschnittslesers entsprechen. Man möchte vermuten, dass die Geschichte von der gefundenen Axt dem Großteil ihrer Leser keine neue Erkenntnis verschafft, sondern nur pointiert bestätigt, was er auch ohne die Fabel gewusst und gebilligt hätte. Die Fabel verschafft dem Leser keine überraschende Einsicht; sie verleiht einer bekannten Wahrheit eine pointierte und amüsante Darstellung: Der Glückliche gibt seine Weigerung, das Glück zu teilen, durch eine diskrete Korrektur am Ausdruck dessen zu verstehen, der die Teilhabe naiv erwartet. Als sich das Blatt gewendet hat, gibt der Abgewiesene seine Weigerung, das Unglück des vorher Glücklichen zu teilen, durch eine ebenso diskrete Korrektur am Ausdruck seines Gegenspielers zu verstehen: Wurst wider Wurst. Wer vorher sein Glück nicht teilen wollte, soll auch allein mit dem Unglück fertig werden.

In seltenen Fällen entsteht der Eindruck, dass der Fabeldichter gar nicht den Beifall des Lesers erwartet, sondern seinen Standpunkt einer Welt von Andersdenkenden trotzig entgegenschleudert. Der Fabel von Hahn und Perle (vgl. 2.3.2.6) gibt Phaedrus folgendes Epimythion (III,12):

Diese Fabel erzähle ich für alle, die in meiner Dichtung keinen Sinn sehen.

Phaedrus gibt seinen Verächtern die Rolle des Hahns, der mit einer Perle nichts anzufangen weiß: Der Genuss eines hohen Gutes bleibt ihnen versagt, weil der Minderwertige auch nur für mindere Werte empfänglich ist. Phaedrus, der erfolglos um Anerkennung rang, konnte nicht erwarten, dass die Geschichte von Hahn und Perle das Lesepublikum umstimmte. Die Fabel ist kein Überzeugungsversuch, sondern ein Bekenntnis zum Glauben an die eigene Sendung.

Dennoch kann eine Fabel ihrem Leser auch neue Einsichten erschließen. Sie schlägt aus abgelagerten Erfahrungen den Funken einer überraschenden Erkenntnis. Niemand hat je die ganze Fülle seiner Erfahrung zu abrufbarer Erkenntnis verarbeitet. Daher kann eine Lehre dem Fabelleser neu sein, obwohl seine Erfahrung sie bestätigen muss. »So ist es,« sagt der Leser, nicht weil die Fabel es bewiesen hätte, sondern weil die erzählte Geschichte einen Kristallisationspunkt bildet, um den sich eine vorher diffuse Erfahrung aussagekräftig anordnet. Der Schock einer plötzlichen Einsicht, die gleichwohl aus längst erworbener Erfahrung hervorgeht, will sich bei der Lektüre antiker Fabeln nicht immer einstellen. Die Wahrheiten des Äsop sind dem modernen Leser allzu vertraut. Vielleicht kann eine neuere Fabel veranschaulichen, wie eine erfundene Geschichte bereits erworbene Erfahrung in Erkenntnis umsetzt.

> Der Blick vom Turm
>
> Als Frau Glü von dem höchsten Aussichtsturme aus in die Tiefe hinabblickte, da tauchte unten auf der Straße, einem winzigen Spielzeug gleich, aber an der Farbe seines Mantels unzweideutig erkennbar, ihr Sohn auf; und in der nächsten Sekunde war dieses Spielzeug von einem gleichfalls spielzeugartigen Lastwagen überfahren und ausgelöscht – aber das Ganze war doch nur eben die Sache eines unwirklich kurzen Augenblicks gewesen, und was da stattgefunden hatte, das hatte doch nur zwischen Spielzeugen stattgefunden.
>
> »Ich geh nicht hinunter!« schrie sie, sich dagegen sträubend, die Stufen hinabgeleitet zu werden, »ich geh nicht hinunter! Unten wäre ich verzweifelt!«
> (Günther Anders: Der Blick vom Turm, 7)

Wer die erzählte Geschichte als plötzlichen Aufschluss über menschliche Wirklichkeit empfindet, muss aus eigener – wenn auch vor der Lektüre unverarbeiteter Erfahrung – bestätigen können, dass dieselben Übel je nach Einstellung den Betrachter in die Verzweiflung treiben oder unberührt lassen. Die Fabel rückt diese Erfahrung ins Helle. Derselbe Schicksalsschlag kann aus der heiteren Distanz des unbetroffenen Beobachters und aus der bedrückenden Nähe des Anteilnehmenden erlebt werden. Nicht die Schwere des Unheils, sondern der innere Standort entscheidet über Gelassenheit oder Verzweiflung. Nicht die genaue Kenntnis des Unglücks, sondern die lebendige Verbindung mit den Unglücklichen bestimmt die Reaktion. In gewissen Grenzen kann der Zuschauer seinen Standort wählen. Er kann entscheiden, ob er vom Turm herabsteigen und sich dem Ansturm von Entsetzen, Mitleid und Verzweiflung aussetzen oder ob er in ungefährdeter Höhe verbleiben und eine Verbindung zu den Betroffenen nicht gelten lassen will.

Die zitierte Fabel hat der Sammlung, die sie eröffnet, den Titel gegeben. Der Autor gibt zu verstehen, dass seine Fabeln der Menschheit ganzen Jammer in einer künstlichen Spielzeugwelt nachbauen, deren Betrachtung nicht belastet, sondern nur belehrt.

2.3.5 Fabel und Argument

Eine Fabel beweist nicht die Wahrheit ihrer Lehre. Sie entwirft bestenfalls eine suggestive Hypothese, die auf Bestätigung durch die Weltkenntnis des Lesers rechnen kann. Was Fabeln über erdachte Welten berichten, hilft Beschreibungen der wirklichen Welt zu veranschaulichen, im Idealfall sogar erstmalig zu konzipieren, nicht jedoch zu begründen. Der Fabelerzähler konstruiert Beschreibungsinhalte, die er zur Anwendung auf die Wirklichkeit empfiehlt, ohne die Berechtigung dieser Anwendung nachzuweisen. Fabeln sind auch nicht Teile oder Kurzfassungen von Beweisen, wie nach Aristoteles das rhetorische Enthymem die Kurzfassung eines Syllogismus und das Beispielargument die Kurzfassung eines Induktionsschlusses ist (Rhetorik I,2,8f.). Induktive Schlüsse vom Fabelhergang auf Gesetzmäßigkeiten der wirklichen Welt sind unzulässig (vgl. 2.3.5.1). Erlaubt sind jedoch Schlüsse vom Fabelhergang auf Gesetzmäßigkeiten der Fabelwelt. Manchmal setzt die Bildung des Rhemas solche Schlüsse geradezu voraus (vgl. 2.3.5.2). Wenn ein Fabelautor dem Leser Schlussfolgerungen auf die wirkliche Welt nahe legen will, muss er die erzählten Hergänge in die wirkliche Welt verlegen und damit die Grenzen der Gattung überschreiten (vgl. 2.3.5.3). Dasselbe gilt für einen Autor, der die erfahrbare Wirklichkeit durch ihre mythische Vorgeschichte erklären will: Er muss die erzählte Vergangenheit im Gegensatz zu einem echten Fabelautor als gewesene Wirklichkeit ernst nehmen (vgl. 2.3.5.4).

2.3.5.1 Fiktiver Fall und wirkliche Welt

Aristoteles zählt die rhetorische Fabel zu den Beispielargumenten und deshalb – wie alle Beispielargumente – zu den induktiven Mitteln der Überzeugungsbildung (Rhetorik I,2 und II,20). Diese Zuordnung hat im Rahmen der Aristotelischen Dialektik ihren Sinn (Coenen 1992). Wenn man jedoch dem Wort Induktion die heute gängige Bedeutung gibt, liefert weder die rhetorische Fabel ein induktives Argument zu Gunsten der befürworteten Entscheidung (2.1.2) noch die belehrende zu Gunsten ihrer Lehre. Mit dem landläufigen Begriff der Induktion verbindet sich etwa folgende Vorstellung: Es besteht – aus welchen Gründen auch immer – die vorläufige Annahme, dass alle – oder doch die allermeisten – Elemente einer Klasse K die Eigenschaft E aufweisen. Die Eigenschaft E, so lautet die hypothetische Vermutung, ist durch die Zugehörigkeit zur Klasse K bedingt. Man nimmt etwa an, dass übermäßige Fürsorge (K) dem umhegten Kind in aller Regel schadet (E) oder dass im Zweikampf mit einem Löwen (K) der Mensch in aller Regel Sieger bleibt (E). Trifft man nun auf ein Element der Klasse K, das nachweislich und anerkanntermaßen die Eigenschaft E aufweist, so kann man diesen Fall als induktives Argument zu Gunsten der hypothetischen Annahme betrachten, dass K-Fälle immer oder wenigstens in der Regel auch E-Fälle sind. Wenn etwa ein verzärteltes Kind tatsächlich stirbt oder ein Mensch tatsächlich einen Löwen besiegt, bilden diese Beobachtungen ein induktives Argument für die grundsätzliche Schädlichkeit übertriebener Fürsorge bzw. für die grundsätzliche Überlegenheit des Menschen im Kampf mit Löwen. Die Hypothese der Bedingtheit von E durch die Zugehörigkeit zu K wird umso glaubhafter, je repräsentativer die Anzahl der beobachteten K-Fälle ist, an denen E festgestellt werden konnte. Die bekannten Fälle bürgen gewissermaßen für ihre noch nicht überprüften Klassengenossen. Die Bürgschaft wird jedoch wertlos, sobald K-Fälle ohne E ins Blickfeld treten, die man nicht mehr als untypische Ausnahmen abtun kann. Die Hypothese, dass übermäßige Fürsorge schadet, bricht zusammen, wenn zu viele Fälle übermäßiger Fürsorge bekannt werden, in denen der Schaden ausblieb. Wir umgehen die strittige Frage, wie viele Einzelfälle eine Bedingungsaussage bestätigen müssen, bevor sie als induktiv gesichert gelten kann, und wie vieler Gegenbeispiele es bedarf, um sie zu widerlegen.

Die Annahme, dass eine belehrende Fabel, wenn schon keinen lückenlosen induktiven Beweis, so doch immerhin ein einzelnes induktives Argument für die Wahrheit ihrer Lehre liefert, lässt sich am Beispiel des verhätschelten Affenjungen verdeutlichen (Richardson, 274). Die zu stützende Hypothese lautet:

> Verzärtelte Kinder werden gemeiniglich unglücklich [...].

Kinder, die in die Klasse ›Gegenstand übertriebener elterlicher Zuwendung‹ gehören, sind demnach ›gemeiniglich‹ vom Unglück bedroht. Die Eigenschaft, Unglück zu erleiden (E), ist durch die Zugehörigkeit zu dieser Klasse (K) bedingt. Nun berichtet die Fabel von einem Einzelfall, der unstrittig in diese Klasse gehört und tatsächlich auch die bedingte Eigenschaft aufweist: Das von der Mutter fürsorglich unter dem Arm getragene Junge schlägt mit dem Kopf gegen einen Stein und stirbt. Was die Fabel erzählt, müsste eigentlich ein induktives Argument – wenn auch sicher noch kein vollständiger induktiver Beweis – für die Wahrheit ihrer Lehre sein. Nun ist der vorgetragene Fall jedoch eingestandenermaßen fiktiv, während die Lehre in der menschlichen Wirklichkeit gelten soll. Erzählte Geschichte und zugehörige Lehre beschreiben verschiedene Welten. Nach unserer Voraussetzung kann ein und dieselbe Klasse (K) von Gegenständen, Sachverhalten, Vorgängen usw. zwar Elemente aus verschiedenen Welten enthalten, aber in den verschiedenen Welten bedingt die Zugehörigkeit zu dieser Klasse nicht immer dieselben Eigenschaften. Löwen kommen sowohl in der Wirklichkeit wie auch in der Fabel vor. Aber in der Fabel können sie sprechen, in der Wirklichkeit nicht. Dafür stehen sie in der Wirklichkeit unter Artenschutz, in der Fabel im Allgemeinen nicht. Die Elemente einer Klasse können sich – sogar in der wirklichen Welt – auf verschiedene Bereiche verteilen, in denen die Klassenzugehörigkeit unterschiedliche Folgen hat. Einzelfälle sind nur dann als induktive Argumente brauchbar, wenn sie aus genau dem Bereich der Klasse K genommen sind, für den die allgemeine Bedingungsaussage gelten soll, und nicht aus einem anderen Bereich, in dem die Zugehörigkeit zu K möglicherweise andere Folgen hat. Da die Lehre einer Fabel für die wirkliche Welt gelten soll, müssten induktive Argumente aus der wirklichen Welt genommen werden, nicht aus einer Fabelwelt, in der möglicherweise andere Bedingungsverhältnisse gelten. Fälle, die – mit welchen Mitteln auch immer – nur dargestellt werden, aber nicht wirklich stattgefunden haben, richten sich nach dem Belieben dessen, der die Darstellung hervorbringt, nicht notwendig nach den Gesetzen der wirklichen Welt, die er vielleicht darzustellen vorgibt. Diese Erkenntnis lässt sich einer Fabel La Fontaines entnehmen (III,10), deren Stoff sich auch in der Äsopsammlung findet (Chambry 59):

Der vom Menschen erlegte Löwe

Man stellte ein Gemälde aus,
auf dem der Künstler einen gewaltigen Löwen
abgebildet hatte, der von einem einzigen Menschen
zu Boden gestreckt worden war.
Das rechneten die Betrachter sich zum Ruhme an.
Ein vorbeikommender Löwe brachte ihr Geschwätz zum Verstummen.
»Ich sehe wohl«, sagte er, »dass man euch hier
tatsächlich zum Sieger macht.
Aber der Maler hat euch getäuscht.
Es stand ihm frei, von der Wirklichkeit abzuweichen.
Mit größerem Recht wäre der Sieg auf unserer Seite,
wenn meine Artgenossen malen könnten.«

Das von Menschenhand gemalte Bild ist kein zuverlässiger Zeuge der Wirklichkeit. Ebensowenig trägt eine vom Menschen ersonnene Fabel zur induktiven Beglaubigung ihrer Lehre bei. Sie vermehrt die Wirklichkeitserfahrung des Lesers nicht um einen induktionstauglichen Fall, sondern gibt – bestenfalls – den Anstoß zur aussagekräftigen Strukturierung von Erfahrungen, die der Leser in der wirklichen Welt bereits vor der Fabellektüre erworben hat.

2.3.5.2 Schlussfolgerungen auf Sachverhalte der Fabelwelt

Wenn die belehrende Fabel auch kein Argument für die Wahrheit ihrer Lehre darstellt, kann doch die Erfassung dieser Lehre auf eine Schlussfolgerung angewiesen sein. Wie in 2.3.2 ausgeführt, wendet die Lehre einen Beschreibungsinhalt, den die erzählte Geschichte einem fiktiven Fall zuordnet, auf reale Fälle des menschlichen Lebens an. Die Merkmale jedoch, mit denen sie die realen Fälle kennzeichnet, werden bei der Beschreibung des fiktiven Falles nicht immer explizit genannt. Manchmal dient das explizit Erzählte als Basis einer Schlussfolgerung auf ungenannte Eigenschaften des fiktiven Falles, die dann – in der Lehre – einem Stück Wirklichkeit zugesprochen werden. Der dem Interpreten abverlangte Schluss zielt auf Sachverhalte der fiktiven Welt. Die Annahme gleichartiger Sachverhalte in der wirklichen Welt kann er dagegen nicht rechtfertigen. Wie immer muss der Leser die gezogene Lehre, wenn er sie nicht auf Treu und Glauben annehmen will, an seiner – durch die Fabel mobilisierten – Erfahrung messen. Drei Beispiele aus dem Fabelwerk La Fontaines sollen veranschaulichen, wie die erzählte Geschichte dem Interpreten eine Schlussfolgerung nahe legt, deren Ergebnis er in die Lehre übernehmen soll.

La Fontaine: Der Tod und der Holzfäller (I,16)

Ein armer Holzfäller zog, ganz beladen mit Astwerk,
keuchend und gebückt unter der Last des Bündels und der Jahre,
schweren Schrittes seinen Weg
und mühte sich, seine verräucherte Kate zu erreichen.
Schließlich, als ihn nach schmerzvoller Anstrengung die Kräfte verlassen,
setzt er sein Bündel ab und denkt über sein Elend nach.
Was hat er an Freude gehabt, seit er auf der Welt ist?
Gibt es einen Ärmeren auf dem ganzen Erdenrund?
Manchmal kein Brot und niemals Ruhe.
Frau, Kinder, Soldaten, Steuern,
Gläubiger und Fronarbeit
stellen ihm das vollendete Bild eines Unglücklichen vor Augen.

Da ruft er den Todesgott herbei; der kommt auch sogleich
und fragt ihn, womit er zu Diensten sein könne.
»Du könntest mir helfen,« antwortete er,
»das Bündel wieder auf die Schultern zu heben; das wird
dich nicht lange aufhalten.«

Der Tod bringt Heilung für alles.
Aber bleiben wir, wo wir sind!
Lieber leiden als sterben
lautet der Wahlspruch der Menschen.

Die aus Äsop (Chambry 78) übernommene Fabel soll zeigen, dass im Seelenhaushalt des Menschen der Lebenswille grundsätzlich stärker ist als der Wille zur Vermeidung von Leid. Vor die endgültige Entscheidung gestellt, zieht der Mensch ein noch so leidvolles Leben dem Tod vor, der ihn von allem Leid erlösen würde. So steht es in dem abschließenden Vierzeiler, der das Epimythion der Fabel bildet. In der Erzählung jedoch ist von einer Entscheidung zwischen Alternativen und von unterschiedlichen Motivationsstärken nicht ausdrücklich die Rede. Der Leser muss aus dem äußeren Verlauf der Handlung erschließen, dass der Holzfäller, der den Tod zunächst herbeigerufen hat, im Angesicht des Todes anderen Sinnes wird: Er will nun doch nicht sterben, um sein Leid zu beenden, sondern sein leidvolles Leben unbedingt fortsetzen. Der anfängliche Todeswille erweist sich als flüchtige Anwandlung, die im Ernstfall vor dem Lebenswillen zerstiebt. Der Todesgott, dem der Holzfäller den ursprünglichen Grund des Hilferufs wohlweislich verschweigt, wird mit einer Ausrede abgespeist, die ihm witzigerweise den Dienst am Leben zumutet.

Der Leser soll aber nicht nur aus dem Gang der Handlung schließen, dass im erzählten Einzelfall der Holzfäller sich – *in extremis* – für das Leben und gegen die Leidlosigkeit entschieden hat, sondern dass grundsätzlich beim Menschen der Lebenswille über den Willen zur Flucht aus dem Leid triumphiert. Der erzählte Fall ist so konstruiert, dass er als induktives Argument die Geltung einer allgemeinen Regel bestätigen kann. Der nahe gelegte Schluss zielt *e minore ad maius*: Wenn sogar im Falle des beschriebenen Holzfällers der Lebenswille triumphiert, dann erst recht in allen anderen Fällen. Wenn überhaupt jemals der Wille zur Leidvermeidung den Lebenswillen besiegen könnte, dann im erzählten Fall. Der Fabelautor bietet dem Leser eine ›Argumentation aus dem für seine These ungünstigsten Fall‹ an. Der Konstruktion des Falles liegt die Überlegung zugrunde, dass der Wille zur Flucht aus dem Leid sich gegen den Lebenswillen umso eher durchsetzen müsste, je größer das erlebte Elend ist und je deutlicher es dem Elenden als unabänderlich zu Bewusstsein kommt. Deshalb muss der Holzfäller die Wahl zwischen Tod und Leben just in dem Augenblick treffen, da er sich selbst als das Inbild des Elends erkannt hat. Ausserdem sind die Lebensgeister durch körperliche Erschöpfung erschlafft; und schließlich verlangt, da der Tod schon herbeizitiert ist, die Entscheidung gegen das Leben nur die bequeme Fortsetzung des eingeschlagenen Weges. Die umgekehrte Entscheidung jedoch kommt einem peinlichen Widerruf gleich – mit der Gefahr, die herbeigerufene Gottheit zu verärgern. Wenn unter derart ungünstigen Umständen der Wille zum Leben dennoch obsiegt, wird er auch in anderen Fällen nicht unterliegen, in denen die Umstände seinem Sieg nur günstiger sein können. Der nahe gelegte induktive Schluss aus dem ungünstigsten Fall gilt freilich nur für die Welt, in der dieser Fall eingetreten ist, d.h. für die Welt dieser Fabel, nicht jedoch für die Welt des Lesers. Die Fabel beweist nicht, dass ein wirklicher Holzfäller unter gleich ungünstigen Umständen ebenfalls das Leben wählen würde. Wie realistisch der dargestellte Fall ist und ob man ihn – in einer Art Gedankenexperiment – zur Grundlage eines Induktionsschlusses auf den Triumph des Lebenswillens in der Wirklichkeit machen kann, muss die Weltkenntnis des Lesers entscheiden.

La Fontaine: Wolf und Hund (I,5)

Ein wohlgenährter Haushund begegnet einem ausgemergelten Wolf, der in den Wäldern ein kümmerliches Leben fristet. Der Hund schlägt ihm vor, in den Haushalt seines Herrn einzutreten, wo ihm bei wenig Pflichten ein paradiesisches Wohlleben winke. Der Wolf will dem Vorschlag schon folgen, als sich im Gespräch herausstellt, dass der Hund zeitweilig an der Kette liegt. Da flieht der Wolf entsetzt in seine Wälder zurück.

Auch diese Fabel will auf eine Rangfolge der Motivationskräfte hinaus: Wer die Freiheit kennt, liebt sie mehr als das Wohlleben. In der

Phaedrusfassung dieses Stoffes (III,7) wird das Thema beim Namen genannt. Das Promythion lautet:

> Wie begehrenswert die Freiheit ist, will ich kurz erklären.

Und der Wolf sagt in der Schlussrede:

> Ich möchte kein König sein, wenn ich dabei meine Freiheit nicht hätte.

La Fontaines Fassung hat weder Pro- noch Epimythion und verzichtet auch in der erzählten Geschichte auf eine explizite Gegenüberstellung von Freiheitsdrang und Verlockung des Wohllebens. Das Wort ›Freiheit‹ kommt in La Fontaines Text gar nicht vor. Wie in der Fabel von Tod und Holzfäller (I,16) muss der Leser aus dem Verhalten der Fabelfigur auf den Motivationshaushalt schließen: Der Wolf flieht in seine Wälder zurück, nachdem er erfahren hat, dass er im Haus des reichen Herrn zeitweilig an der Kette liegen müsste. Also scheint ihm Freiheit mehr zu bedeuten als Wohlversorgtheit. Um die Lehre zu motivieren, dass diese Rangfolge grundsätzlich für alle Kenner der Freiheit gilt, ist die Geschichte – wie in I,16 – so konstruiert, dass sie dem Leser einen Induktionsschluss aus dem ungünstigsten Fall nahe legt. Die Umstände sind so gewählt, dass sie dem Wolf die Entscheidung gegen die Freiheit und für die Wohlversorgtheit möglichst leicht und die umgekehrte, tatsächlich getroffene Entscheidung möglichst schwer machen. Ein paradiesisches Wohlleben ohne Not und Sorgen liegt in erreichbarer Nähe: Der Wolf braucht sich dem Hund nur anzuschließen. Der neue Lebensstandard würde nicht einmal mit dem völligen Verlust, sondern nur mit einer – wie der Hund meint: unbedeutenden – Einschränkung der Freiheit erkauft werden müssen: Nur zeitweilig käme der Wolf an die Kette. Andererseits führt die Entscheidung für die Freiheit in bitterste, lebensbedrohliche Not, die der Wolf am eigenen Leibe erfahren hat und der er gern entflöhe. Wenn er trotzdem die Freiheit wählt, muss der Freiheitsdrang unter allen erdenklichen Umständen größer sein als der Wunsch nach einem Leben ohne Not. Freilich gilt der Induktionsschluss nur für Wesen, die die Luft der Freiheit schon geatmet haben; denn dem Hund macht die Unfreiheit nichts aus. Ferner muss die nahe gelegte Argumentation – hier ebenso wie in I,16 – voraussetzen, dass unterschiedliche Entscheidungen nur durch unterschiedliche Umstände, nicht jedoch durch individuell variierende Stärkeverhältnisse zwischen den Antriebskräften bedingt sein können. Wenn man die Argumentation aus dem ungünstigsten Fall gelten lässt, so beschreibt die Schlussfolgerung wiederum nur die fiktive Welt, in der die geschilderte Entscheidung gefallen ist. Ob auch in der wirklichen Welt die Kenner von Not und Freiheit im Konfliktfall die Freiheit der Wohlversorgtheit vorziehen, muss die Weltkenntnis des Lesers entscheiden. Die Fabel beweist es nicht, sie gibt es nur zu bedenken.

La Fontaine: Ein Traum im Reich des Großmoguls (XI,4)

Einst sah ein Bewohner des Großmogulreiches im Traum einen Wesir
auf den elysischen Gefilden. Er genoss dort Freuden,
ebenso rein wie unendlich groß – letzteres sowohl in Bezug auf den Wert wie auch auf die Dauer;
derselbe Träumer sah in einer anderen Gegend
einen Einsiedler von [höllischen] Feuern umgeben,
der sogar die [anderen] Verdammten zu Mitleid rührte.
Der Fall schien merkwürdig und außergewöhnlich.
[Der Totenrichter] Minos schien die beiden Toten verwechselt zu haben.

Der Schläfer erwachte, so groß war seine Überraschung.
Da er in diesem Traum jedoch ein Geheimnis vermutete,
Ließ er sich die Sache auslegen.
Der Traumdeuter sagte zu ihm: »Wundert Euch nicht!
Euer Traum hat Sinn; und wenn ich auf diesem Gebiet auch
nur die geringste Erfahrung erworben habe,
ist er eine göttliche Mahnung: Während seines Erdenlebens
suchte der Wesir manchmal die Einsamkeit,
und der Einsiedler machte gelegentlich den Wesiren seine Aufwartung.«

Die Fabel geht auf den persischen Dichter Saadi (1184 – 1283) zurück, dessen Werk ›Gulistan‹ (Rosengarten) im Jahr 1634 ins Französische übersetzt worden war. Dem hier abgedruckten Erzählteil lässt La Fontaine ein weit ausladendes Epimythion folgen, das in 23

Zwölfsilbnern ein den Musen geweihtes, abseits vom großen Weltgetriebe in epikureischer Heiterkeit geführtes Leben preist. Die Fabel ist so angelegt, dass der Leser die Begründung für die Urteile des Totenrichters erschließen soll, die auf den ersten Blick abwegig scheinen: Der Einsiedler kommt in die Hölle, der Wesir dagegen in den Himmel. Dabei gilt das Einsiedlerleben als gottgefällig, Politik dagegen als schmutziges Geschäft. Die Auskünfte des Traumdeuters weisen zwar den Weg zur Lösung des Rätsels, gehen ihn aber nicht zu Ende. Wieso kann der Wesir, indem er gelegentlich die Einsamkeit sucht, die Verwerflichkeit seines gesamten übrigen Lebens vergessen machen? Und wieso werden die Verdienste eines gottgefälligen Einsiedlerlebens hinfällig, wenn der Einsiedler gelegentlich bei Hofe erscheint? Welche Grundsätze leiten den Totenrichter, wenn er sein Urteil auf die Ausnahmen stützt und nicht auf die durchgängige Regel der Lebensführung? Der Leser ist aufgerufen, aus zwei Anwendungsfällen auf das befolgte Gesetz zu schließen. Folgendes Ergebnis wird ihm nahe gelegt: Beim Jüngsten Gericht, *sub specie aeternitatis,* zählt die moralische Qualität der in freier Entscheidung gewählten Verhaltensweisen, nicht die moralische Qualität von Verhaltensweisen, die ein gegebener Lebensrahmen aufnötigt. Der Richter setzt voraus, dass Einsiedlertum und Wesirsamt – ähnlich wie der Stand, in den man hineingeboren wird – nicht Gegenstände einer freien und immer neu bestätigten Wahl sind. In den jeweiligen Lebensrahmen wird man – durch Geburt, Erziehung, elterlichen Willen, Zwang der Umstände – hineingestellt. Das moralische Urteil kann sich deshalb nur auf die Nutzung der Freiheitsräume stützen, die ein gegebener Lebensrahmen gewährt. Der Einsiedler nutzt innerhalb eines gottgefälligen Lebensrahmens seine Freiheit zur Teilnahme an einem verwerflichen Leben. Er offenbart damit seine innere Fremdheit gegenüber dem hohen Wert des Einsiedlertums. Deshalb wird er verdammt. Der Wesir dagegen nutzt die Freiheit, die sein verwerflicher Lebensrahmen ihm lässt, zur Flucht in ein besseres Leben. Er offenbart so, dass sein innerstes Wesen die Unmoral seines Lebensrahmens ablehnt. Dafür öffnet ihm Minos die elysischen Gefilde. La Fontaine wusste, wovon er sprach:

Am Hofe Ludwigs XIV. wimmelte es von intriganten Geistlichen und irdisch gesinnten Ordensleuten; anderseits kannte La Fontaine gestandene Politiker, die in ihren Mußestunden Kunst und Wissenschaft pflegten. Das gottgefällige Einsiedlertum steht bei La Fontaine für den Umgang mit den Musen. Daher bekennt sich der Autor im Epimythion zu einer Lebensform, deren freie Wahl, wie die Fabel sagt, mit dem Paradies belohnt wird (ja, eigentlich diesen Lohn schon in sich trägt). Die Lehre der Fabel steckt in den erschließbaren Grundsätzen, die das Urteil des Minos bestimmen. Ob aber diese Grundsätze tatsächlich befolgenswert sind, ob man die Sünden des Politikers in Ansehung seiner human genutzten Mußestunden vergeben soll, muss wiederum der Leser entscheiden.

2.3.5.3 Induktiv belehrende Texte im Fabelwerk La Fontaines

Das Gattungsgesetz der Fabel verbietet es geradezu, die erzählte Geschichte als Beitrag zur induktiven Bestätigung ihrer Lehre zu verstehen. Dennoch enthalten Fabelsammlungen mitunter auch Texte, die nur als induktive Argumentationen zu Thesen über die wirkliche Welt Sinn ergeben. Die 1678 erschienene buntscheckige zweite Fabelsammlung La Fontaines enthält drei Versuche, Descartes' Auffassung des ontologischen Abstandes zwischen Mensch und Tier induktiv zu widerlegen. Es handelt sich um den ›Discours an Mme de la Sablière‹ (IX, Schluss), um den ›Discours an Herrn von La Rochefoucauld‹ (X,14) und den Text ›Die Mäuse und der Waldkauz‹ (XI,9). Bekanntlich verteilt Descartes alle Substanzen auf zwei Klassen: ›ausgedehnt‹ und ›denkend‹. Die ausgedehnte Substanz ist keiner geistigen Regung fähig, und die denkende ist ohne räumliche Erstreckung, also materielos. Tiere sind ausgedehnte Substanzen ohne geistiges Innenleben; sie fühlen nichts, sie denken nichts, sie leben ohne Bewusstsein. Was in und an ihnen geschieht, unterliegt den Gesetzen der Physik – und das heißt für Descartes: der Mechanik. Tiere sind automatengleiche Maschinen (Discours de la méthode, Teil V). Der Mensch dagegen ist eine Kombination aus denkender und ausgedehnter Substanz. Er verfügt sowohl über einen tierähnlichen Körper, der nach den Gesetzen der Mechanik funktioniert (und daher *la machine* genannt wird), wie auch über eine materielose Seele, deren freier Wille gewissermaßen nach Anhörung von Gedanken, Gefühlen und Wahrnehmungen auf den Körper einwirkt. Einiges am tierischen

Verhalten scheint zwar ebenfalls auf Gefühle und Gedanken hinzudeuten; aber was der naive Zeuge für Schmerzensschreie hält, sind in Wahrheit empfindungslose mechanische Reaktionen, und die beobachtbare Zweckmäßigkeit tierischen Verhaltens geht nicht aus kluger Überlegung hervor, sondern ergibt sich aus der Konstruktion der Maschine, die auf Selbsterhaltung programmiert ist.

Gegen die These der *bêtes-machines* argumentiert La Fontaine am ausführlichsten im ›Discours an Mme de la Sablière‹ (IX, Schluss). Zunächst beschreibt er die Position Descartes' recht sachkundig, anschaulich und scheinbar beifällig (29ff.). Dann jedoch leitet er mit ›indes‹ (*cependant*) eine Reihe von fünf Gegenbeispielen ein; wirkliche – oder zumindest als wirklich angenommene – Fälle klugen tierischen Verhaltens, die ohne Unterstellung der Denkfähigkeit kaum erklärbar scheinen: Ein gejagter alter Hirsch lenkt nach kräftezehrender Flucht seine Verfolger auf die Fährte eines jüngeren, ausgeruhten Artgenossen (68–81). Ein Rebhuhn stellt sich flügellahm, um den Jägern eine leichte Beute vorzugaukeln. So lenkt es die Verfolger von seiner schutzlosen Brut ab, und wenn der Hund es weitab von seinem Nest fast schon gestellt hat, fliegt es überraschend davon (82–91). Das dritte Argument liefern die sinnreichen Bauten der Biber (92–115), das vierte die Kriegskünste der Bubaks (116–137). (Seinen Bericht über diese erstaunlichen Verwandten des Fuchses stützt La Fontaine auf die Autorität des Polenkönigs Johann Sobieski.) Als letztes und schlagkräftigstes Induktionsargument, das die Denkfähigkeit der Tiere nachweisen soll, führt La Fontaine das Verhalten zweier Ratten ins Feld. Seiner Erzählung gibt er – wie einer Fabel – eine gesonderte Überschrift: ›Die beiden Ratten, der Fuchs und das Ei‹ (179–196). Zwei Ratten wollen sich mit einem erbeuteten Ei vor dem Fuchs in Sicherheit bringen. Aber wie können sie das Ei transportieren, ohne es zu beschädigen? Sie kommen auf folgende Lösung: Eine der beiden Ratten legt sich auf den Rücken und hält das Ei mit den Pfoten auf ihrem Bauch fest, während die zweite sie am Schwanz fortzieht. La Fontaine hält die fünfgliedrige Induktion für überzeugend: Tiere, die so einfallsreich handeln, können keine bloßen Automaten sein; sie fühlen und urteilen – wenn auch weniger vollkommen als Menschen. Die Gemeinsamkeit von Mensch und Tier schließt kognitive Fähigkeiten ein, auch wenn der Mensch in geistige Bereiche vorstößt, die dem Tier verschlossen bleiben. Wir wollen die Beweiskraft der La Fontaineschen Argumentation nicht ernsthaft untersuchen. Dazu müssten wir einerseits die Authentizität der angeführten Beispiele prüfen und andererseits bestimmen können, welche Leistungen einem – unendlich vollkommenen – Mechanismus zuzutrauen wären. Die Prüfung der Beweiskraft widerspräche jedoch nicht dem Sinn des Textes, der als induktive Argumentation verstanden und beurteilt sein will. Unter lauter Fabeln, denen der induktive Zugriff auf die Wirklichkeit verwehrt ist, wirkt der ›Discours an Mme de la Sablière‹ wie ein Meteorit, der aus der fremden Welt diskursiver Argumentation herabgefallen ist.

Der ›Discours an Herrn von La Rochefoucauld‹ (X,14) versucht die ontologische Mauer, die Descartes zwischen Mensch und Tier errichtet hat, von der anderen Seite her zu durchstoßen: Menschliches Fehlverhalten findet in tierischen Verhaltensmustern seine Vorbilder. Mensch und Tier setzen sich einer Gefahr, der sie mit knapper Not entronnen sind, nach kurzer Zeit erneut aus, als ob sie kein Gedächtnis hätten: Äsende Kaninchen fliehen in ihre unterirdischen Bauten, sobald ein Schuss ertönt; wenig später jedoch kehren sie munter an die alte Futterstelle zurück. Menschen, die sich aus schwerer Seenot in den sicheren Hafen gerettet haben, wagen sich kurz darauf wieder aufs offene Meer. Menschen und Tiere teilen ungern. Hunde verjagen fremde Artgenossen aus ihrem Revier. Ebenso versuchen Menschen, die Zahl der Sitzplätze um ihren Kuchen möglichst klein zu halten.

In dem als Fabel aufgemachten Text ›Die Mäuse und der Waldkauz‹ (XI,9) liefert La Fontaine ein weiteres induktives Argument, das die von Descartes bestrittene Denkfähigkeit der Tiere nachweisen soll: Es sei beobachtet worden, dass ein Waldkauz die erbeuteten Mäuse nicht sofort getötet und verzehrt habe. Vielmehr habe er ihnen nur die Beine abgebissen und sie dann in einem hohlen Baumstamm als fluchtunfähige Herde durchgefüttert, um sich einen Vorrat an Frischfleisch zu halten. »Da soll ein Kartesianer noch starrsinnig behaupten, dieser Kauz sei nur Uhrwerk und Maschine«. (29f.)

Nicht zufällig verfolgen die induktiv argumentierenden Texte, die sich unter die Fabeln verirrt zu haben scheinen, ein gemeinsames Beweisziel: Die Verwandtschaft zwischen Mensch und Tier reicht über Anatomie und Physiologie hinaus in den Bereich des Denkens und planvollen Handelns hinein. Diese antikartesianische Überzeugung prägt La Fontaines Konzeption der Tierfabel. Die drei genannten Texte bauen an dem Fundament einer Fabelpoetik, deren Fragmente der Autor über sein Fabelwerk verstreut hat (Vorwort, Widmungsgedichte am Anfang der Bücher I,VII und XII, Avertissement zu Buch VII, Fabeln II,1 und V,1, Epilog zu Buch XI), ohne sie je systematisch zusammenzufassen. La Fontaines Tiergeschichten bilden in aller Regel nicht die höchsten Bestrebungen des Menschen ab, sondern seine Ausrichtung auf ›endliche Zwecke‹ (wie Hegel von der Fabel insgesamt behauptet), seine Triebhaftigkeit und die vielfachen Nöte der Daseinsvorsorge. In diesen Niederungen treffen sich Mensch und Tier. Es bedarf daher keiner Verfälschung der Tierwelt, um ihr ein Bild des Menschlichen, zumal des Allzumenschlichen abzugewinnen. La Fontaine möchte den Realismus seiner Tiergeschichten gegenüber dem unbestreitbaren Anteil an Fantastik zur Geltung bringen: Fabeltiere können ihren zoologischen Vorlagen treu bleiben, wenn sie dem Menschen den Spiegel vorhalten. Sie bieten realistische Beispiele – und keine beliebigen Allegorien – eines Verhaltens, das Menschen und Tieren gemeinsam ist. Wie La Fontaine betont auch Jacob Grimm, dass die augenscheinliche Verwandtschaft zwischen Mensch und Tier den Fabelautor inspiriert:

> Es ist nicht bloß die äußere menschähnlichkeit der thiere, der glanz ihrer augen, die fülle und schönheit ihrer gliedmaße was uns anzieht; auch die wahrnehmung ihrer mannigfalten triebe, kunstvermögen, begehrungen, leidenschaften und schmerzen zwingt in ihrem innern ein analogon von seele anzuerkennen, das bei allem abstand von der seele des menschen ihn in ein so empfindbares verhältnis zu jenen bringt, daß, ohne gewaltsamen sprung, eigenschaften des menschlichen gemüts auf das thier, und thierische äußerungen auf den menschen übertragen werden dürfen.
> (Wesen der Thierfabel)

Allerdings begnügt sich La Fontaine nicht mit der naturgegebenen Menschenähnlichkeit der Tiere. Er verleiht ihnen Sprache und geschliffene Umgangsformen, er beschreibt ihr Seelenleben mit Begriffen der menschlichen Psychologie und misst ihr Verhalten mit der Elle des menschlichen Rechts. Aber alles dies sind keine Verfälschungen, sagt der Autor (XI,9), sondern dichterische Übertreibungen oder Überhöhungen. Ähnlich bezeichnet Lessing eine herkömmliche Fabel als ›hyperphysisch‹, wenn die auftretenden, aus der Natur bekannten Tiere »die ihnen wirklich zukommenden Eigenschaften in einem höheren Grade, in einem weiteren Umfang besitzen« (122ff.). Freilich nennen weder La Fontaine noch Lessing ein handfestes Kriterium, das zu entscheiden erlaubt, ob die Abweichung eines Fabeltiers von seiner zoologischen Vorlage noch als Überhöhung oder schon als Verfälschung anzusehen ist. Man muss sehr gutwillig sein, um in dem Löwen, der den Bildbetrachtern die Parteilichkeit der Kunst offenbart, noch die natürliche Vorlage tierischer Intelligenz wiederzufinden. Wenn La Fontaine sowohl die erzählte Geschichte wie auch die Moral der Fabel im Überschneidungsbereich menschlichen und tierischen Verhaltens ansiedelt, beschreibt er weniger die Norm, die er stets erfüllt, als ein Ideal, mit dem er liebäugelt. Er sieht, um eine Problematik des Eingangskapitels (vgl. 1.1) aufzunehmen, die Fabel lieber als Beispiel denn als Allegorie.

2.3.5.4 Aitiologische Mythen

Unter die Fabeln alter und neuer Sammlungen mischen sich gelegentlich gattungsfremde Texte: naturkundliche Beobachtungen (vgl. 2.3.5.2), Chrien (vgl. 2.3.3.3) und aitiologische Mythen. Der Ausdruck ›aitiologischer Mythos‹ bezeichnet eine Erzählung, die einen Sachverhalt der erfahrbaren Welt anhand einer unüberprüfbaren Vorgeschichte oder eines geheimnisvollen Hintergrundgeschehens erklärt. Das Märchen von Frau Holle erklärt, wieso Schnee fällt; der Mythos vom Sonnenwagen erklärt den Wechsel von Tag und Nacht, und das buntschimmernde Gewand der vorübereilenden Götterbotin Iris erklärt die Erscheinung des Regenbogens. Folgender Äsoptext (Chambry 111) kann, wenn man das Epimythion ignoriert, als Beispiel eines aitiologischen Mythos dienen.

> Hermes und die Handwerker
>
> Zeus befahl Hermes, über alle Handwerker ein Lügengift auszuschütten. Hermes zerrieb den Giftstoff, teilte ihn in gleiche Portionen und schüttete über jedem sein Teil aus.

Als der Schuster als letzter an die Reihe kam, war noch viel Gift übrig. Da nahm Hermes den ganzen Rest und schüttete ihn über den Schuster. Daher kommt es, dass alle Handwerker lügen, am meisten jedoch die Schuster.

[Diese Fabel passt auf einen Lügner.]

An der Erzählung sind zwei Aussagenkomplexe unterscheidbar: der erste (A) liefert eine erklärende Vorgeschichte, der zweite (B) beschreibt, was die Vorgeschichte erklären soll:

A: Hermes schüttet Lügengift über alle Handwerker aus, die größte Portion über den Schuster.
B: Handwerker lügen, am meisten die Schuster.

A beschreibt einen der Erfahrung unzugänglichen Bereich, der angeblich die erkundbare Welt aus dem Verborgenen beeinflusst. B dagegen beschreibt die sichtbare Seite der Welt. Die Erzählung setzt voraus, dass der Leser den Sachverhalt B aus eigener Erfahrung bestätigt, jedoch nicht weiß, wie es zu diesem Sachverhalt gekommen ist. A schließt diese Wissenslücke durch einen Blick hinter die Kulissen. Wenn A als Beschreibung der Ursache und B als Beschreibung der unvermeidlichen Folge aufgefasst werden sollen, muss die Implikation $A \rightarrow B$ gelten, die argumentativ auf verschiedene Weise nutzbar ist.

Dass aitiologische Mythen sich unter die Fabeln gemischt haben, erklärt sich aus einer oberflächlichen Ähnlichkeit beider Gattungen. Auch die Fabel beschreibt zwei verschiedene Bereiche. Die Lehre erinnert als Aussage über die erfahrbare Welt an den B-Teil des aitiologischen Mythos und die fiktionale Erzählung an den A-Teil, der etwas Unüberprüfbares beschreibt. Dennoch unterscheiden sich die Gattungen in zwei wesentlichen Punkten:

1. Was die Fabel erzählt, spielt eingestandenermaßen in einer fiktiven Welt, aus der keine räumlichen und zeitlichen Brücken in die Welt des Lesers führen. Der A-Teil des aitiologischen Mythos dagegen will nicht als Beschreibung einer anderen Welt verstanden werden, sondern als Enthüllung unzugänglicher Bereiche der wirklichen.

Von dem Geschehen, das der A-Teil des aitiologischen Mythos erzählt, führen sehr wohl Wege zum Standort des Lesers, auch wenn Sterbliche diese Wege im Allgemeinen nicht beschreiten.

2. Die fiktive Geschichte einer Fabel ist der Lehre ähnlich, aber sie gibt nicht die Ursache dessen an, was die Lehre beschreibt. Dagegen will der A-Teil eines aitiologischen Mythos als Nennung der Ursache (eben als ›Aitiologie‹) des im B-Teil dargestellten Vorgangs oder Zustands verstanden werden. Im Fall der Fabel ist die erzählte Geschichte mit ihrer Lehre durch Similarität, nicht durch Kontiguität verbunden. Der aitiologische Mythos dagegen mutet dem Leser zu, zwischen den Gegenständen des A- und des B-Teils Kontiguität statt Similarität anzunehmen.

Freilich mag ein aufgeklärter Leser den A-Teil eines aitiologischen Mythos wie den Erzählteil einer Fabel als reine Fiktion auffassen. Dann kann er aber auch das erzählte Geschehen nicht mehr als Erklärung eines Sachverhalts der wirklichen Welt ernst nehmen. Der aitiologische Mythos wird zum bloßen Gedankenspiel, auf dessen Regeln sich der Leser allenfalls zum Spaß einlässt. Diese Haltung liegt nahe, wenn schon der B-Teil in der Erfahrung des Lesers keine Bestätigung findet. Ein moderner Äsopleser könnte bestreiten, dass Handwerker und insbesondere Schuster verlogener sind als der Durchschnitt der Zeitgenossen. Wer nicht an den erklärten Sachverhalt glaubt, muss die Erklärung für sinnlos halten.

Das Bedingungsverhältnis A $\rightarrow$ B dient jedoch nicht nur dazu, eine erstaunliche, aber unbestrittene Tatsache anhand ihrer Ursache begreiflich zu machen, sondern auch umgekehrt zur Beglaubigung der Entstehungsgeschichte anhand ihrer sichtbaren Folgen sowie zur bloßen Illustration eines gegenwärtigen Zustands anhand einer Vorgeschichte, die ihn treffend kennzeichnet, auch wenn sie nicht zutrifft.

Zwischen dem mündigen Leser einer Fabel und ihrem Autor besteht – wie zwischen dem Leser eines realistischen Romans und seinem Autor – die stillschweigende Übereinkunft, dass die erzählten Inhalte nicht unmittelbar auf die wirkliche Welt zutreffen. La Fontaine (III,10) macht seiner Leserschaft nicht ernsthaft weis, dass ein leibhaftiger Löwe die Besucher einer Ausstellung in wohlgesetztem Französisch über die Parteilichkeit der Kunst belehrt habe. Der Leser versteht sehr wohl, dass von einer anderen Welt die Rede ist, so sehr diese andere Welt auch Einsichten in die wirkliche eröffnet. Der Leser weiß aber auch, dass Vertuschung der Fiktivität und Vortäuschung von Wirklichkeit zu den vereinbarten Spielregeln gehören. Er freut sich – wie der Zuschauer eines Zauberkünstlers – an einem intelligenten Täuschungsversuch, ohne ihm ernsthaft zu erliegen. Für die Fabel, die Lindner (1978) als ›a-mimetisch‹ bezeichnet, sind solche Versuche nicht gerade charakteristisch. Gleichwohl fehlt es auch hier nicht ganz an dem Bemühen, das erzählte Geschehen als Teil der wirklichen Welt zu verkleiden. Manche Fabeln verlegen ihre Geschichte in eine graue Vorzeit, in der das heute Unmögliche noch möglich scheint. Auf diese Weise lässt sich die Fantastik mit größerer Glaubhaftigkeit als Teil unserer Welt ausgeben. Menenius Agrippa gibt der Fabel vom Bauch und den übrigen Körperteilen (Livius: Ab urbe condita II,32,8ff.) folgende Einleitung:

> Zu einer Zeit, da im Menschen noch nicht wie jetzt alles mit einer Stimme sprach, sondern die einzelnen Körperteile für sich selbst entschieden und sprachen [...].

Was die Fabel erzählt, ist also nicht von einer anderen Welt, nur weil es unglaublich klingt; vielmehr führt eine weit gespannte zeitliche Brücke aus dem Lebenskreis der Zuhörer zum Spieltag der fantastischen Handlung.

Manchen Fabeln kommt zugute, dass die erzählte Geschichte einen Vorgang oder Zustand der wirklichen Welt erklären könnte, wenn sie sich in der wirklichen Welt zugetragen hätte. Die Geschichte (A) impliziert bestimmte Aussagen (B) über die Welt, in der sie stattgefunden hat. Wenn diese Aussagen auf die wirkliche Welt zutreffen, wird dem Fabelleser ein reduktiver Schluss nahe gelegt:

> $A \rightarrow B$
> Nun ist aber B eine zutreffende Beschreibung der Wirklichkeit.

> Also liegt es nahe, dass auch A eine zutreffende Beschreibung der Wirklichkeit ist; denn A kann den in B beschriebenen Vorgang oder Zustand erklären (für den keine bessere Erklärung in Sicht ist).

Allerdings ist der Schluss vom Implizierten auf das Implizierende, wie man weiß, formal ungültig. Aristoteles rechnet ihn zu den sophistischen Trugschlüssen (Sophistici Elenchi, Kap 5, 167 b 1); die mittelalterliche Logik kennt ihn als *fallacia consequentis*. Man darf eine Implikation nicht einfach umkehren. Der Satz ›Wenn die Sonne scheint, ist es hell‹ rechtfertigt nicht den Schluss ›Jetzt ist es hell, also scheint die Sonne‹. Die Helligkeit könnte sich auch anders erklären, etwa durch künstliche Beleuchtung. Trotzdem hat der reduktive Schluss einen Anschein von Berechtigung, wenn keine bessere Erklärung des in B beschriebenen Zustands zur Hand ist. Die bei Aristoteles (Rhetorik II,20) überlieferte Fabel des Stesichoros bietet eine Erklärung für die unstrittige Tatsache, dass heutzutage Pferde dem Menschen als Haustiere dienen (vgl. 2.1.2). Diese Erklärungskraft gibt der erzählten Geschichte einen Hauch von Realismus. Allerdings ist die Fabel des Stesichoros nur nebenbei aitiologisch. Sie will die angesprochenen Bürger von Himera nicht in erster Linie über die Domestizierung der Pferde aufklären, sondern ihnen – am Modell des gezähmten Pferdes – begreiflich machen, welche Gefahren die geplante Übertragung von Machtbefugnissen heraufbeschwört. La Fontaines Bearbeitung dieses Fabelstoffes kehrt den aitiologischen Charakter im Promythion deutlich hervor (IV,13):

> Pferde waren nicht immer für den Menschen da.
> Als das Menschengeschlecht sich nur von Eicheln ernährte,
> lebten Esel, Pferd und Maultier in der Wildnis;
> und man sah nicht wie zu unserer Zeit
> so viele Reit- und Saumsättel,
> so viele Kampfgeschirre,
> so viele Sänften und Karossen;
> auch sah man nicht so viele
> Festgelage und soviel Prasserei.

Die Einleitung der Fabel stellt die Zähmung des Pferdes geradezu als den Übergang des Menschen aus der Wildheit in die Zivilisation hin. Es scheint, als solle die Geschichte vom Pferd, das sich am Hirsch rächen wollte und dabei dem Menschen in die Hände fiel, den fernen Entstehungsgrund für die Luxusgesellschaft der französischen Klassik beschreiben. Das Epimythion dagegen sieht die erzählte Geschichte nicht mehr als aitiologischen Mythos, sondern als Modellfall eines selbst verschuldeten Freiheitsverlustes. Nicht mehr die imaginäre Kontiguität, sondern die tatsächliche Similarität zur Welt des Lesers tritt in den Vordergrund. Freilich gibt das lebendige Zeugnis der nunmehr zahmen Pferde dem erzählten Mythos nach wie vor einen trügerischen Schimmer von Authentizität.

Die Berufung auf das Zeugnis der erlebten Gegenwart kann diskreter ausfallen als in der Fabel von Pferd und Hirsch. Vom Wolf, der entsetzt in die Wildnis zurückläuft, als er hört, dass der gut belohnte Dienst am Menschen ihn an die Kette legen würde (La Fontaine I,5), heißt es am Schluss der Fabel: »Et court encor« (und läuft noch immer). In der Tat stehen Wölfe selten still. Jeder Zoobesucher sieht sie nervös hin- und hertrippeln. Das ist, wenn man der Fabel glauben darf, die Nachwirkung des Schocks, den das Schreckensbild der Kette ausgelöst hat. Die erfahrbare Gegenwart beglaubigt die erzählte Vergangenheit.

Ein Sachverhalt der wirklichen Welt kann unbestritten und doch unbegreiflich sein, weil er anderen, tief verwurzelten Annahmen über die Welt zu widersprechen scheint. Manchmal unternimmt ein aitiologischer Mythos den Versuch, diesen Widerspruch aufzulösen. Die vorgetragene Entstehungsgeschichte offenbart die Vereinbarkeit des erklärungsbedürftigen Sachverhalts mit fest verwurzelten Annahmen, die ihm zu widersprechen scheinen. Die folgende Äsopfabel (Chambry 120) war vielleicht von Anfang an als Witz gemeint, mit dem Kleinwüchsige sich für ihre Benachteiligung schadlos halten können. Aber auch als Witz beachtet sie die Gattungsregeln eines erklärenden Mythos.

Zeus und die Menschen

Nachdem Zeus die Menschen geformt hatte, befahl er Hermes, Geist in die Formen zu gießen. Der legte daraufhin ein bestimmes Maß fest und goss in jede Form dieselbe Menge Geist. So kam es, dass die Kleinwüchsigen, bei denen die zugemessene Menge den ganzen Körper ausfüllte, vernünftige Menschen wurden, die Großen aber, bei denen die Flüssigkeit nicht in alle Teile des Körpers drang, weniger vernünftig gerieten.

Diese Fabel lässt sich gut auf einen Menschen anwenden, der körperlich von stattlicher Größe, in seiner Seele jedoch unvernünftig ist.

Der Mythos beansprucht die Geltung der Implikation A → B.

A: Erklärende Entstehungsgeschichte:
Hermes füllt die Menschenformen mit jeweils einer gleichen Menge Geist, sodass der Füllungsgrad bei kleinen Menschen höher ist als bei großen.

B: Erklärungsbedürftiger Sachverhalt:
Kleinwüchsige sind vernünftiger als Großwüchsige.

Der Text lässt ein zweifaches Verständnis seiner Argumentationsrichtung zu: Entweder will er – ernsthaft oder zum Scherz – ›beweisen‹, dass kleinwüchsige Menschen vernünftiger sind als großwüchsige, oder er will zeigen, dass die ungleichmäßige Verteilung der Vernunft mit der Gerechtigkeit der Götter vereinbar ist. Im ersten Fall wendet sich der Text an einen Adressaten, für den zwar die größere Vernünftigkeit der Kleinwüchsigen beweisbedürftig ist, der aber die mythische Entstehungsgeschichte dieses Sachverhalts ohne weiteren Beweis für wahr zu halten bereit wäre. Diesem Adressaten bietet der Text eine formal gültige Schlussfolgerung im *modus ponens* an:

A → B
A trifft (auf dieser Welt) zu.
Also auch B.

Der Kleinwüchsige kann diesen Beweis den täppischen Riesen unter seinen Mitmenschen – grollend oder verschmitzt – entgegenhalten.

Die zweite Argumentationsrichtung setzt einen Adressaten voraus, der die größere Vernünftigkeit der Kleinwüchsigen für eine Tatsache hält, der jedoch nicht begreift, wie die Gerechtigkeit der Götter eine ungleichmäßige Verteilung der Vernunft zulassen konnte. Die Götter hätten bei der Erschaffung des Menschen eine so wichtige Sache wie die Vernunft nicht ungleichmäßig verteilen dürfen. Es müsste wahr sein, was Descartes behauptet: Le bon sens est la chose du monde la mieux partagée (Die Vernunft ist die am gleichmäßigsten verteilte Sache der Welt, Discours de la méthode). Der Mythos räumt diese Schwierigkeit aus, indem er zwischen Geist und Vernunft unterscheidet. Der Geist ist in der Tat gleichmäßig verteilt. Das Maß der Vernunft jedoch ergibt sich aus dem Maß der Füllung des Körpers mit Geist. Dasselbe Maß an Geist führt bei kleinen Körpern zu einem höheren Füllungsgrad als bei großen. Daher sind bei gleichmäßiger Verteilung des Geistes Kleinwüchsige vernünftiger. Der Gott Hermes hätte den Geist ungleichmäßig verteilen müssen, um eine gleichmäßige Verteilung der Vernunft zu erreichen. Wäre es aber gerecht gewesen, den Vorzug der Körpergröße auch noch mit einer größeren Portion Geist zu belohnen? Der aitiologische Mythos bietet für das unterschiedliche Maß an Vernunft bei Groß- und Kleinwüchsigen eine Erklärung an, in der die Götter als verantwortliche Schöpfer der unterschiedlich vernünftigen Menschen und dennoch als gerecht erscheinen.

In manchen aitiologischen Fabeln dient die beanspruchte Implikation A → B weder dazu, den erzählten Mythos durch wahrnehmbare Folgen zu beglaubigen, noch dazu, eine Aussage über die wirkliche Welt zu beweisen oder mit scheinbar widersprechenden Annahmen zu versöhnen. Vielmehr dient eine Entstehungsgeschichte (A) der bloßen Beschreibung erfahrbarer Wirklichkeit (B). Die Fabel besagt, dass etwas so beschaffen ist, als ob A seine wahre Entstehungsgeschichte wäre. Wenn La Fontaine in der Fabel ›La Discorde‹ (VI, 20) erzählt, wie man für die Göttin Discordia eine Bleibe auf Erden gesucht und nichts Besseres als das Haus des Hymenaios gefunden habe, will er die Ehe als Hort der Zwietracht darstellen: Mit der Ehe verhält es sich so, als ob die Göttin Zwietracht in ihr Wohnung genommen hätte. Diese Verwendung der Implikation A → B verträgt sich am ehesten mit den Gattungsgesetzen der Fabel: Was A beschreibt, wird nicht selbst als ein verborgenes Stück wirklicher Welt aufgefasst, sondern als bloßes Hilfsmittel zur Beschreibung eines jederzeit erfahrbaren Stücks wirklicher Welt.

Anhang: Plastizität der Fabelstoffe

Das Studium einer Schulgrammatik vermittelt in aller Regel keinen Einblick in Vielfalt, Trickreichtum und Flexibilität des lebendigen Sprachgebrauchs. Dennoch verbergen sich in den dürren Satzbauplänen und öden Flexionstabellen, die der Grammatiker herauspräpariert, die infrastrukturellen Grundlagen allen sprachlichen Verkehrs. Der Hauptteil 2 dieser Untersuchung wollte Bausteine zu einer Grammatik des Fabelgebrauchs bereitstellen. Semantische und logische Voraussetzungen der Kommunikation durch Fabeln sollten ins Licht treten. Wie intelligent und einfallsreich Fabelautoren diese Voraussetzungen bei wechselnden Anliegen und unter wechselnden historischen Umständen nutzen, konnte bestenfalls angedeutet werden. Deshalb soll hier ein Blick in das literarische Leben der Fabel geworfen werden. Jedes der vier Kapitel stellt verschiedene Bearbeitungen desselben Fabelstoffes einander gegenüber. Die Unterschiede, die der Vergleich hervorhebt, bezeugen sowohl die Plastizität der Stoffe wie auch die Freiheit, die eine gleichwohl zwingende Infrastruktur dem findigen Fabelverfasser belässt.

1 Der schwanzlose Fuchs: Halbfertigware und Endprodukt

La Fontaine erzählt wie vor ihm Äsop die Geschichte vom Fuchs, dem eine Falle den Schwanz abhackt. Die Gegenüberstellung beider Fassungen soll den Unterschied der Verwendungsabsichten deutlich machen. Die Fassung des Äsop (Chambry 41) trägt den Fall klar, trocken und schnörkellos vor, wie die in 2.2.2 abgedruckte Übersetzung zeigt. Die knappe Erzählung stützt die Ansicht, dass die griechischen Fabelsammlungen, die unter dem Namen des Äsop überliefert sind, keine literarischen Endprodukte anbieten, sondern nur das stoffliche Gerüst der Fabeln einem Dichter, Redner oder Philosophen zur Weiterverarbeitung vorlegen. Andererseits geht der Erzähler nicht ohne Kunstfertigkeit zu Werke. Die Geschichte beschreibt den erfolglosen Versuch des verstümmelten Fuchses, der sozialen Ächtung zu entgehen. Der dramatische Moment des Scheiterns wird erzähltechnisch durch die wörtlich zitierte Rede des Widersachers hervorgehoben. Das Verhalten des Protagonisten wird auf Schritt und Tritt einleuchtend motiviert: In einer Falle verliert er seinen Schwanz. Diese Verstümmelung empfindet er weniger als körperliche Behinderung denn als gesellschaftliche Schande, mit der er nicht leben kann. Da kommt ihm der Gedanke, dass die Schande getilgt wäre, wenn alle Füchse ihren Schwanz verlören: Das Gemeinsame kann nicht marginalisieren. Deshalb beruft er eine Vollversammlung aller Füchse ein, auf der er mit Scheinargumenten den kollektiven Schwanzverzicht empfiehlt. Die elegante Treffsicherheit, mit der die Motive des Protagonisten skizziert werden, zeigt Vertrautheit mit sozialpsychologischen Gedankengängen. Man kann sich nur schwer vorstellen, dass der grob geschnitzte, volksnahe Äsop im 6. Jh. v. Chr. einer Fabelfigur den Vorsatz zugeschrieben hätte, »die eigene Behinderung im Schicksal der Gesamtheit untergehen« zu lassen. Das Epimythion übergeht – wie oft bei Äsop – viele Züge, die das besondere Gepräge der Geschichte ausmachen. Das Rhema, das der Lehre zugrunde liegt, reduziert die Geschichte auf den eigennützigen Ratschlag. Die beschämende Aufdeckung des Eigennutzes und der Sturz des Protagonisten gehen in die Lehre nicht ein. Ebenso wenig die interessante Vorgeschichte, in deren Licht der gegebene Ratschlag überhaupt erst als eigennützig erscheint. Der erzählte Fall enthält neben dem eigennützigen Ratschlag so viele andere Auffälligkeiten, dass der Leser die angebotene Lehre als nur eine – und keineswegs als die bestmotivierte – von vielen empfindet. Auch die folgenden vier Lehren wären denkbar:

- Das eigentliche Übel der Verstümmelung liegt nicht im körperlichen Nachteil, sondern im Verlust gesellschaftlicher Anerkennung.
- Gesellschaftliche Anerkennung ist lebensnotwendig.
- Ein Makel verliert seine stigmatisierende Wirkung, wenn er allgemeine Verbreitung erlangt.
- Dem eigennützigen Ratgeber droht die Schande der Entlarvung.

La Fontaine verzichtet in seiner Bearbeitung des Stoffes auf die Festlegung einer Moral. Er schildert den gesellschaftlichen Absturz eines angesehenen Mitglieds der Fuchsengemeinde weniger als Lehrstück denn als kleine Tragödie (V,5).

Le renard ayant la queue coupée

Un vieux renard, mais des plus fins,
Grand croqueur de poulets, grand preneur de lapins,
Sentant son renard d'une lieue,
Fut enfin au piège attrapé.
Par grand hasard en étant échappé,
Non pas franc, car pour gage il y laissa la queue;
S'étant, dis-je, sauvé sans queue et tout honteux,
Pour avoir des pareils (comme il était habile),
Un jour que les renards tenaient conseil entre eux:
«Que faisons-nous, dit-il, de ce poids inutile,
Et qui va balayant tous les sentiers fangeux?
Que nous sert cette queue? Il faut qu'on se la coupe,
Si l'on me croit, chacun s'y résoudra.
– Votre avis est fort bon, dit quelqu'un de la troupe,
Mais tournez-vous, de grâce, et l'on vous répondra.»
À ces mots, il se fit une telle huée
Que le pauvre écourté ne put être entendu.
Prétendre ôter la queue eût été temps perdu:
La mode en fut continuée.

Der Fuchs mit dem abgehackten Schwanz

Ein alter Fuchs, aber einer der schlauesten,
ein großer Hühnerreißer und Kaninchenfänger,
dem man die Ausgefuchstheit schon von weitem anroch,
tappte schließlich doch in eine Falle.
Als er sich mit Hilfe eines glücklichen Zufalls befreit hatte,
übrigens nicht ohne Opfer; denn als Pfand ließ er seinen Schwanz zurück –
als er also ohne Schwanz und ganz beschämt entkommen war,

sagte er, um Leidensgenossen zu gewinnen (denn er war durchtrieben),
eines Tages, als die Füchse Rat hielten:
»Was soll uns diese unnütze Last,
mit der wir ständig die schmutzigen Wege aufwischen?
Wozu brauchen wir diesen Schwanz? Abhacken muss man ihn.
Ich kann nur jedem raten, sich dazu durchzuringen.«
»Euer Rat ist sehr gut«, sagte einer der Versammelten,
»aber zeigt euch bitte einmal von hinten, dann wird man euch antworten.«
Bei diesen Worten setzte ein solches Gejohle ein,
dass der arme Gestutzte sich nicht mehr verständlich machen konnte.
Weiterhin zu verlangen, man solle den Schwanz abschaffen,
wäre vergeudete Zeit gewesen.
Er blieb in Mode.

La Fontaine verarbeitet den zugelieferten Stoff zu einer literarischen Fertigware. Er hatte sich vorgenommen, die Gattung Fabel, die – ob Vers oder Prosa – zu Beginn seiner Laufbahn vor allem als pädagogische Gebrauchsliteratur angesehen wurde, in den Rang der schönen Künste zu erheben. Die neue Qualität, die diese Aufwertung rechtfertigen und La Fontaines Fabeln von ihren Vorlagen unterscheiden sollte, bezeichnete der Autor im Vorwort seiner ersten Fabelsammlung (1668) als *gaieté*. Mit diesem Wort sei aber nicht unbedingt Lustigkeit gemeint, sondern *un certain charme, un air agréable* (ein gewisser Zauber, ein gefälliger Gesamteindruck), der zu allen Stoffen passe, sogar zu den ernstesten.

Nach Horaz (Ars poetica, 333f.) gewährt alle Dichtung ihren Lesern Lebenshilfe oder Genuss:

aut prodesse volunt aut delectare poetae,
aut simul et iucunda et idonea dicere vitae.

Dichter wollen entweder Nutzen oder Genuss bringen
oder etwas sagen, das Vergnügen macht und zugleich der Lebensführung dient.

Wenn La Fontaine seine Vorgänger an *gaieté* übertreffen will, verspricht er einen Zugewinn an Genuss, nicht an Nutzen. Die lebenspraktische Belehrung, das eigentliche Erbteil der Fabel, fällt deshalb nicht fort. Sie wird in das vergnügliche literarische Erlebnis einbezogen. La Fontaines Fabeln stecken voller offener und geheimer Botschaften, deren Entgegennahme Teil des literarischen Vergnügens ist. Der Autor verrät leider nicht, welcherlei Verfahren und Kunstgriffe er anwenden will, um die versprochene *gaieté* zu erzielen. Ein Vergleich mit den bearbeiteten Äsopvorlagen hilft jedoch bei der Veranschaulichung des Begriffs, mit dem La Fontaine die literarische Besonderheit seiner Fabeln kennzeichnet.

Eine notwendige – wenn auch noch keine hinreichende – Bedingung für die Anerkennung als schöne Literatur war im 17. Jahrhundert die Versform. Im Titel seiner ersten Fabelsammlung (1668) stellt La Fontaine sich bescheiden als bloßen Versifizierer eines vorgefundenen Fabelbestandes dar: ›Ausgewählte Fabeln, in Verse gebracht durch Herrn von La Fontaine‹. Die Fabel vom schwanzlosen Fuchs besteht – wie die meisten Fabeln La Fontaines – aus ›gemischten Versen‹ (*vers mêlés*): Versarten und Reimschemata wechseln ohne feste Regel. In unserem Text mischen sich Zwölfsilbner, Achtsilbner und Zehnsilbner. Die Wahl der gemischten Verse siedelt die Fabel in einem zwar niederen, dafür aber auch freieren Bereich der schönen Literatur an, in den die strengen Vorschriften der klassischen Poetik kaum noch hineinregieren. La Fontaine verbindet mit der Versform den Anspruch, einen Stoff, den die anspruchslose Prosa des Äsop bereit stellte, in ein poetisches Endprodukt zu überführen. Der Äsoptext informiert – fast wie ein Motivlexikon – über den Stoff und seine didaktische Verwertbarkeit; La Fontaine dagegen bietet seinem Leser den Genuss einer Dichtung. Aus der amimetischen Fallbeschreibung wird eine kleine Tragödie, deren Verlauf der Leser zwar nicht mit Jammer und Schauder (*éleos kaì phóbos*), wohl aber mit Spannung, Rührung und aus der befreienden Distanz des Olympiers nacherlebt, der in die Nöte einer niederen Welt hinabblickt. Die Tragödie zeigt den bitteren Verlust gesellschaftlicher Anerkennung. La Fontaine verteilt die Handlung – deutlicher als Äsop – auf zwei Stationen: Falle und Versammlungsplatz (1 – 4 / 5 – 19). Das Geschehen der ersten Station schafft die Voraussetzung für das der zweiten: Weil der Fuchs in der Falle seinen Schwanz eingebüßt hat, versucht er, um der Marginalisierung zu entgehen, seine Artgenossen auf dem Versammlungsplatz zum freiwilligen Verzicht auf ihre Schwänze zu überreden. Im Gegensatz zu seinem Äsop'schen Schicksalsgenossen, der die Versammlung selbst einberuft, wartet der Fuchs La Fontaines listigerweise die nächste turnusmäßige Versammlung ab. Seinem ungeheuerlichen Vorschlag gibt er so den Anschein der Beiläufigkeit. Zwischen den beiden Stationen besteht aber nicht nur eine chronologische und kausale, sondern auch eine metaphorische Beziehung. Die klare Trennung der Stationen lenkt den Blick auf ihre Parallelität: Die zuschnappende Falle, die den Fuchs um seinen Schwanz bringt, deutet auf die johlende Menge voraus, die ihm die gesellschaftliche Achtung entzieht. Der Versammlungsplatz, auf dem er die Schande tilgen wollte, wird zur Falle, in der seine gesellschaftliche Geltung verendet. Die erste Station beansprucht nur vier Verse, von denen drei den Protagonisten beschreiben:

Un vieux renard, mais des plus fins,
Grand croqueur de poulets, grand preneur de lapins,
Sentant son renard d'une lieue,

Lessing tadelt diese Verse als Beispiel unnützen Zierrats (136). La Fontaine will jedoch nicht – wie Lessing – einen lehrreichen Fall so knapp und übersichtlich darstellen, dass er auf Anhieb als Modell – etwa eines eigennützigen Ratschlags – durchschaut werden kann; vielmehr will er einen schmerzvollen Absturz in seinen einzelnen Phasen erlebbar machen. Die von Lessing beanstandeten Verse braucht er, um die Fallhöhe zu veranschaulichen: Keine graue Maus, kein armes Hascherl, dem niemals Beachtung zuteil wurde, gerät in die Falle, sondern ein Prachtexemplar seiner Gattung, das ein hohes gesellschaftliches Ansehen zu verlieren hat. Die Beschreibung des sieggewohnten Protagonisten und das Bild der zuschnappenden Falle verteilen sich auf Subjekts- und Prädikatsteil desselben Satzes. Da der Subjektsteil für sein Heldenportät drei Verse beansprucht und der Prädikatsteil nur einen einzigen, zeichnet die Satzstruktur das Bild eines plötzlichen Glücksumschwungs. Ein einziger Vers genügt, um die in drei Versen aufgebaute Vorstellung eines Lebens auf der Siegerseite zerplatzen zu lassen. Die Befreiung aus der Falle, der Verlust des Schwanzes und der Entschluss, die drohende Schande durch Endemisierung des Gebrechens abzuwenden, werden durch syntaktische Unterordnung und Verwendung von Vorzeitigkeitsformen in die Darstellung der zweiten Station einbezogen. Eine abermalige Schicksalswende macht das Unglück vollkommen: Der fein gesponnene Versuch, der erlittenen Behinderung die stigmatisierende Wirkung zu nehmen, scheitert schmählich (14ff.). Der Protagonist wird nicht etwa – wie bei Äsop – als eigennütziger Ratgeber angeprangert, sondern als schwanzloser Fuchs verhöhnt. Der Versuch, die Schande abzuwenden, macht sie öffentlich und endgültig. Die erlittene körperliche Beeinträchtigung führt zum gesellschaftlichen Tod.

Der Vorsatz, die nüchterne Falldarstellung des Äsop in ein Erzählkunstwerk zu verwandeln, zeigt sich auch in der Konturierung einer Erzählerfigur. La Fontaine lässt seine Geschichte von einem zwar einfühlsamen, aber keineswegs erschütterten Moralisten vortragen, der ›vom Turm herab‹ (vgl. 2.3.4.3) hellsichtig, mit leiser Ironie und heiterer Gelassenheit auf den Schauplatz der Handlung blickt. Die Verweigerung des tragischen Ernstes zeigt sich in der Annäherung an einen zwanglosen Plauderton: Der Erzähler unterbricht den syntaktischen Zusammenhang durch Parenthesen, um mitteilenswerte Ergänzungen, die ihm scheinbar gerade durch den Sinn schießen, nicht auszulassen (6,8). Als nach einer solchen Parenthese der syntaktische Faden endgültig verloren scheint, holt der Erzähler ihn umständlich wieder hervor: *s'étant, dis-je, sauvé* (7). Die benutzten Sprachbilder wenden die Geschichte ins Heitere. Der abgehackte Schwanz wird zum Pfand, das der Fuchs hinterlegen muss, bevor er sich von der Falle entfernen darf (6). Die für den Protagonisten tödliche Entscheidung seiner Artgenossen gegen den Schwanzverzicht wird zu einer Modefrage heruntergespielt: Trotz des Gegenvorschlags trug man weiterhin Schwanz (19). Andererseits will der Erzähler den Leser rühren. Ein Prachtexemplar von Fuchs, dem die Sympathie der Leser entgegenschlägt, tappt unversehens in eine Falle. Er entkommt, aber – o Schreck! – *sans queue et tout honteux*. Als er schließlich dem vernichtenden Hohn seiner Artgenossen preisgegeben ist, bezeichnet ihn der Erzähler als *le pauvre écourté* (17: der arme Gestutzte). Der Gebrauch des Adjektivs *pauvre* zeigt den Erzähler gerührt, aber kaum im Innersten getroffen. »*Le pauvre*!« sagt nicht der ergriffene Tragödienzuschauer beim Untergang des Helden, sondern der Beobachter eines amüsanten Pechvogels, dessen Missgeschick ihn nicht bis ins Mark erschüttert. Der jähe Absturz in die Schande, der Jammer und Schauder auslösen könnte, wenn er in der menschlichen Hocharistokratie geschähe, weckt in der Tierwelt La Fontaines nur gerührte Heiterkeit. La Fontaine verlegt erschütternde, manchmal auch empörende Menschenschicksale in eine künstliche Welt, in der sie zwar wiedererkannt, aber dennoch mit distanzierter Heiterkeit betrachtet werden können. Die Literarisierung veredelt auch die moralische Funktion der Fabel. Die Forderung des *prodesse* wird nicht mehr durch trockene Belehrung erfüllt, sondern durch Einübung des Lesers in eine zwar sympathisierende, zugleich aber gelassene und amüsierte, epikureische Weltbetrachtung.

2 Adler und Füchsin: Säkularisierung

Der griechische Jambendichter Archilochos von Paros (ca. 680–630) erzählt 700 Jahre vor Phaedrus die Geschichte vom grausamen Adler, der sich an den Jungen der Füchsin vergreift. Trotz des gemeinsamen Stoffes spielen die beiden Fabeln in verschiedenen Welten: Archilochos vertraut auf das Walten des Zeus, der Unrecht bestraft, Phaedrus auf die Findigkeit des Bedrohten, der ohne göttliche Hilfe Schaden abzuwenden versteht.

Von der Fassung des Archilochos sind nur Bruchstücke erhalten (Frg. 172–181 West). Die klaffenden Lücken lassen sich mit Hilfe eines Äsoptextes notdürftig schließen (Chambry 3). Das folgende Zitat enthält die Fragmente des Archilochos in der jambischen Übersetzung und mit den Prosa-Ergänzungen des Fabelforschers Otto Crusius (XIIf.).

> Ein Märchen ist bei uns im Schwang,
> Wie einst der Adler und der Fuchs zur Brüderschaft
> Sich feierlich verbanden.
>
> Sie beschlossen, als getreue Nachbarn gemeinschaftlich zu hausen; der Adler baute sein Nest auf einem Eichbaum, der Fuchs siedelte sich mit seinen Jungen drunten zwischen den knorrigen Wurzeln im Unterholz an. Eines Tages war der

Fuchs ausgezogen, um Futter zu holen; da flog der Adler in den Fuchsbau, wo die armen Füchslein lagen –

Und treulos raubte sie der Aar
Und trug sie seinen Kindern zu als grauses Mahl.

Der Fuchs kehrte zurück – vergeblich suchte er seine Jungen, bis er sie im Adlerhorst wimmern hörte. Er klagte und drohte: aber was half es ihm! Ihm fehlten die Flügel, sich emporzuschwingen, und wenn es ihm gelungen wäre, hinaufzuklettern, der Feind wäre ihm doch entkommen. Spottend rief ihm der Adler zu:

Siehst du, wo jene himmelhohe Spitze ragt,
So schroff und glatt und schwindelsteil?
Dort ruhig thronend lach' ich deiner Fehde wohl.

So blieb dem Fuchs nichts als die Waffe des Schwachen: der Fluch. Er, der Verachtete, erhob Klage gegen den stolzen Boten der Götter:

O Vater Zeus, Dein ist die Kraft im Himmelsraum,
Dein Auge sieht das Menschenvolk,
Frevler und Fromme: Du kennst auch der Tiere Tun,
Gewalttat und Gerechtigkeit....

Über den Adler kam schwarze Verblendung. Von einem flammenden Altar raubte er ein Stück des Opferfleisches und trug es empor in seinen Horst. Aber an dem Raube hafteten noch Funken glühender Asche – der Bergwind, der über sie hinstrich, entfachte sie zu hellem Feuer, und im Nu stand das trockene Reisig des Nestes in Flammen. Da fielen die jungen Adler herab. Der Fuchs lief herbei und fraß sie auf – nach dem Recht der Vergeltung.

Die Fragmente des Archilochos belegen, dass der um etwa sechzig Jahre jüngere Äsop, unter dessen Namen die Fabel von Adler und Füchsin ebenfalls überliefert ist, nicht der ›erste Erfinder‹ aller Fabeln gewesen sein kann, die ihm später zugeschrieben wurden. Aber auch Archilochos erzählt die Geschichte nicht als Erster: Sie war zu seiner Zeit bereits ›im Schwang‹. Der Stoff stammt, wie man heute weiß (Holzberg, 15f.), aus der akkadischen Weisheitsliteratur und lässt sich bis ins zweite Jahrtausend v. Chr. zurückverfolgen. Bei Archilochos steht die Fabel in einem längeren jambischen Gedicht, einer so genannten Epode, deren übrige Teile ebenfalls nur bruchstückhaft erhalten sind. In der griechischen und lateinischen Literatur war es bis zu Phaedrus normal, dass Fabeln dem Endverbraucher nicht als Einzeltexte oder in Fabelsammlungen vorgelegt wurden, sondern als erläuternde Einsprengsel in anderen Textsorten. Welche Funktion die Fabel von Adler und Füchsin in dem Gedicht des Archilochos wahrnehmen sollte, ist nicht mehr klar zu erkennen. Nach herrschender Meinung wollte der Autor einem gewissen Lykambes mit göttlicher Vergeltung drohen, der ihm seine Tochter Kleobule zunächst als Gattin zugesagt, dann aber verweigert hatte (Lesky, 137). Das inhaltliche Band zwischen Fabel und Kontext wäre demnach der Eidbruch, der göttliche Vergeltung herausfordert. An dieser Auslegung stört ein wenig die Harmlosigkeit des Anwendungsfalles. In der Fabel des Archilochos, in der die Nachkommenschaft beider Gegenspieler grausam zugrunde geht, sieht man mehr auf dem Spiel stehen als eine erhoffte Ehe. Adler und Fuchs sind ungleiche Partner. Das Landtier Fuchs ist dem Vogel des Zeus unterlegen, der blitzschnell aus der Luft herabstoßen, am Boden Beute schlagen und dann in unerreichbare Höhen entschwinden kann. Trotz der Ungleichheit schließen sich beide zu einer Siedlungsgemeinschaft zusammen, in der das Recht des Stärkeren zu Gunsten einer fairen, dem Gemeinwohl dienenden Ordung außer Kraft tritt. Der geschlossene Bund wird durch den Schutz des Zeus geheiligt. Dem frevelhaften Rückfall in Faustrecht und ungezügelten Eigennutz droht die Rache des Göttervaters. Der Adler begeht diesen Frevel, indem er die Jungen der Füchsin seiner Brut zum Fraß vorwirft. Damit bricht er den Bund, der die Lebensordnung der Partner bestimmte. Ein recht- und gottloser Zustand kehrt zurück, in dem der Schwache der Willkür des Starken preisgegeben ist. Eine Gemeinschaftsordnung, in deren Namen die Übergriffe des Starken geahndet werden könnten, besteht nicht mehr, wenn die Starken sie durch Missachtung aufkündigen. Nur Zeus, in dessen Schutz die aufgehobene Ordnung stand, kann – gewissermaßen von außen her – ihre Aufhebung rächen. In der Fassung des Archilochos warnt die Fabel von Adler und Füchsin vor dem verheerenden Rückfall aus der gemeinsam anerkannten Ordnung in den Zustand der Gesetzlosigkeit.

Der lateinisch schreibende Phaedrus baut diese Fabel nicht wie Archilochos in ein längeres Gedicht ein, sondern verarbeitet sie – 700 Jahre später – zu einem in sich abgeschlossenen Einzeltext (I, 28), den er allerdings mit anderen in Verse gebrachten Fabeln zu einem Band vereinigt. Er will die einfache Form der Fabel, die den Dichtern vor ihm allenfalls als Kompositionselement diente, zu einer eigenständigen lyrischen Gattung erheben. Der Kontext, den die Fabel erhellen soll (und der bei Archilochos bruchstückhaft überliefert war), schrumpft zu einem Promythion zusammen, das statt des konkreten Anwendungsfalles eine allgemeine Lehre benennt.

Die Füchsin und der Adler

Die noch so Hohen müssen doch die Niederen fürchten;
denn ein wacher Verstand findet immer den Weg zur Vergeltung.
Eines Tages raubte ein Adler die Jungen einer Füchsin
und warf sie in seinem Horst seiner Brut zum Fraß vor.
Die Füchsin lief ihm nach und flehte ihn an,
er möge ihr Armen nicht solches Leid zufügen.
Der Adler schenkte ihr keine Beachtung; denn an seinem Platz fühlte er sich unangreifbar.
Da raubte die Füchsin von einem Altar eine brennende Fackel
und legte Feuer rund um den Baum.
So machte sie ihrem Feind den Anschlag auf die Nachkommenschaft bitter.
Der Adler wollte seine Brut aus der Todesgefahr retten
Und gab der Füchsin demütig ihre Jungen zurück.

Der neue Geist der Fabel verlangte Änderungen am Stoff: Nach wie vor sind Adler und Füchsin ungleiche Gegner, aber es besteht kein Bündnisvertrag zwischen ihnen, den der Adler brechen könnte, wenn er sich an den Jungen der Füchsin vergreift. Die Füchsin denkt auch nicht daran, den Adler als Eidbrecher zu verfluchen und – als Schwächere – ihre Rache einem zuständigen Gott anheimzugeben. Vielmehr schafft sie selbst Rat – nicht um die vollendete Untat zu rächen, sondern um die erst eingeleitete zu vereiteln. Sie ist es, die das Feuer vom Altar holt und den Brand absichtlich legt, während bei Archilochos der verblendete Adler Opferfleisch mit noch glimmender Asche stiehlt und seinen Horst unabsichtlich in Brand steckt. Anders als bei Archilochos endet die Geschichte glimpflich: Die Füchsin erhält ihre Jungen unversehrt zurück, und der Adler verliert nicht die seinen; denn – wie Phaedrus wohl verstanden sein will – die Füchsin löscht das um den Baum gelegte Feuer, nachdem sie ihre Jungen zurückbekommen hat.

Die Änderungen nehmen der Fabel ihren religiösen und, wenn man so will, verfassungspolitischen Sinn. Das Promythion deutet die Ungleichheit der Akteure als Standesgegensatz. Der Adler, dem die Natur Flügel verliehen hat, stellt die Hohen (*sublimes*) der Gesellschaft dar, der Fuchs die Niederen (*humiles*). Phaedrus nutzt die vorgegebene Metaphorik von Hoch und Niedrig, wenn er die ständische Überlegenheit im fliegenden Adler und die schwächere soziale Stellung im schnürenden Fuchs verkörpert. Obwohl der Standesgegensatz, den das Promythion hervorhebt, eigentlich eine umgreifende Gesellschaftsordnung voraussetzt, werden Adler und Fuchs nicht – wie bei Archilochos – als Partner eines ›Gesellschaftsvertrages‹ dargestellt, der unter göttlichem Schutz stünde und willkürliche Übergriffe der Starken gegen die Schwachen verböte. Weder die Füchsin noch der Erzähler bezeichnen die Tat des Adlers als Bruch eines Vertrags, als Verletzung einer Grundordnung oder gar als Frevel gegen den Gott, der diese Ordnung schützt. Die Fabel verurteilt den Übergriff des Adlers nicht im Namen heiliger Gesetze, sondern im Namen der Lebensklugkeit. Der Raub der jungen Füchse ist kein Frevel, sondern ein Fehler. Der Leser soll beherzigen, was der Adler am eigenen Leibe erfährt: Der Starke vergreift sich nicht gefahrlos am Schwachen. Die Gefahr besteht in der einfallsreichen Gegenwehr des Angegriffenen, nicht in einer übergeordneten Instanz, die Ordnungsverletzungen ahndet. Findigkeit gleicht Schwäche aus. Sie zeigt dem Schwachen, wie er dem Starken beikommen kann, ohne das Kräfteverhältnis grundsätzlich zu verschieben. Bei Archilochos wurde die Ungleichheit der Lebenschancen durch eine göttlich geschützte Rechtsordnung gemildert, für deren Durchbrechung Zeus furchtbare Rache nimmt. Bei Phaedrus besteht die Ungleichheit als unhinterfragtes Faktum ohne weltliche und göttliche Gerichtsbarkeit, die den Übergriff des Starken ahndet oder gar verhindert. Adler und Füchsin leben in einer Welt, die nicht als göttlich überwachtes Geltungsgebiet von Grundrechten dargestellt wird, sondern als Entfaltungsraum individueller Interessen bei ungleich schweren Durchsetzungsbedingungen. Es geht nicht um Frömmigkeit und Vertragstreue, sondern um die realistische Einschätzung und findige Nutzung der zufällig gegebenen Möglichkeiten auf der Jagd nach dem eigenen Vorteil. Die Fabel ist keine Erbauungsliteratur; sie will den Leser nicht frömmer, sondern realistischer machen.

Der Opferaltar, von dem die findige Füchsin das Feuer holt, erinnert noch an die archaische Welt des Archilochos. Phaedrus hätte sich, um die Erinnerung an eine göttlich überwachte Welt zu vermeiden, eine andere Feuerquelle ausdenken können. Wollte er nicht ohne Not von der Überlieferung abweichen? Wollte er gar andeuten, dass die Füchsin ihren Sieg letztlich doch einem Gott verdankt? Eher wohl soll das Monument des alten Götterglaubens den Kontrast der Welten verdeutlichen: Eine säkularisierte Welt hebt sich von dem Hintergrund einer götterdurchwalteten archaischen ab. Immer noch gibt es die Ungleichheit der Lebenschancen, aber Stark und Schwach verstehen sich nicht mehr als Partner eines heiligen Gesellschaftsvertrages. Jeder sieht, wo er bleibt. Im Konfliktfall kann Findigkeit gegen Gewalt stehen. Ein realistisches Arrangement verhütet das Schlimmste: Alle Beteiligten kommen besser davon als in der alten Welt, wo die Götter Mord und Totschlag zunächst geschehen ließen und dann mit Mord und Totschlag ahndeten. Es ist, als trete man aus der Welt der Tragödie in die Welt der jüngeren Komödie: Es gibt mächtige Herren und rechtlose Sklaven. Aber der schlaue Sklave versteht seine Interessen gegen die Willkür seines Herrn durchzusetzen, ohne dabei die Sklaverei abzuschaffen.

3 Baum und Schilfrohr: Wandlungen einer Lehre

Fabelstoffe sind beständiger als ihre Lehren. Zwar ergeben sich neue Einsichten manchmal aus Änderungen am Stoff; häufiger und erstaunlicher ist jedoch die Umdeutung des Beibehaltenen. Wechselnde Standorte der Fabelerzähler führen zu wechselnden Bewertungen derselben Parteienkonstellation: Ein schwankendes Schilfrohr erscheint beim Vergleich mit einem starken Baum bald als der Klügere, der nachgibt, bald als verächtlicher Opportunist. Der Goliath des ungleichen Paares ist in den meisten Bearbeitungen eine Eiche, bei Äsop (Chambry 143) ein Ölbaum:

> Schilfrohr und Ölbaum stritten miteinander, wer von ihnen die größere Ausdauer, Kraft und Standfestigkeit habe. Der Ölbaum schmähte das Schilfrohr: Es sei schwächlich und beuge sich bereitwillig allen Winden. Das Schilfrohr blieb still und stumm. Und wenig später, als ein heftiger Sturm losbrach, wiegte und krümmte es sich unter den Winden und kam ohne Mühe unversehrt davon. Der Ölbaum aber, der sich gegen die Winde stemmte, wurde von ihrer Gewalt umgeknickt.
>
> Die Fabel zeigt, dass diejenigen, die dem Zug der Zeit und den Mächten, die stärker sind als sie, keinen Widerstand entgegensetzen, ihrerseits stärker sind als diejenigen, die es mit Überlegenen aufnehmen.

Das Epimythion stellt zwei Begriffe von Stärke gegeneinander. Im Sinne des ersten Begriffs ist der Ölbaum stärker als das Schilfrohr – und der Sturmwind stärker als der Ölbaum. Im Sinne des zweiten Begriffs ist das Schilfrohr stärker als der Ölbaum. Der erste Begriff bezeichnet ein hohes Kräftepotential, der zweite die kluge Entscheidung über den Einsatz des Potentials, sei es hoch oder niedrig, und den durch diese Entscheidung herbeigeführten Erfolg. Der Ölbaum ist stärker als das Schilfrohr, insofern er größere Ausdauer, größere Widerstandskraft und größere Standfestigkeit aufzubieten hat. Das Schilfrohr ist stärker als der Ölbaum, insofern es die klügere Entscheidung über den Einsatz seiner – weit geringeren – Kräfte trifft und dabei sein Leben rettet. Die Klugheit gebietet, nicht gegen eine Übermacht zu kämpfen. Die Stärke, die auf der Beachtung dieser Forderung beruht, so sagt das Rhema der Lehre, ist für den Enderfolg wichtiger als die augenfällige Stärke, die in der Größe des Potentials besteht. Das Rhema geht zwanglos aus einigen charakteristischen Zügen der erzählten Geschichte hervor: Der Ölbaum ist ein naiver Muskelprotz, dessen Erfolgserlebnisse den Gedanken an kluge Zurückhaltung nicht aufkommen lassen. Das Schilfrohr ist ein bedächtiger Schwächling, der erkannt hat, dass seine geringen Widerstandskräfte nur selten den Einsatz lohnen. In dem Rangstreit, der die Geschichte eröffnet, zählt für den Ölbaum nur das einsetzbare Potential, nicht dessen kluger Gebrauch. Auf dieser Ebene kann sich das Schilfrohr mit dem Herausforderer nicht messen. Deshalb schweigt es – getreu seiner Devise, dass der Schwächere den Kampf meiden soll. Um mit Aussicht auf Erfolg zu replizieren, müsste es die Vergleichsebene wechseln. Es müsste zu bedenken geben, dass der endgültige Erfolg bisweilen weniger von der einsetzbaren Stärke abhängt als von der Stärke der richtigen Einsatzentscheidung, dass, um mit Descartes zu sprechen (Discours de la méthode, I, Anfang), der schwächere Läufer auf dem richtigen Wege eher ans Ziel kommt als der stärkere auf dem falschen. Aber diese Antwort würde die Lehre vorwegnehmen. Dem Rangvergleich der Stärkebegriffe entspricht die Zweiteilung der Geschichte. Im ersten Teil bringt der Ölbaum eine Vorrangigkeit zur Geltung, die ihm letzten Endes nichts nützen wird. Im zweiten Teil zeigt das Schilfrohr seine weniger imposante, dafür jedoch lebensrettende Vorrangigkeit, indem es die klügere Entscheidung über den Einsatz seiner Kräfte trifft.

Das Thema der Lehre ist für den heutigen Leser weniger deutlich als das Rhema. Auf welchen Bereich soll die im Rhema gewonnene Einsicht angewandt werden? Neuzeitliche Fassungen des Stoffes (La Fontaine, Nicolay) verkörpern in Baum und Schilfrohr einen Standesgegensatz. Auch der Wortlaut des Äsoptextes verbietet eine solche Deutung nicht. Der mächtige Ölbaum, wegen seiner Früchte geschätzt und der Athene heilig, könnte sehr wohl einen angesehenen Aristokraten abgeben und das billige Schilfrohr einen namenlosen Heloten. Der Sturm könnte einen gewaltsamen Regimewechsel bedeuten, dem sich der Angehörige der alten Führungselite zu seinem

Unheil entgegenstemmt, während der Unterschichtler ihn widerstandslos und ohne Schaden über sich ergehen lässt. Bei einer solchen Deutung wäre allerdings der Verhaltensunterschied nicht mehr auf einen bloßen Unterschied der Lebensklugheit reduzierbar. Die Fabel lässt die Frage offen, wie weit der Stand oder sonstige Umstände das Verhalten der Akteure mitbestimmen. Natürlich hat ein Angehöriger der alten Führungselite bei einem Regimewechsel mehr zu verlieren als ein Unterschichtler. Deshalb wird er auch eher geneigt sein, zu den Waffen zu greifen, selbst wenn er die Übermacht der Gegenseite erkennt. Einem Sklaven dagegen geht es unter allen Regimen gleich schlecht. Er wird sich hüten, gegen eine Übermacht zu kämpfen, deren Sieg sein Los kaum verschlechtern könnte (vgl. Phaedrus I, 15: Asinus ad senem pastorem). In der erzählten Geschichte bestimmt nicht der vernunftgelenkte Wille, sondern die Natur das Verhalten der Akteure: Der Ölbaum könnte seinen Stamm gar nicht biegen, auch wenn er es für klug hielte; ebenso wenig könnte das Schilfrohr sich straffen. Aber nichts zwingt den Interpreten, das Merkmal der natürlichen Festlegung in das Rhema zu übernehmen. Es ist vielmehr gattungstypisch, dass sich ein naturbestimmtes Verhalten auf dem Wege von der erzählten Geschichte zur Lehre in einen Gegenstand freier Entscheidung verwandelt. Das Epimythion des Äsoptextes gibt nicht eindeutig zu erkennen, ob es die Entscheidungsfreiheit beider Parteien voraussetzt. Es zeigt nur, dass die richtige Entscheidung über den Einsatz der Kräfte, ob frei gewählt oder nicht, eine wichtigere Art von Stärke ist als die Größe der einsetzbaren Kraft.

La Fontaines Bearbeitung (I,22) stützt sich nicht ausschließlich auf Äsops Fabel vom zerborstenen Ölbaum. Dennoch kann Äsop als Folie dienen, vor der die Konturen des französischen Klassikers sich deutlicher abzeichnen.

Le chêne et le roseau

Le chêne un jour dit au roseau:
Vous avez bien sujet d'accuser la nature:
Un roitelet pour vous est un pesant fardeau.
Le moindre vent qui d'aventure

Fait rider la face de l'eau
Vous oblige à baisser la tête:
Cependant que mon front, au Caucase pareil,
Non content d'arrêter les rayons du soleil,
Brave l'effort de la tempête.
Tout vous est aquilon, tout me semble zéphyr.
Encor si vous naissiez à l'abri du feuillage
Dont je couvre le voisinage,
Vous n'auriez pas tant à souffrir:
Je vous défendrais de l'orage.
Mais vous naissez le plus souvent
Sur les humides bords des royaumes du vent.
La nature envers vous me semble bien injuste.
– Votre compassion, lui répondit l'arbuste,
Part d'un bon naturel: mais quittez ce souci.
Les vents me sont moins qu'à vous redoutables.
Je plie et ne romps pas. Vous avez jusqu'ici
Contre leurs coups épouvantables
Résisté sans courber le dos;
Mais attendons la fin.» Comme il disait ces mots,
Du bout de l'horizon accourt avec furie
Le plus terrible des enfants
Que le Nord eût porté jusque-là dans ses flancs.
L'arbre tient bon, le roseau plie;
Le vent redouble ses efforts,
Et fait si bien qu'il déracine
Celui de qui la tête au ciel était voisine,
Et dont les pieds touchaient à l'empire des morts.

Eiche und Schilfrohr

Die Eiche sprach eines Tages zum Schilfrohr:
»Sie haben wohl Grund, die Natur anzuklagen:
Ein Zaunkönig ist für Sie eine schwere Last.
Der kleinste Windhauch, der auf seinen Streifzügen
die Wasserfläche kräuselt,

drückt Ihnen den Kopf nach unten.
Mein Haupt dagegen ragt fest empor wie der Kaukasus.
Nicht nur hält es die Strahlen des Lichtes auf,
es trotzt auch der Gewalt des Sturmes.
Für Sie ist alles steifer Nordwind, für mich nur lauer West.
Wenn Sie wenigstens unter dem Laubwerk wüchsen,
mit dem ich meine Umgebung überdache,
hätten Sie nicht so viel zu leiden:
Ich würde Sie vor dem Unwetter beschützen.
Aber Ihresgleichen wächst meist
an den feuchten Gestaden des Reichs der Stürme.
Die Natur scheint mir zu Ihnen sehr ungerecht.«
»Ihr Mitgefühl«, versetzte das Sträuchlein,
»zeugt von gutem Charakter. Ihre Sorge ist jedoch unnötig.
Ich habe die Winde weniger zu fürchten als Sie.
Ich bin biegsam, aber breche nicht. Sie haben bisher
ihren furchtbaren Angriffen
widerstanden, ohne den Rücken zu krümmen.
Aber warten wir das Ende ab!« Als es noch sprach,
eilt schon mit wildem Ungestüm vom fernen Horizont
die schrecklichste aller Ausgeburten herbei,
die der Nordwind bis dahin in seinem Schoß getragen hatte.
Der Baum hält stand, das Schilfrohr biegt sich.
Der Wind greift mit doppeler Kraft an,
so gewaltig, dass er den Baum entwurzelt,
der mit dem Haupt an den Himmel
und mit den Füßen ans Totenreich stieß.

La Fontaine stellt – wie schon Babrios (36) – dem Schilfrohr eine Eiche gegenüber, die den Augen des West- und Mitteleuropäers ein vertrauteres Bild von Stärke und Festigkeit bietet als der exotische Ölbaum. Die Äsop'sche Zweiteilung der Geschichte bleibt hinter allen Neuerungen erkennbar: Im ersten Teil erstrahlt der Baum im Glanz scheinbar unbedrohter Überlegenheit (Verse 1–17), im zweiten Teil geht er zugrunde (18–32). Im ersten Teil verschaffen Größe, Stärke und Festigkeit dem Baum einen einstweiligen Vorteil, im zweiten zeigt sich der endgültige Vorteil, den das Schilfrohr seiner Biegsamkeit verdankt. La Fontaine gibt dem zweigliedrigen Entwurf eine reichere Ausführung als Äsop. Seine Verse, die ohne Pro- und Epimythion auskommen, enthalten etwa dreimal so viele Wörter wie der Prosatext des Äsop. Im Gegensatz zum Schilfrohr Äsops schweigt das La Fontaine'sche nicht zu den Worten des Baumes. Es antwortet bescheiden, aber selbstbewusst (Verse 17–24), sodass die Eiche vor ihrem physischen Untergang die ungewohnte Erfahrung des zurückgewiesenen Überlegenheitsanspruches macht. Man könnte deshalb La Fontaines Fabel auch anders gliedern, als die Äsopvorlage es nahe legt: Eiche und Schilfrohr bestreiten zwei Kraftproben, eine verbale (1–24) und eine physische (24–32). Beide Durchgänge zeigen eine gleichartige Untergliederung: Zunächst scheint die Überlegenheit der Eiche unanfechtbar (1–17 bzw. 24–28), dann jedoch zeigt sich die Überlegenheit des Schilfrohrs (18–24 bzw. 29–32). Die Selbstsicherheit, die aus den Worten der Eiche spricht (1–17), scheint auf den ersten Blick wohlbegründet; das Schilfrohr weiß jedoch – in dem einzigen Zehnsilbner des Textes – die entscheidende Schwäche seines Gegenübers zu benennen: »Ich habe die Winde weniger zu fürchten als Sie (20).« Als das Unwetter hereinbricht, bleibt die Eiche zunächst aufrecht stehen, während das Schilfrohr sich neigen muss (24–28); dann aber wird der Baum entwurzelt, während das schwankende Schilfrohr fest im Boden gegründet bleibt (29–32). La Fontaine entwickelt – deutlicher als Äsop – ein vierelementiges Bildfeld, mit dem er das Schicksal seiner Figuren beschreibt. Die Struktur dieses Bildfeldes besteht aus dem Nebeneinander zweier Begriffsoppositionen. Die erste stellt dem Begriff a (hoch und aufrecht) den Begriff b (niedrig und gebeugt) gegenüber; die zweite dem Begriff c (ungebrochen) den Begriff d (gebrochen). Beide Oppositionen enthalten einen unstrittigen Wertegegensatz: Es ist besser, hoch gewachsen und aufrecht dazustehen als niedrig gewachsen und gebeugt. Andererseits ist es besser, ungebrochen zu sein als gebrochen.

+	a: hoch und aufrecht	c: ungebrochen
–	b: niedrig und gebeugt	d: gebrochen

La Fontaine geht – wie Äsop – davon aus, dass in den Augen seiner Leser der zweite Gegensatz (c/d) wichtiger ist als der erste (a/b): Zwar ist a besser als b, aber a mit d ist schlechter als b mit c: Besser gebeugt (b) und ungebrochen (c) als ungebeugt (a) und gebrochen (d). Besser ein geducktes, aber heiles Schilfrohr als eine starre, aber gefällte Eiche. Im zweiten Teil der Fabel besetzt La Fontaine die Opposition c/d im Gegensatz zum Dialogteil seiner Fabel – wie auch zur Äsopvorlage – mit den Begriffen ›fest verwurzelt‹ und ›entwurzelt‹. Äsops Ölbaum wurde umgeknickt – was auch die treffendere Antithese zu La Fontaines »Je plie et ne romps pas« abgäbe; La Fontaines Eiche jedoch wird entwurzelt. Dementsprechend hätte das Schilfrohr eigentlich sagen müssen: »Nichts reißt mich aus dem Boden« statt »Ich breche nicht«.

In La Fontaines Fassung wird die Standesthematik deutlicher als bei Äsop. Es scheint, als sei die Bedeutung der benutzten Bilder nicht nur dem Leser, sondern auch den Fabelfiguren zugänglich. Die Eiche, die das Haupt hoch trägt, spricht wie ein leutseliger Feudalherr. Sie bedauert das Los des kleinen Mannes, der vor jeder Person von Stand den Nacken beugen muss. Gern würde sie ihn in den Kreis ihrer Schützlinge aufnehmen, aber er lebt leider nicht auf ihrem Territorium. Das Brechen, das dem Schilfrohr erspart bleibt, bzw. die Entwurzelung, die der Baum befürchten muss, bedeutet das endgültige Ausscheiden aus der Gesellschaft: Tod, Haft oder Verbannung. Schuld an der ungerechten Verteilung der Lebenschancen ist nach Meinung der Eiche die Natur (2, 17), die das eine ihrer Geschöpfe als mächtigen Baum und das andere als schwankendes Gesträuch ins Leben schickt. Der doppelte Hinweis auf die alles bestimmende Natur betont die ständische Festlegung der Lebensformen. Es ist das Los der Eiche und nicht ihr moralisches Verdienst, aufrecht zu stehen und sich eher mit den Wurzeln aus der Erde heben zu lassen als ihren Stamm zu krümmen. Ebenso ist es das gemeinsame Los der Schilfrohrgattung und nicht die kluge Entscheidung des einzelnen Exemplars, im Winde zu schwanken. Es ist fabeltypisch, dass gesellschaftliche Gegensätze durch naturgegebene Unterschiede zwischen verschiedenen Tier- oder Pflanzenarten versinnbildlicht werden. Auf diese Weise erscheint die Standeszugehörigkeit – wie die Zugehörigkeit zu einer biologischen Spezies – als unentrinnbares Schicksal. Auch Eiche und Schilfrohr nehmen die ständische Ordnung und ihren Einfluss auf die Lebensformen als endgültig gegeben hin – nicht jedoch als unbeurteilbar: Die Eiche findet das Los des Schilfrohrs ungerecht, und das Schilfrohr erkennt Gefahren, die den hohen Stand bedrohen, am niedrigen jedoch vorübergehen. Die ständische Ordnung ist für die Figuren der Fabel kein denkbarer Gegenstand praktischen Zugriffs, wohl aber der Betrachtung. Die Dialogpartner nennen einander die Vor- und Nachteile ihrer standesbedingten Lebensform, ohne einen Ausgleich der Standesgegensätze auch nur in Erwägung zu ziehen. Die mitleidige Eiche könnte dem benachteiligten Schilfrohr auch gar nicht das biegsame Rückgrat steifen. Der Feudalherr könnte das Kind des Volkes nicht adeln, sondern allenfalls in seine Klientel aufnehmen. Der Dialog ist nicht wie bei Äsop ein Rangstreit; denn das soziale Gefälle steht von vornherein außer Frage. Man braucht deshalb auch der Versuchung nicht nachzugeben, das Mitgefühl, das die Eiche dem Schilfrohr bezeugt, als höflich verbrämte Selbstherrlichkeit zu deuten. Dementsprechend kann das Schilfrohr ohne alle Ironie den ›guten Charakter‹ der Eiche loben. Die Eiche ist gütig, soweit die unverrückbaren Standesgrenzen es zulassen. Sie erkennt mit ohnmächtigem Bedauern die Benachteiligung ihres Gesprächpartners und weiß zugleich die Gnade ihrer eigenen Lebensform zu schätzen. Der Text lässt offen, ob sie die Gefahr, die das Schilfrohr kommen sieht, verkennt, verdrängt oder verachtet. Der Erzähler enthält sich eines ausdrücklichen Kommentars. Die Pointe der Geschichte besteht im unerwarteten Sturz der mächtigen Eiche und im Überleben des schwachen Schilfrohrs. Wenn man voraussetzt, dass der Unterschied zwischen Leben und Tod von größerem Gewicht ist als der zwischen Hoch und Niedrig, besagt die Fabel, dass dem kleinen Mann – gegen den ersten Anschein – ein besseres Los beschieden ist als dem Mächtigen, der einem noch Mächtigeren zum Opfer fällt. Die Ansicht, dass die Wahl zwischen Leben und Tod allen anderen Entscheidungen vorangeht, äußert La Fontaine auch im Schlussvers seiner Erzählung ›La Matrone d'Éphèse‹: »Mieux vaut goujat debout qu'empereur enterré« (Lieber ein aufrecht stehender Trossknecht als ein begrabener Kaiser). Was La Fontaine über die Eiche sagt, passt auf die französischen Feudalherren des 17. Jahrhunderts, die den absolutistischen Bestrebungen der Krone im Wege standen und deshalb nach und nach entmachtet wurden. Die Ausschaltung konkurrierender Machtzentren führte auch zur Verhaftung

(1661) und Verurteilung (1664) des Finanzministers Foucquet, zu dessen Schützlingen La Fontaine gehörte (Anhang 4). Dennoch bestimmt der Sturz Foucquets nicht ganz und gar die Anlage der Fabel, wenn er auch als erkennbarer Aktualitätsbezug die pragmatische Motivation der Lehre stärkt. Die wichtige Rolle des warnenden Schilfrohrs, das am Ende Recht behält, findet in der Lebensgeschichte Foucquets kein eindeutiges und für die zeitgenössischen Leser unverkennbares Gegenstück. Obwohl die Eiche mit ihrem Untergang nicht ernsthaft gerechnet hat, erscheint sie in La Fontaines Fassung nicht wie bei Äsop als vermessener Großtuer, sondern eher als großmütiger Grandseigneur, den ein standestypisches Schicksal ereilt. Das Schilfrohr erweist sich als lebensklüger, nicht weil es die richtige Entscheidung getroffen hätte, lieber zu schwanken als starr zu bleiben, sondern weil es die Vor- und Nachteile der gegensätzlichen Stände richtig eingeschätzt hat. Der Erzähler würdigt aber nicht nur die Weisheit des schwachen Schilfrohrs, sondern auch die schöne, aber tödliche Unbeugsamkeit der Eiche. Die beiden Schlussverse umgeben die Gefallene mit der Aura des tragischen Helden. Sie spielen auf Vergilverse an (Äneis IV,441ff.), die den pflichtgemäß unbeugsamen Äneas mit einer standfesten Eiche vergleichen.

Äsops Fabel setzt stillschweigend voraus, dass Tod und Leben einen wichtigeren Wertegegensatz bilden als die Lebensformen der Schwachen und der Mächtigen: Lieber ein lebender Knecht als ein toter Herr. Auch La Fontaines Fabel widerspricht dieser Voraussetzung nicht, obwohl sie der untergehenden Größe Achtung zollt. In der Bearbeitung Jean Anouilhs jedoch (Fables, 21f.) setzt die Eiche ihre Lebensform so hoch über die des Schilfrohrs, dass sie lieber als Eiche zugrunde gehen denn als Schilfrohr weiterleben möchte.

Eiche und Schilfrohr

Die Eiche sprach eines Tages zum Schilfrohr:
»Sind Sie es nicht leid, sich diese Fabel anzuhören?
ihre Moral ist abscheulich,
und es ist von den Menschen sehr leichtfertig, sie den I-Dötzen beizubringen.
Immerzu sich neigen, neigt dazu die menschliche Natur
nicht ohnehin allzusehr?«

»Ja, ja,« sagte das Schilfrohr, »das Wetter ist nicht allzu gut.
Der Wind, der an Ihren Zweigen rüttelt,
(soweit ich das vom niederen Standpunkt eines Schilfrohrs aus beurteilen kann)
Könnte Ihnen, wenn es der Zufall will, zeigen, dass wir kleinen Leute,
die wir so schwächlich, hinfällig, demütig und zaghaft sind,
deren stete Sorge sich um ihr kleines Leben dreht,
trotz allem den Stürmen der Welt besser gewachsen sind
als gewisse hochmütige Mitgeschöpfe, die sich groß dünken.«
Kaum hat das Schilfrohr geendet, kommt Wind auf, und Donner grollt.
Und das Blasen aus den tiefsten Lungen des Wettergottes, das die Wälder verheert,
stößt genau wie beim ersten Mal
die Eiche um, die ihm Trotz bot.
»Na,« sagte das Schilfrohr, als der Orkan vorüber war –
es krümmte sich noch unter einem leichten Nachwehen –,
»Was sagen Sie jetzt, alter Freund?«
(Es hätte sich diese Anrede vorher nie erlaubt.)
»Habe ich es nicht gesagt?«
Man spürte in seiner Stimme gestillten
Hass. Sein trüber Blick funkelte jetzt.
Der Riese, der waidwund
tausend Tode starb und tausend Qualen litt,
lächelte traurig und hoheitsvoll;
und bevor er aus dem Leben schied, wandte er den Blick zum Schilfrohr
und sagte zu ihm: »Ich bin immer noch eine Eiche.«

Anouilhs Fabel gibt sich als Kontrafaktur der La Fontaineschen Vorlage, mit der tatsächlich seit Generationen französische Primarschüler bis zum Überdruss traktiert werden. Der Nachfolger mischt wie der Vorgänger Zwölf- und Achtsilbner – allerdings bei gewandelter Abfolge der Versarten. Ein Zehnsilbner, wie er bei La Fontaine den Sturz der Eiche emphatisch voraussagte, fehlt bei Anouilh, dessen Text folglich nur 31 statt 32 Verse zählt. Bei einem flüchtigen Blick auf Überschrift und Druckbild könnte man die moderne Bearbeitung mit der klassischen Vorlage verwechseln. Sogar der Eingangsvers ist in beiden Fassungen gleich. Außerdem verwendet Anouilh wie sein Vorgänger den Reim ›*nature / d'aventure*‹ (6/10), der wie eine Erkennungsmelodie klingt.

Die klassische Vorlage wird in der Neufassung nicht nur imitiert, sondern auch thematisiert. Die Eiche meint mit ›diese Fabel‹ (2) die Fabel La Fontaines, deren Moral sie für geradezu jugendgefährdend hält. Der Erzähler gibt mit ›genau wie beim ersten Mal‹ zu verstehen, dass seine Geschichte eine Neuauflage – oder zumindest das erzählte Geschehen eine Wiederholung – ist. Die Vorgegebenheit des Stoffes bestimmt auch das Bewusstsein der Eiche. Sie weiß, dass sie in einem festliegenden Handlungsschema eine vorgezeichnete Rolle spielt. Die erkannte Vorherbestimmung lässt den Figuren jedoch die Freiheit der Beurteilung des Geschehens, ähnlich wie in La Fontaines Fabel die Figuren zwar in die Schranken ihres Standes verwiesen, in der Bewertung der ständischen Ordnung jedoch frei waren. Das Schicksal ist kein ausgearbeitetes Drehbuch, sondern nur eine Art *canevas*, der den Spielern im Rahmen unverrückbarer Eckpunkte des Geschehens ein gewisses Maß an Improvisation, an Rede- und Gedankenfreiheit zugesteht. Die erzählte Handlung verläuft deshalb bei Anouilh ein wenig anders als in der Vorlage. Nicht nur vor dem Sturz der Eiche findet ein Dialog statt, sondern auch nach ihm. Den ersten Dialog eröffnet die Eiche, und das Schilfrohr antwortet. Der zweite Dialog zeigt die umgekehrte Sprecherfolge. Es ergibt sich folgende Gliederung:

Dialog	1	–	15
Eiche	1	–	6
Schilfrohr	7	–	15
Sturz der Eiche	16	–	19
Dialog	20	–	31
Schilfrohr	20	–	26
Eiche	27	–	31

Die Eiche fordert eine Umwertung des Hergangs, dem sie nicht entrinnen kann. Ihr Sturz soll nicht länger – wie bei La Fontaine und Äsop – als die schlechtere Alternative gelten. In dem Werteschema

+	Unbeugsamkeit	feste Verwurzelung
–	Biegsamkeit	Entwurzelung

soll nicht mehr die rechte, sondern die linke Seite den Ausschlag geben. Unbeugsamkeit ist trotz Entwurzelung besser als eine durch Biegsamkeit erkaufte Erdenhaftung. Die Entwurzelung (–) darf die schöne Unbeugsamkeit (+) nicht entwerten, und die Wurzelfestigkeit (+) die hässliche Biegsamkeit (–) nicht aufwiegen. Die Umwertung des Schemas geht mit einer Umdeutung der linken Seite einher. Starre und Biegsamkeit versinnbildlichen bei Äsop den unbedachten Einsatz der Kräfte und den weisen Verzicht auf ihren aussichtslosen Gebrauch, bei La Fontaine den Gegensatz zweier Stände, die ihren Angehörigen unterschiedliche Lebensbedingungen aufzwingen. Bei Anouilh bedeutet Unbeugsamkeit das Bekenntnis zu Ansprüchen, ohne deren Erfüllung das Leben nichts mehr bedeutet. Erst die unverhandelbare Forderung nach Qualitätsbedingungen der Existenz verleiht dem Existierenden Wesen, Wert und Identität. Die Eiche will entweder als Eiche existieren oder gar nicht. Biegsamkeit dagegen bedeutet eilfertige Anpassung an wechselnde Existenzbedingungen. Das Schilfrohr identifiziert sich nicht mit Ansprüchen, ohne deren Erfüllung es lieber zugrunde ginge. In den Augen der Eiche führt es daher eine wesen- und identitätslose Existenz. Die Eiche vertritt – *sit venia verbo* – einen axiologischen Essentialismus: Existenz ist kein *summum bonum*. Erst das qualitätshaltige Wesen des Existierenden macht Existenz erstrebens- und bewahrenswert. Für das Schilfrohr dagegen ist die Existenz ein vorrangiges Gut. Die Frage, unter welchen Bedingungen oder als welches Wesen jemand existiert, stellt sich erst in zweiter Linie. Lieber ein lebender Wurm als ein toter Gott. Anouilhs Sympathie gehört, wie auch das Theaterstück »Antigone« (1943) zeigt, dem axiologischen Essentialismus. Die Eiche, ein echter Held, bleibt ihrer Überzeugung auch im Sterben treu. Den axiologischen Existentialismus (der nicht mit dem Existentialismus schlechthin zu verwechseln ist) belastet der Autor mit dem abstoßenden Charakter seines Verfechters: Das Schilfrohr weidet sich am Sturz des Mächtigen. Die unverhohlene Schadenfreude verrät ein kompensationsbedürftiges Ungenügen an der eigenen Lebensauffassung. Die stete Sorge um die Erhaltung einer schäbigen Existenz beschert auch im Erfolgsfall kein wahres Glück. Die Häme des Schilfrohrs gibt insgeheim der Eiche Recht. Das Schilfrohr braucht den Sturz der Eiche, um die Wesenlosigkeit der eigenen Existenz ertragen zu können.

Es sieht so aus, als ob die gegensätzlichen Positionen aus gegensätzlichen Lebensbedingungen erwüchsen. Wer an ein anspruchsvolles Leben gewöhnt ist, neigt dazu, auf ihm zu bestehen; und wer im zermürbenden Kampf um das tägliche Brot aufgeht, findet nicht die nötige Muße, axiologischen Essentialismus zu kultivieren. Die nahe liegende Frage, ob Anouilh die Notleidenden dem Generalverdacht niederer Gesinnung aussetzen will, bringt den Interpreten in Verlegenheit. Jedenfalls ist Anouilh kein sentimentaler Sozialist, der in den Unterdrückten *a priori* die besseren Menschen sähe. Not adelt nicht.

4 Wolf und Lamm: spontane und geplante Intertextualität

In dem heute zugänglichen Fabelbestand gehört die Geschichte von Wolf und Lamm zu den meisterzählten. Der erste Erfinder des Stoffes ist jedoch nicht greifbar. Alle bekannten Bearbeitungen gehen auf Vorlagen zurück, von denen einige ermittelt sind, andere nicht. Was an Erzählungen über Wolf und Lamm auf uns gekommen ist, spinnt eine Überlieferung fort, deren Beginn sich im Dunkel der Zeit verliert.

Die Eingliederung einer Fabel in die Bearbeitungsgeschichte ihres Stoffes interessiert nicht nur den Literarhistoriker, der die Entstehungsbedingungen eines Textes erforscht; sie bestimmt auch die Aufnahme der Fabel durch einen Leser, der andere Fassungen des Stoffes kennt. Eine Fabel wird vor dem Hintergrund ihrer bekannten stoffgleichen Vorgänger und Nachfolger wahrgenommen. Dabei kann der mächtige Schatten eines Vorgängers die Verdienste des Nachfolgers verdunkeln. So mögen bei flüchtiger Lektüre Phaedrus und La Fontaine als blasse Epigonen des Äsop erscheinen. Ein genaueres Hinsehen kann aber auch zu fruchtbaren ›Gleich- und Gegenüberstellungen‹ (Lotman) führen, in deren Licht die einzelne Fassung unvermutete Seiten hervorkehrt. In den Vordergrund des Gesichtsfeldes drängen sich die Texteigenschaften, auf denen Gemeinsamkeiten und Gegensätze der verglichenen Fassungen beruhen. Insofern Fabeln mehr als andere Textgattungen die Erinnerung an stoffgleiche Vorgänger und Nachfolger wachrufen, bilden sie ein privilegiertes Feld der Intertextualität. Der Bearbeiter eines bekannten Fabelstoffes kann die Präsenz seiner Vorlagen als Wirkungsfaktor nutzen. Er kann sich als frommer Bewahrer einer ehrwürdigen Überlieferung empfehlen oder als ihr geschickter Anpasser an neue Bedürfnisse. Er kann das Publikum durch eine kluge Korrektur der Vorlage für sich gewinnen oder durch eine folgenschwere Abwandlung des Stoffes und eine überraschende Umkehrung der Lehre verblüffen. Gewiss bieten viele Fabeln auch dem, der die Tradition des Stoffes nicht kennt, ein befriedigendes Lese-Erlebnis. Manche Fabeln sind jedoch geradezu darauf angelegt, im Lichte ihrer Vorlage gelesen zu werden. Der Vergleich einiger Bearbeitungen des Stoffes ›Wolf und Lamm‹ soll herausstellen, wie jüngere Autoren ihre Vorgänger vor den Augen des Lesers zu überbieten suchen und wie die Kenntnis der Vorlage dem Leser manchmal hilfreich, manchmal sogar unerlässlich ist.

Die Fassung des Äsop (Chambry 221) kann bei unserem Kenntnisstand nur als Vorlage von Bearbeitungen untersucht werden, nicht als Bearbeitung von Vorlagen.

> Wolf und Lamm
>
> Ein Wolf erblickte ein Lamm, das aus einem Fluss trank. Sogleich fasste er den Entschluss, es unter dem Vorwand einer glaubhaften Beschuldigung zu fressen. Deshalb warf er ihm vor, obwohl er stromaufwärts stand, das Wasser zu verschmutzen und ihn am Trinken zu hindern. Das Lamm entgegnete, es tauche beim Trinken die Lippen nur eben ins Wasser; außerdem könne es, da es stromabwärts stehe, unmöglich das Wasser oberhalb seiner Trinkstelle aufwühlen. Nachdem der Wolf mit dieser Anklage nicht durchgedrungen war, sagte er: »Aber voriges Jahr hast du schlecht über meinen Vater geredet.« Als das Lamm erwiderte, da sei es noch nicht einmal auf der Welt gewesen, sprach der Wolf zu

ihm: »Und wenn du dich noch so gut rechtfertigst, fressen werde ich dich doch.«

Die Fabel zeigt, dass bei denen, die es auf Unrecht abgesehen haben, eine Verteidigungsrede nichts ausrichtet, so sehr sie auch das Recht auf ihrer Seite hat.

Eine Vorlage dieses Äsoptextes ist, wie es scheint, nicht bekannt. Umgekehrt ist auch nicht nachzuweisen, dass den stoffgleichen Fabeln etwa des Phaedrus (I,1) oder des Babrios (89) ausgerechnet diese Fassung des Äsop zugrunde liegt. Aber auch unabhängig von der Filiationsfrage fordert der Äsoptext den Vergleich mit späteren Bearbeitungen des Stoffes heraus.

Dabei fällt das von Späteren kaum je übernommene Epimythion auf: Wer das Unrecht nicht scheut, das etwa besagt die Lehre, weil ihm Rechtmäßigkeit nicht als unbedingte Leitlinie des Handelns gilt, den beeindruckt auch nicht der Nachweis, dass er Unrechtes im Schilde führt. Die Lehre erinnert daran, dass Unrecht nicht schon deshalb unterbleibt, weil es dem Situationsmächtigen als Unrecht nachgewiesen wird. Der Entscheidungsträger muss auch den Willen haben, Recht vor Unrecht ergehen zu lassen. Die Frage, ob es eine apriorische Pflicht zur Gerechtigkeit gebe, ob die Natur vom Menschen verlange, gleiches Recht gegen jedermann zu üben, oder ob vielmehr von Natur aus das so genannte Recht des Stärkeren gelte, wurde im 5. und 4. Jh. v. Chr. von den Sophisten aufgeworfen. Den Standpunkt des Äsop'schen Wolfs vertritt etwa der Sophist Kallikles in Platons Dialog »Gorgias«: Dem Willen der Natur entspricht nicht Gerechtigkeit gegen jedermann, sondern das Belieben des Stärkeren. Kallikles verweist sogar auf die Tierwelt als offenkundigen Geltungsbereich dieses Naturwillens (482cff.). Mit der Forderung nach Gerechtigkeit gegen jedermann wolle der Schwache den Starken um seine natürlichen Vorrechte betrügen. Da bedarf es schon eines Sokrates, um den Starken zu überzeugen, dass es nicht nur dem Schwachen, sondern auch ihm selbst zuträglicher ist, das Recht des Schwachen zu achten. Aber es gibt eben Wölfe in Tier- und Menschengestalt, die von Sokrates nichts wissen wollen. Das zeigt die Fabel.

Sie zeigt jedoch nicht, wieso der Wolf, wenn ihm Gerechtigkeit nichts bedeutet, das Lamm überhaupt ins Unrecht setzen will, bevor er es frisst. Weshalb ist dem Wolf daran gelegen, die Schlachtung des Lamms als Vollstreckung eines gerechten Urteils hinzustellen? Das Äsop'sche Epimythion, das dem Wolf souveräne Missachtung des Rechts unterstellt, würde besser zu einer Geschichte passen, in der nicht der Wolf, sondern das Lamm die Rechtsfrage aufwürfe und der Wolf sich weigerte, über Schuld und Unschuld überhaupt zu reden – wie bei Ambrose Bierce (147f.):

> Ein Wolf stillte seinen Durst an einem Fluß, als ein Lamm die Seite seines Hirten verließ, den Fluß herabkam und demonstrativ um den Wolf herumging, um weiter unten zu trinken. »Ich bitte zu beachten«, sagte das Lamm, »daß Wasser im allgemeinen nicht bergauf fließt. Wenn ich hier ein Schlückchen nehme, kann es das Wasser bei dir unmöglich verunreinigen; du findest also nicht den leisesten Vorwand, mich zu töten.« »Ich wußte bisher nicht,« entgegnete der Wolf, »daß ich einen Vorwand brauche, um Lammkoteletts zu schätzen.« Ende dieses kleinen Logikers.

Der um 1913 in Mexiko verschollene Amerikaner Ambrose Bierce spekuliert auf die Äsopkenntnis seines Lesers. Sogar das Lamm scheint den in der alten Fabel erzählten Vorfall zu kennen, allerdings ohne die Äsop'sche Lehre zu beherzigen: Es widerlegt geflissentlich die bekannte falsche Anschuldigung, noch bevor der Wolf sie erheben kann. Der Autor dagegen beherzigt die Lehre und passt ihr die Geschichte an, die als nüchterne Begradigung des Äsop wirken soll. Der Äsopleser muss rätseln, weshalb der Wolf Rechtfertigungen sucht, anstatt ohne viel Federlesens vom Recht des Stärkeren Gebrauch zu machen. Von Zeugen, vor denen der Anschein des Rechts gewahrt werden müsste, ist nicht die Rede. Man könnte, um das Rätsel zu lösen, den Wolf für die Allegorie eines Menschen halten, der – wie etwa die Figur des Polos in Platons »Gorgias« – Unrechttun einerseits für erfolgreich und glückbringend hält, andererseits jedoch als ›unschön‹ empfindet (470cff.). Für den Äsop'schen Wolf gilt dann wie für Brechts Mackie Messer »Erst kommt das Fressen, dann kommt die Moral«. Immerhin kommt auch die Moral, zwar nicht als oberste Leitlinie, sondern nur als erwünschte Zutat des Handelns. Der Wolf frisst lieber mit dem Segen der Moral als ohne ihn. Die kleinen Skrupel, die den Schönheitsfehler der Ungerechtigkeit wegwischen wollen und das freimütige Bekenntnis zum Recht des Stärkeren eine Weile hinauszögern, sind »eine Huldigung, die das Laster der Tugend darbringt« (La Rochefoucauld, Maximen 218). Sie werden, wenn es nicht anders geht, schnell beiseite geschoben: Fressen ohne Moral mag unschön sein – und deshalb versucht der Wolf, die Moral zu retten –, aber es ist weitaus genehmer als Moral ohne Fressen.

Phaedrus gibt der Geschichte von Wolf und Lamm (I,1) einen neuen Sinn:

> Wolf und Lamm waren an denselben Bach gekommen,
> um ihren Durst zu stillen. Stromaufwärts stand der Wolf
> und weit unterhalb das Lamm. Da brach der Räuber
> aus böser Fressgier einen Streit vom Zaun:
> »Warum«, fragte er, »hast du mir das Wasser aufgewühlt,
> das ich trinke?« Das Wolltier entgegnete bang:
> »Wie, bitte schön, könnte ich fertigbringen, worüber Ihr Klage führt, Herr Wolf?
> Das Wasser, das ich trinke, kommt von Eurer Trinkstelle zu mir herabgeflossen.«
> Nachdem er für diesmal an der Kraft der Wahrheit gescheitert war,
> begann der Wolf von neuem: »Vor einem halben Jahr hast du schlecht von mir gesprochen.«
> Das Lamm erwiderte: «Da war ich nicht einmal geboren.«
> »Dann«, sagte der Wolf, »hat eben dein Vater schlecht von mir gesprochen.«
> Und mit dieser Anschuldigung reißt er das Lamm, das gegen alles Recht sterben muss.
>
> Diese Fabel ist auf Leute gemünzt,
> die mittels aus der Luft gegriffener Anklagen Unschuldige verfolgen.

Der bei Äsop nicht erklärte Umstand, dass der Wolf vor seiner Bluttat einen Rechtsstreit vom Zaun bricht, wird bei Phaedrus verständlich: Die Anschuldigungen sind kein moralisches Alibi, sondern das schlau gewählte Mittel, um eine Beute zur Strecke zu bringen: [...] fictis causis innocentes opprimunt.

Die falschen Anklagen (*fictae causae*) dienen als wirksame Waffe gegen Widersacher, denen man anders nicht beikommt. Der Wolf des Phaedrus könnte nicht wie der des Äsop genauso gut ohne unwiderlegte Beschuldigung das Lamm reißen. Deshalb lässt er dem Lamm auch keine Gelegenheit, die dritte und schwächste Anklage zu entkräften. Die unentbehrliche Waffe der Anklage soll ihm nicht ein drittes Mal aus der Hand geschlagen werden. Der Äsop'sche Wolf dagegen bringt nur zwei Beschuldigungen vor, die beide glänzend widerlegt werden. Bei Phaedrus fehlt auch das freimütige Bekenntnis des Übeltäters zum Unrecht: »Und wenn du dich noch so gut rechtfertigst, fressen werde ich dich doch.« Zum Epimythion des Phaedrus passt als Anwendungsbereich ein korruptes Gerichtswesen, das sich zur Verfolgung Unschuldiger missbrauchen lässt. Die Waffe des erschlichenen Fehlurteils richtet man ungestraft gegen Eigentum, Ruf, Aufenthaltsrecht und Leben des Widersachers. Welche realen Fälle ungerechter Verurteilung Phaedrus vor Augen hatte und ob er vielleicht selbst Opfer eines manipulierten Verfahrens wurde, ist nicht mit Sicherheit zu ermitteln. Der Wortlaut des Epimythions engt den Anwendungsbereich der Lehre auch nicht zwingend auf ein institutionalisiertes Prozesswesen ein. Wenn jedoch eine *ficta causa* als Angriffswaffe dienen soll, muss es irgendeine richtende Instanz geben, die einen Grund verlangt, um den Angriff zu autorisieren oder gar selbst durchzuführen, und diese Bedingung ist am augenfälligsten bei einem förmlichen Prozess erfüllt. Die erzählte Geschichte erwähnt jedoch bei Phaedrus ebenso wenig wie bei Äsop die richtende Instanz, die der Wolf für sich gewinnen muss, bevor er das Lamm reißen darf. Wer die Phaedrus'sche Lehre aus der Geschichte ableiten will, muss urteilende Zuschauer und Zuhörer interpolieren – und damit den Abstand zwischen F_0 und F_n zerdehnen (vgl. 2.3.2.5 und 2.3.2.8). Die Lehre wäre semantisch besser motiviert, wenn der Wolf seine falschen Anschuldigungen vor ausdrücklich in die Geschichte eingeführten Dritten erhöbe, die ihm daraufhin das Lamm als rechtmäßige Beute zusprächen. Man könnte sich den Wolf auch als korrupten Beamten oder Staatsmann denken, der einen ihm unterstellten Machtapparat zur Verfolgung persönlicher Gegner missbraucht. Auch in diesem Fall wäre die Anklage ein Mittel, um einem widerrechtlichen Gebrauch von Hoheitsgewalt den nötigen Anschein der Rechtmäßigkeit zu verleihen. Wiederum wären Dritte vorausgesetzt, um deretwillen die Fassade der Legalität errichtet wird. Will man die Fabel auf ein förmliches Strafrechtsverfahren anwenden, muss man die Personalunion von Ankläger und Vollstrecker sprengen. Der Wolf dürfte nur als Kläger und Nutznießer des Verfahrens in das Rhema eingehen. Seine Henkerrolle müsste der Abstraktion zum Opfer fallen. Aufs Ganze gesehen, scheint die Lehre des Phaedrus bei aller Originalität semantisch eher schwächer motiviert als die des Äsop. Der lateinische Dichter tritt auch nicht mit dem Anspruch auf, den überlieferten Fabeln besser verankerte Lehren zu verpassen. Sein Ehrgeiz zielt auf die sprachliche Gestaltung. Der Leser soll durchaus die Neubearbeitung vor dem Hintergrund der Überlieferung sehen, jedoch nicht so sehr, um eine stärkere semantische Motivation der Lehre zu würdigen, als um die Kunst des Dichters zu bewundern, der aus unedlem Stoff ein kostbares lyrisches Kunstwerk geschaffen hat. Phaedrus selbst hebt den einschlägigen Vergleichsgesichtspunkt am Anfang seines Werkes hervor:

> Aesopus auctor quam materiam repperit,
> hanc ego polivi versibus senariis.
> (Buch I, Prologus 1f.)
>
> Die Materie, die Äsop als Autor erdacht hat,
> habe ich unter Verwendung jambischer Senare in künstlerische Form gebracht.

Äsop lehrte, dass die gerechte Sache nicht schon deshalb triumphiert, weil sie als gerecht erwiesen wird. Wenn Gerechtigkeit herrschen soll, muss, wer die Macht der Entscheidung hat, das Gerechte nicht nur erkennen, sondern auch wollen. Das Lamm des Äsop macht die bittere Erfahrung, dass dieser Wille nicht alle Mächtigen beseelt. Um die Schwachen vor der Willkür der Mächtigen zu schützen, binden Staatsverfassungen die Macht an das Recht. Die Partner des ›Gesellschaftsvertrages‹ haben sich – wie Füchsin und Adler bei Archilochos – darauf verständigt, ihre Interessen nicht unter rücksichtsloser Ausnutzung natürlicher Überlegenheit, sondern im Rahmen fairer Absprachen zu verfolgen, die sich im Laufe der Zeit zu Gesetzen und

Institutionen verfestigen. Insbesondere entstehen Justizorgane, die nach vorgeschriebenen Verfahrensordnungen Rechtsbrüche feststellen und ahnden. Die Fabel des Phaedrus zeigt eine Spätphase der Rechtsentwicklung: Die Institutionen, die einst zur Wahrung des Rechts geschaffen wurden, werden nun als Werkzeuge des Unrechts missbraucht. Das Unrecht triumphiert nicht mehr naiv – gewissermaßen vorstaatlich – wie bei Äsop, sondern unter raffinierter Nutzung des Rechtsweges.

La Fontaines Fassung des Stoffes ›Wolf und Lamm‹ (I,10) zeigt eine neue List des Mächtigen: Weder setzt er sich offen über das Recht hinweg, noch versucht er, die Rechtsorgane zu seinen Gunsten zu manipulieren; er reißt stattdessen die Definitionsgewalt über Recht und Unrecht an sich. Recht ist nunmehr *per definitionem*, was der Mächtige für Recht erklärt. Die Rechtsauffassung der stärkeren Bataillone ist *ipso facto* auch die juristisch überlegene. Die Starken kleiden die rücksichtslose Verfolgung ihrer Interessen in das Gewand der Gerechtigkeit, die sie vorher zum Recht des Stärkeren umgedeutet haben. Bei Helmut Arntzen gibt der König der Tiere die neue Sprachregelung bekannt:

> Der Löwe rief die kleineren Tiere zusammen. Ich will nicht mehr vom Recht des Stärkeren sprechen, sagte er.
> Bravo, riefen die Tiere.
> Sondern nur noch, soweit es sich um mich handelt, vom stärkeren Recht.

Arntzens Löwe scheint La Fontaines Promythion zur Fabel von Wolf und Lamm (I,10) gelesen zu haben: »Das Argument des Stärkeren ist immer das bessere.«

Zwei verschiedene Rangordnungen werden kurzerhand gleichgeschaltet: das Machtgefälle zwischen den streitenden Parteien und das Qualitätsgefälle zwischen den benutzten juristischen Argumenten. Der Stärkere hat *per definitionem* auch das bessere Argument. Versteht man unter dem besseren Argument das siegreiche, so ist La Fontaines Promythion die unironische Beschreibung einer verkehrten Justiz, die unbesehen dem Höherrangigen Recht gibt. Versteht man dagegen unter dem besseren Argument das rechtlich überzeugendere, so übernimmt das Promythion ironisch eine Sprachregelung, die das Recht als den Willen des Mächtigen definiert. Diese Definition nimmt für das Treiben der Starken den Glanz und die Anerkennung des Rechts in Anspruch, obwohl sie – bei Licht besehen – dem Rechtsbegriff gerade die Merkmale nimmt, die ihm Glanz und Anerkennung verleihen, darunter Gleichbehandlung und Unparteilichkeit.

Was La Fontaines Promythion ironisch beschreibt, erklärt Pascal zum unvermeidbaren Merkmal des menschlichen Elends:

> Wo die Gerechtigkeit liegt, ist umstritten. Wo hingegen die Macht liegt, ist sehr gut erkennbar und unstrittig. So kommt es, dass man der Gerechtigkeit die Macht nicht geben konnte, weil die Macht gegen die Gerechtigkeit auftrat und ihr Ungerechtigkeit vorwarf und dann noch sagte, sie selbst sei gerecht. Und daher hat man, da man das Gerechte nicht mächtig machen konnte, das Mächtige gerecht gemacht.
>
> (Pensées 103, Zählung Lafuma)

Nach Pascal gibt es zwar eine von der Macht verschiedene Gerechtigkeit, der eigentlich die Macht zustünde. Für den erbsündigen Menschen jedoch ist diese Gerechtigkeit nicht zuverlässig erkennbar. Die Macht hingegen, die zudem noch unüberprüfbar beansprucht, mit der Gerechtigkeit zusammenzufallen, ist zuverlässig erkennbar. Das führt den ordnungshungrigen Menschen dazu, auf die eigentlich ersehnte Übertragung der Macht an die Gerechtigkeit zu verzichten und umgekehrt die Macht als Träger der Gerechtigkeit anzuerkennen. Wenn die wahre Gerechtigkeit als Ordnungsfaktor ausfällt, soll die bloße Macht an ihre Stelle treten, weil sie klare Verhältnisse schafft. Wenn schon Unrecht, dann nach deutlich erkennbaren Regeln.

La Fontaines Geschichte von Wolf und Lamm offenbart die Diskrepanz, die zwischen dem Recht des Stärkeren und dem wahren Recht besteht. Sie dissoziiert, was das Promythion verschmilzt: Die Argumente des Wolfs erweisen sich zwar als siegreich, aber keineswegs als überzeugend. Die Geschichte bestätigt den unironischen und widerlegt den ironisch verschleierten Sinn des Promythions: Das Argument des Stärkeren bestimmt zwar die Entscheidung über den Ausgang des Streits, aber nach Recht und Wahrheit ist es nichts wert.

Der Wolf und das Lamm

Das Argument des Stärkeren ist immer das bessere.
Das werden wir sogleich zeigen:
Ein Lamm stillte seinen Durst
am Lauf eines klaren Wassers.
Ein Wolf kommt herzu, nüchtern noch, der auf Abenteuer aus war
und den der Hunger herbeilockte.
»Was macht dich so verwegen, meinen Trunk zu trüben?«
sagte das Tier voller Wut:
»Du wirst deine Tollkühnheit büßen.«
»Allergnädigster Herr,« antwortet das Lamm, »Eure Majestät
möge Sich nicht erzürnen, sondern stattdessen berücksichtigen,
dass ich im fließenden Wasser
mehr als zwanzig Schritte unter Ihr
meinen Durst stille
und dass ich folglich Höchstdero Trunk
in keiner Weise trüben kann.«
»Du trübst ihn,« versetzte das grausame Tier,
»und ich weiß, dass du voriges Jahr schlecht von mir gesprochen hast.«
»Wie hätte ich das tun können, da ich noch nicht geboren war?«
erwiderte das Lamm. »Ich werde noch von meiner Mutter gesäugt.«
»Wenn nicht du, dann dein Bruder.«
»Ich habe keinen.« »Dann eben ein anderer aus deiner Sippschaft;
denn ihr lasst kein gutes Haar an mir,
ihr, eure Schäfer und eure Hunde.
Man hat es mir zugetragen. Ich muss mich rächen.«
Darauf schleppt der Wolf das Lamm
tief in den Wald hinein und frisst es dann
ohne weitere rechtliche Formalitäten.

Der Wolf La Fontaines bekennt sich nicht zum Unrecht wie der Wolf des Äsop und missbraucht auch nicht vorsätzlich ein Rechtsorgan wie der Wolf des Phaedrus. Man mag ihm zubilligen, dass er vielleicht guten Glaubens das Recht des Stärkeren für das stärkere Recht hält. Ein Wolf, der ein Lamm frisst, kann nur im Recht sein und das gefressene Lamm nur im Unrecht: *The King can do no wrong*. Unvorsichtigerweise macht er sich anheischig, sein Recht zu blutiger Rache und die Schuld des Lammes nachzuweisen. Dabei stellt sich heraus, dass er keine Anklagepunkte finden kann, die im Sinne des wahren Rechtsbegriffs stichhaltig wären. Das Recht des Stärkeren ist, wie sich herausstellt, kein eigentliches Recht. Der Wolf beharrt dennoch mit Ausdauer auf der Schuld des Lammes. Es wäre doch gelacht, wenn sich das Recht des Stärkeren nicht auch als das stärkere Recht erweisen ließe. Er versucht es nacheinander mit vier verschiedenen Anklagepunkten. Der Wolf des Äsop gab bereits nach dem zweiten, der des Phaedrus nach dem dritten auf. Der vierte Anklagepunkt benennt immerhin – als erster – einen wahren Sachverhalt. Das Lamm müsste, wenn es dazu noch Gelegenheit bekäme, zugeben, dass man tatsächlich in Schafskreisen nicht gut auf den Wolf zu sprechen ist. Aber das wäre allenfalls ein Unrecht, wenn der Wolf rechtmäßig Schafe risse. Und gerade das müsste bewiesen werden. Der Wolf scheitert mit seinem Versuch, Machtinteresse und Recht in Einklang zu bringen.

Als La Fontaine seine Fabeln schrieb, war Ludwig XIV. der Starke *par excellence*. Es gehörte zur Ideologie des Absolutismus, den Willen des Monarchen als Rechtsgrundlage anzusehen: *Si le veut le Roi, si le veut la Loi* (Wie der König will, so will es das Gesetz). Der Widerstreit zwischen dem absolutistischen Rechtsbegriff einerseits und dem natürlichen Rechtsempfinden sowie dem gewachsenen positiven Recht andererseits offenbarte sich in den Augen vieler Zeitgenossen, als La Fontaines Gönner, der ›Oberintendant der staatlichen Finanzen‹ Nicolas Foucquet, verurteilt wurde. Ein Rivale Foucquets, der spätere Finanzminister Colbert, hatte das Misstrauen des Königs gegenüber der feudalen Hofhaltung und der wachsenden Hausmacht Foucquets geschürt. Im Jahre 1661, kurz nach seiner Regierungsübernahme, ließ Ludwig XIV. Foucquet verhaften. Drei Jahre später wurde der abgesetzte Oberintendant – von einer eigens für diesen Prozess zusammengestellten Kammer – wegen Veruntreuung öffentlicher Gelder und Verschwörung gegen den König zu Verbannung und Verlust seiner Güter verurteilt. Ludwig XIV. verschärfte die Strafe *sans autre forme de procès* zu lebenslanger Festungshaft. La Fontaines Fabel hat Generationen von Lesern gefallen, die von der Verurteilung Foucquets nichts wussten. Die Anhänger Foucquets freilich, die den Verurteilten für unschuldig hielten, mochten sie als kühne Anspielung auf den Sieg absolutistischer Willkür über die Gerechtigkeit lesen. Der latente Aktualitätsbezug verstärkte die pragmatische Motivation der Lehre (vgl. 2.3.2.8). Man kann allerdings nicht sagen, dass La Fontaine den traditionellen Stoff unverkennbar auf den Fall Foucquet zugeschnitten hätte. Zwar spricht das Lamm trotz seiner Jugend zum Wolf wie ein erfahrener Höfling zu seinem König. Es redet ihn etikettengerecht mit *Sire* und *Votre Majesté* an. Andererseits fällt es schwer, in dem neugeborenen Unschuldslamm den mit allen Wassern gewaschenen Foucquet wiederzuerkennen, der höchste Ämter bekleidet und im staatlichen Auftrag mit Hunderten von Tonnen Gold jongliert hatte, nicht ohne dabei die eigenen Taschen zu füllen. Offenbar sah La Fontaine in der Definitionsgewalt des Monarchen über Recht und Unrecht nicht nur die Ursache des Foucquetschicksals, sondern auch ein allgemeineres Problem des Absolutismus. Wenn er dieses Problem hervorkehrt, entfernt er sich nicht allzu weit von der traditionellen Deutung des Stoffes. Auch Äsop und Phaedrus hatten den straflosen Erfolg des Unrechts herausgestellt. Der Leser soll offenbar nicht den Eindruck gewinnen, dass der Autor den Aktualitätsbezug durch Abweichung von der Überlieferung erkaufen muss, sondern dass eine alte Geschichte sich auch zu seiner Zeit bewahrheitet.

Im Gegensatz zu La Fontaine stellt Lessing seine Abweichungen von der Überlieferung deutlich zur Schau. Manche Fabeln provozieren geradezu den Vergleich mit einer geistreich abgewandelten und kühn überbotenen antiken Vorlage, auf die der Autor – zwischen Überschrift und Erzählung – zum eigenen Ruhme verweist. Lessing empfiehlt ausdrücklich, neue Fabeln durch Abwandlung bekannter Vorlagen zu schaffen, wie er es selbst im zweiten Buch seiner Prosafabeln gehalten habe (146ff.). Er zählt sogar verschiedene Verfahren der Abwandlung auf. Wenn man z.B. einen bestimmten Umstand des überlieferten Hergangs ändere, so könne man unter Beachtung der Folgen dieser Modifikation eine neue Fabel mit neuer Moral finden.

Auf diesem Abwandlungsverfahren – und einigen zusätzlichen Einfällen – beruht folgende Fabel aus Lessings Nachlass (62f.):

> Der Wolf und das Schaf
>
> [Phaedrus lib. I. Fab. 1]
>
> Der Durst trieb ein Schaf an den Fluß, eine gleiche Ursache führte auf der anderen Seite einen Wolf herzu. Durch die Trennung des Wassers gesichert und durch die Sicherheit höhnisch gemacht, rief das Schaf dem Räuber hinüber: »Ich mache dir doch das Wasser nicht trübe, Herr Wolf? Sieh mich recht an, habe ich dir nicht etwa vor sechs Wochen nachgeschimpft? Wenigstens wird es mein Vater gewesen sein.« Der Wolf verstand die Spötterei: er betrachtete die Breite des Flusses und knirschte mit den Zähnen. Es ist dein Glück, antwortete er, daß wir Wölfe gewohnt sind, mit euch Schafen Geduld zu haben, und ging mit stolzen Schritten weiter.

Wie bei Phaedrus treibt der Durst Wolf und Schaf an denselben Fluss – jedoch nicht an dasselbe Ufer. Raub- und Beutetier stehen diesmal auf verschiedenen Seiten des Wasserlaufs. Das ist der geänderte Umstand, der die alte Geschichte in eine neue Richtung drängt. Die als Vorlage genannte Phaedrus-Fabel ist jedoch nicht nur Ausgangspunkt einer Transformation, die zu einer neuen Geschichte führt, sondern zugleich Gegenbild, ohne das die neue Geschichte keinen Sinn ergäbe. Lessings Bearbeitung des Stoffes ist – deutlicher noch als die Fabel des Ambrose Bierce – ein Beispiel geplanter Intertextualität. Die Fabeln des Phaedrus, des Babrios, des La Fontaine, ja sogar die meisten Fabeln Lessings gewinnen zwar an Kontur, wenn sie in Kenntnis der stofflichen Überlieferung gelesen werden; wer sie jedoch ohne diese Kenntnis liest, hat nicht den Eindruck, dass ihm Wichtiges entgeht. Lessings Fabel von Wolf und Lamm dagegen wirkt unvollständig, wenn man nicht ältere Bearbeitungen des Stoffes als Vorgeschichte hinzudenkt. Wie käme ein Schaf dazu, den Wolf mit der Frage zu provozieren, ob es ihm vielleicht das Wasser trübe, wenn es nicht wüsste, dass er genau diesen Vorwand schon benutzt hat, um ein Lamm zu reißen. Auch der Wolf erinnert sich an den Vorfall; denn er versteht die Spötterei, wie Lessing ausdrücklich festhält. Die Geschichte wird ohne Pro- oder Epimythion dargeboten. Der Autor vertraut darauf, dass die Lehre sich aus der Gegenüberstellung von Vorlage und Neufassung ergibt. Der Vergleich zeigt, was auch den Figuren bewusst ist: die alles entscheidende Macht der Umstände. Bei Lessing ist die Entfernung zwischen Wolf und Schaf vielleicht nicht größer als bei Phaedrus, aber der Fluss trennt die Gegenspieler. Damit sind die Karten neu gemischt. Dem Wolf ist der körperliche Zugriff auf das Schaf verwehrt. Nur mit Worten können sich die Gegner messen. Das gewitztere Schaf, das bei Phaedrus der überlegenen Körperkraft des Wolfes zitternd ausgeliefert war, wird zum kecken Herausforderer, dessen Sticheleien der tumbere Wolf wehrlos ertragen muss. Der Vergleich zeigt aber auch das grundsätzliche, unter gewandelten Umständen gleich bleibende Bemühen des Bösewichts, die wahren Handlungsantriebe hinter edlen Vorwänden zu verbergen. Bei Phaedrus versuchte der Wolf, verwerfliche Gier als Liebe zur Gerechtigkeit auszugeben, bei Lessing kleidet er seinen ohnmächtigen Abgang in das noble Gewand der Nachsicht.

Lessing weist auf das 20. Jh. voraus, wenn er seine Fabelfiguren über den Hergang der Vorlage Bescheid wissen lässt. In Helmut Arntzens Neufassung (vgl. 1.2.2) kennt das Lamm seinen Äsop – auch ein neuer Umstand, der den Verlauf des Hergangs und den Sinn der Lehre beeinflusst. Wenn Fabeln gelesen und beherzigt werden, bleiben allmählich die Missgeschicke aus, vor denen sie warnen. Weithin bekannte Lehren werden anwendungslos, weil Abenteuer und Gefahr sich in das Reich der Fabel zurückziehen.

> Die Schafe gähnten vor Langeweile.
> Wo ist der Wolf geblieben, fragten sie den Hirten.
> In fabula, sagte der. (Arntzen, 53)

Literaturverzeichnis

Die folgende Auflistung stellt die Schriften zusammen, aus denen die vorangehende Untersuchung zitiert, auf die sie verweist oder denen sie Anregungen verdankt. Als systematische Erschließung der Literatur zur Fabeltheorie ist sie nicht geeignet. Reiche bibliographische Angaben zur antiken Fabel bietet Holzberg (1993), zur neueren Fabel Lindner (1975 und 1978).

Adrados, Francisco Rodríguez: Historia de la fábula greco-latina, 3 Bde., Madrid 1979 – 1987

–: Die Geschichte der Fabel, in: Spektrum der Wissenschaft 12/1981, S. 23ff.

Anders, Günther: Der Blick vom Turm, 3. Aufl., München 1988

Anouilh, Jean: Fables, Paris 1962

Aristotle: The Organon. The Categories. On Interpretation. Prior Analytics, The Loeb Classical Library, London / Cambridge, Mass. 1955

–: The Art of Rhetoric, hg. von John Henry Freese, The Loeb Classical Library, London / Cambridge, Mass. 1959

Arntzen, Helmut: Kurzer Prozeß. Aphorismen und Fabeln, München 1966

Bierce, Ambrose: Fantastische Fabeln, übersetzt von Viola Eigenberz und Trautchen Neetix, München 1998

Briegel-Florig, Waltraud: Geschichte der Fabelforschung in Deutschland, Diss. Freiburg/Br. 1965

Chambry, Émile (Hg.): Ésope. Fables, Paris 1967

Coenen, Hans Georg: La Classification des exemples d'après Aristote, in: Argumentation 6 (1992), S. 336ff.

–: Der Löwe Achilles. Überlegungen anläßlich der Metaphernlehre des Aristoteles, in: Beate Czapla u.a. (Hgg.): Vir bonus dicendi peritus. Festschrift für Alfons Weische zum 65. Geburtstag, Wiesbaden 1997, S. 39ff.

Coenen-Mennemeier, Brigitta: Fabeln bei La Fontaine und Anouilh, in: Praxis des neusprachlichen Unterrichts 18 (1971), S. 12ff.

Crusius, Otto: Fragmente aus der Geschichte der Fabel, in: Christian Heinrich Kleukens (Hg.): Das Buch der Fabeln, Leipzig 1913, S. Iff.

Dithmar, Reinhard: Die Fabel, UTB 73, Paderborn 1971

– (Hg.): Texte zur Theorie der Fabeln, Parabeln und Gleichnisse, München 1982

Doderer, Klaus: Fabeln, München 1977

Ewald, Dieter: Die moderne französische Fabel, Rheinfelden 1977
–: La Fable, Approches socio-culturelles et littéraires 1, Paderborn 1981
–: La Fable. Lehrerhandbuch, Approches socio-culturelles et littéraires 1, Paderborn 1985

Fischer, August Christian: Politische Fabeln, Königsberg 1796
Forster, Edward Morgan: Aspects of the Novel, London 1927

Gay, John: Poetry and Prose, Bd. 2, hg. von V. A. Dearing, Oxford 1974
Grimm, Jacob: Wesen der Tierfabel, in: ders. (Hg.): Reinhart Fuchs, Berlin 1834, S. Iff.
Grimm, Jürgen: La Fontaines Fabeln, Darmstadt 1976
– (Hg.): Jean de La Fontaine. Fabeln französisch/deutsch, Stuttgart 1987
–: Le Pouvoir des fables. Études lafontainiennes I, Biblio 17,85, Paris / Seattle / Tübingen 1994
–: Le ›Dire sans dire‹ et le dit. Études lafontainiennes II, Biblio 17,93, Paris / Seattle / Tübingen 1996

Hasubek, Peter (Hg.): Die Fabel, Berlin 1982
– (Hg.): Fabelforschung (Darmstadt, 1983)
Hausrath, August: Fabel, in: Paulys Real-Encyclopädie der Classischen Altertumswissenschaft XII (1909) Sp. 1704ff.
–: Phaedrus, in: Paulys Real-Encyclopädie der Classischen Altertumswissenschaft XIX,2 (1938), Sp. 770ff.
Haverkamp, Anselm (Hg.): Theorie der Metapher, 2. Aufl. Darmstadt 1996
Hegel, Georg Wilhelm Friedrich: Vorlesungen über die Ästhetik I, Frankfurt/M. 1973
Hey, Wilhelm: Fünfzig Fabeln für Kinder, Hamburg 1833
–: Noch fünfzig Fabeln für Kinder, Hamburg 1837
Holzberg, Niklas: Die antike Fabel, Darmstadt, 1993

Irmscher, Johannes (Hg.): Antike Fabeln, Berlin-Ost 1987

Jasinski, René: La Fontaine et le premier recueil des »Fables«, 2 Bde., Paris 1966

Krylow, Iwan Andrejewitsch: Sämtliche Fabeln, hg. von R. Baechtold, Darmstadt 1984

La Fontaine, Jean de: Fables, in: ders., Œuvres complètes, Paris 1965, S. 65ff.
Lausberg, Heinrich: Elemente der literarischen Rhetorik, München 1963
–: Handbuch der literarischen Rhetorik, 2. Aufl., Wiesbaden 1990
Leibfried, Erwin: Fabel, Stuttgart 1967
– , Josef M. Werle (Hgg.): Texte zur Theorie der Fabel, Stuttgart 1978
Lesky, Albin: Geschichte der griechischen Literatur, München 1993
Lessing, Gotthold Ephraim: Fabeln. Abhandlungen über die Fabel, Stuttgart 1967
Lindner, Hermann: Bibliographie zur Gattungspoetik (5). Theorie und Geschichte der Fabel (1900–1974), in: Zeitschrift für französische Sprache und Literatur 85 (1975), S. 247ff.
–: Fabeln der Neuzeit, München 1978
Livius, Titus: Ab urbe condita, Bd. 1, Scriptorum classicorum bibliotheca Oxoniensis, Oxford 1950
Locke, John: Aesop's Fables [...], London 1723
Lotman, Jurij M.: Die Analyse des poetischen Textes, Kronberg/Ts. 1975

Mader, Ludwig: Antike Fabeln, Zürich 1951
Meuli, Karl: Gesammelte Schriften. Zweiter Band, Basel / Stuttgart 1975

Nojgaard, Morten: La Fable antique, 2 Bde., Kopenhagen 1964–1967

Pascal, Blaise: Pensées, in: ders., Œuvres complètes, Paris 1963, S. 493ff.
Perry, Ben Edwin: The Origin of the Epimythium, in: Transactions and Proceedings of the American Philological Association 71 (1940), S. 391ff.
–: Fable, in: Studium generale 12 (1959), S. 17ff.
–: Aesopica, 2. Aufl., New York 1980
– (Hg.): Babrius and Phaedrus, The Loeb Classical Library, London / Cambridge, Mass. 1984
Phaedrus: Liber fabularum. Fabelbuch, lateinisch und deutsch hg. von Otto Schönberger, 2. Aufl., Stuttgart 1982
Plato: Gorgias, in: ders., Sämtliche Werke 1, Hamburg, 1957, S. 197ff.

Quintilianus, Marcus Fabius: Ausbildung des Redners, 2 Bde., hg. und übersetzt von Helmut Rahn, Darmstadt 1988

Richardson, Samuel: Äsopische Fabeln, übersetzt von Gotthold Ephraim Lessing, Berlin 1987
Roberts, Colin H.: Catalogue of the Greek and Latin Papyri in the John Rylands Library Manchester, III: Theological and Literary Texts, Manchester 1938

Schmökel, Hartmut: Kulturgeschichte des Alten Orient, Augsburg 1995
Schnur, Harry C. (Hg.): Lateinische Fabeln des Mittelalters, München 1979
Sklowsky, Viktor: Die Kunst als Verfahren, in: Jurij Striedter (Hg.): Russischer Formalismus, UTB 40, München 1971, S. 3ff.
Spoerri, Theophil: Der Aufstand der Fabel, in: Trivium 1 (1942), S. 31ff.

Thurber, James: Fables for Our Time, New York 1943
–: Further Fables for Our Time, New York 1956

West, Martin L. (Hg.): Iambi et elegi Graeci ante Alexandrum cantati, Bd. 1: Archilochos, Hipponax, Theognidea, 2. Aufl., Oxford 1989
Wolff, Christian: Psychologia empirica, Hildesheim 1968
–: Philosophia practica universalis. Pars posterior, Hildesheim / New York 1979

Zimmermann, Pedro (Hg.): Das Hausbuch der fabelhaften Fabeln, Zürich 1989

Register

Personen

Begriffe

Fabelstoffe

Wenn Sie weiterlesen möchten ...

Helga Volkmann

Unterwegs nach Eden

Von Gärtnern und Gärten in der Literatur

Die alte Sehnsucht nach dem verlorenen Paradies hat die Menschen seit jeher zu Gärtnern gemacht. Schon immer spielte dabei der schöpferische Umgang mit der Natur eine herausragende Rolle – und ließ körperliche Arbeit zu einer auch hochstehenden Persönlichkeiten gemäßen Betätigung werden. Daß Gärten daneben Kinderparadiese, erotische Rückzugsräume oder gar Stätten bösen Frevels sein können, dokumentiert Helga Volkmann mit einer Fülle von Beispielen aus der Literatur aller Zeiten und Räume.

Christian Schärf

Geschichte des Essays

Von Montaigne bis Adorno

Von Montaigne bis Adorno, von der Renaissance bis zur Spätmoderne, zeichnet Christian Schärf aus historischem Blickwinkel die Geschichte einer Gattung nach, die an Vielfältigkeit kaum zu übertreffen ist.

Ein umfassender Überblick zu den Schreibweisen der Essayistik wird ergänzt durch eine fundierte Aufarbeitung des Essayismus als Geisteshaltung und erlaubt darüber hinaus grundlegende Erkenntnisse zur literarischen Produktion in der Neuzeit: An diese Stelle von Normativität rückt auch und nicht zuletzt durch die Entwicklung des Essays eine subjektbezogene Produktivität, die letztlich alle literarischen Formen durchdringt.

Basiswissen Literatur und Medien

Wolfgang Rath
Die Novelle
Konzept und Geschichte
UTB 2122 S. 2000.
366 Seiten, kartoniert
ISBN 3-8252-2122-9

Wolfgang Rath legt das Konzept dar, dem die Artistik novellistischer Kompositionen folgt: das „Küchenrezept der Novelle" (Gottfried Keller).

Detlev Schöttker (Hg.)
Von der Stimme zum Internet
Texte aus der Geschichte der Medienanalyse
UTB 2109 S. 1999.
246 Seiten, kartoniert
ISBN 3-8252-2109-1

Aus dem Inhalt: I. Vorläufer der Medienanalyse / II. Die Entdeckung der Massenkultur / III. Analyse und Kritik der Massenmedien / IV. Erweiterung der Kritischen Theorie / V. Die Entdeckung von Stimme und Schrift / VI. Theorien der Bildmedien: internationale Entwicklungen / VII. Neue Medientheorien in Deutschland / Epilog: Medien und Dritte Welt

Rudolf Brandmeyer
Die Gedichte des jungen Goethe
Eine gattungsgeschichtliche Einführung
UTB 2062 S. 1998.
236 Seiten, kartoniert
ISBN 3-8252-2062-1

In zwei großen Blöcken werden Goethes Gedichte vor 1770 und bis 1775 nach Formen geordnet abgehandelt. Daneben enthält der Band ein grundlegendes und ein resümierendes, auf künftige Forschungen ausblickendes Kapitel. Ein Register der Formen und Ausgaben aller Goethe-Gedichte zwischen 1765 und 1775 ermöglicht den Überblick über jeweils alle Texte einer Formengruppe.